XIANDAI DAXUE TIYU JIAOXUE GAIGE DE
DUOWEI TANSUO YU SHIJIAN

现代大学体育教学改革的多维探索与实践

王洋 ◎著

中国书籍出版社
China Book Press

图书在版编目（CIP）数据

现代大学体育教学改革的多维探索与实践 / 王洋著.
北京：中国书籍出版社, 2024. 8. -- ISBN 978-7-5068-9996-3

Ⅰ. G807.4

中国国家版本馆CIP数据核字第202437S6X1号

现代大学体育教学改革的多维探索与实践

王 洋 著

图书策划	尹 浩　李若冰
责任编辑	吴化强
责任印制	孙马飞　马 芝
出版发行	中国书籍出版社
地　　址	北京市丰台区三路居路97号（邮编：100073）
电　　话	（010）52257143（总编室）（010）52257140（发行部）
电子邮箱	eo@chinabp.com.cn
经　　销	全国新华书店
印　　刷	廊坊市博林印务有限公司
开　　本	710毫米×1000毫米 1/16
字　　数	227千字
印　　张	14.75
版　　次	2025年1月第1版
印　　次	2025年1月第1次印刷
书　　号	ISBN 978-7-5068-9996-3
定　　价	72.00元

版权所有　翻印必究

前　言

在现代大学教育体系中，体育教学作为整体教育的重要组成部分，正日益受到关注和重视。传统上，大学体育教学往往侧重于体能训练和竞技表现，目的在于培养学生的身体素质和团队合作能力。随着社会发展和教育理念的变革，人们开始意识到体育教学应当具有更多元化和综合性的特点，以更好地服务于学生的全面发展。现代大学体育教学改革不仅仅是内容和形式上的革新，更是一种教育理念的深化和实践的创新。通过多维探索与实践，可以使体育教学在大学教育中发挥更为重要和积极的作用，为学生成长与发展提供更加坚实和全面的支持。这不仅是教育者的责任和使命，也是适应社会发展要求的必然选择。

基于此，本书以"现代大学体育教学改革的多维探索与实践"为选题，在理论层面，从现代大学体育教学的目标、规律和基本原则入手，探讨传统教学模式存在的问题及现代改革的紧迫性和理论依据，特别关注体育教师的角色与专业素养，探索其在教学改革中的推动作用和教学技能的提升需求。在实践方面；着眼于课程内容、教学方法和学生参与体验的优化路径，强调新技术如信息技术、虚拟现实和大数据在体育教学中的应用，以提升教学效果和学生综合素质的培养。

本书旨在为体育教育工作者、教育研究者和学生提供实用的教学参考和研究资料，推动现代大学体育教学改革在理论与实践上的深度融合，尝试为提升教育质量和学生全面发展贡献新思路和新方法。

作者在写作过程中，得到了许多专家、学者的帮助和指导，在此表示诚挚的谢意。由于作者水平有限，加之时间仓促，书中所涉及的内容难免有疏漏之处，希望各位读者多提宝贵的意见，以便进一步修改，使之更加完善。

目 录

第一章 现代大学体育教学概论 ··· 1
- 第一节 现代大学体育教学的目标与规律 ···························· 1
- 第二节 现代大学体育教学的功能与特点 ··························· 14
- 第三节 现代大学体育教学的基本原则 ······························ 19

第二章 现代大学体育教学改革及重要性分析 ························ 22
- 第一节 传统大学体育教学存在的主要问题 ······················· 22
- 第二节 现代大学体育教学改革的现实需求 ······················· 26
- 第三节 现代大学体育教学改革的理论依据 ······················· 28
- 第四节 现代大学体育教学改革的重要性 ··························· 31

第三章 课程维度：大学体育教学改革的课程实践 ················ 35
- 第一节 大学体育教学课程的内容改革 ······························ 35
- 第二节 大学体育教学课程的方法改革 ······························ 69
- 第三节 大学体育教学课程的模式改革 ······························ 99
- 第四节 大学体育运动课程教学及改革创新研究 ··············· 125

第四章 教师维度：体育教师在教学改革中的专业素养 ········ 149
- 第一节 教师在教学改革中的推动作用 ···························· 149
- 第二节 体育教师的教学技能与职业技能的提升 ··············· 153
- 第三节 教师专业发展及其对教学改革的影响 ··················· 173

第五章 学生维度：学生参与与体验的优化实践……………180
  第一节 学生参与体育学习的动机与兴趣培养……………180
  第二节 大学生体育参与的优化路径……………………184
  第三节 大学生体育社团的管理及运行…………………204

第六章 技术维度：新技术在大学体育教学改革中的实践应用……211
  第一节 信息技术在体育教学中应用的必要性……………211
  第二节 虚拟现实技术在大学体育教学改革中的实践应用……214
  第三节 大数据技术在大学体育教学中的智慧应用…………220

结束语………………………………………227

参考文献……………………………………228

第一章　现代大学体育教学概论

在当代社会，大学体育教学不仅是培养学生身体素质的重要途径，更是塑造学生健康生活方式、提升学生社会适应能力的关键环节。本章深入探讨现代大学体育教学的内涵，从目标与规律、功能与特点、基本原则三个方面，全面剖析其在教育体系中的地位与作用。

第一节　现代大学体育教学的目标与规律

一、现代大学体育教学的目标

（一）大学体育教学目标制定的方向

体育作为一种教育形式，不仅是对人的自然属性的培养，更是对社会属性的塑造，通过身心教育促进个人全面发展。体育课程的设置则反映了国家对国民体质健康的整体要求，旨在培养具备良好体质和健康意识的人才。这一过程不仅限于身体素质的提升，更注重心理健康和社会适应能力的培养。

教学活动具有明确的目的性，每堂课的教学目标都明确体现了这一点。合理制定体育教学目标是实现体育教学目的的关键所在。只有通过科学合理的目标设定，才能有效指导课堂教学的实施，使教学活动有序进行。合理的教学目标能够促进学生全面发展，提升其综合素质，最终实现体育教育的根本目标，培养身心健康、素质全面的现代公民。科学制定并有效实施体育教学目标，对于提升教学效果和实现教育目标具有重要的现实意义。

1. 定位和指导体育教学任务

体育教学目标的设定需要具备高度的策略性，不仅要灵活应对不断变化的教育环境和学生需求，还必须明确、可观察、可测量和可评价。目标的具体化和明确性为教学活动提供了清晰的方向和评估标准。这种目标设定依赖于对具体教学任务的深入理解，而这些任务是实现教学目标的基础和支撑。

在体育教学中，教师和学生是教学活动的核心要素，他们的共同努力是达成教学目标的关键。教学目标不仅反映了师生在教学过程中的努力方向和愿望，还为教师的教学工作提供了明确的预期成果，使教师能够清楚地知道自己的教学重点和方向。这些目标也指导着学生的学习活动，帮助他们理解学习的重点和方向。

在教学过程中，教师可能会遇到各种阻碍目标实现的困难和挑战。此时，教师需要发挥专业能力，及时发现问题，并采取相应措施。可能的措施包括调整教学方法，优化教学内容，甚至重新审视和修正教学目标。学生作为学习主体，在教师的指导下，也需要学会调整自己的学习策略和方法，以提高学习效率，更好地实现教学目标。

2. 指导教师教学过程的设计

在指导教师教学过程的设计中，体育目标的重要性不可忽视。体育目标不仅仅是期望达到的结果，更是指导体育工作的重要依据。它们通过具体、可衡量的方式，明确了学生在体育学习中的发展方向和预期成果，确保教师的教学活动有据可依。体育目标还反映了体育价值观，体现了教职工对体育教育的理解和关注。一个明确的体育目标可以帮助教师更好地理解体育的核心价值，从而在教学过程中传递正确的体育观念和健康理念。在影响教学设计方面，体育目标起到了至关重要的作用。教师依据既定目标来选择合适的教学内容和方法，组织和实施各类教学活动，以确保教学效果的达成。例如，在教授常识性知识时，教师可以采用直接讲授法；而在运动知识探索方面，则更适合启发式方法。通过灵活选择教学方法，教师能够更好地适应不同学生的学习需求，提升教学质量。合理制定并贯彻体育目标，有助于教师在教学过程中有条不紊地达成预期成果，进一步提高整体教学效果。

3. 引导学生的学习进程

在引导学生的学习进程方面，明确学习目标是至关重要的。清晰的学习目标能够让学生了解自己需要达到的具体要求和期望成果，从而为学习提供明确的方向感。这种明确性不仅能增加学生的参与感，还能让他们积极投入学习活动中，提升整体学习效果。明确的目标有助于学生制定合理的学习计划，通过了解学习内容和自身需要加强的方面，学生可以制定出切实可行的学习计划，逐步达成各项学习目标。这种计划性不仅增强了学生的学习热情，还提升了他们的责任感，使其在学习过程中更加自律和高效。明确努力方向能够极大地提高学习效率，使学生在每一步学习中都有明确的指引，从而不断进步。通过这种方式，学生不仅能在体育学习中取得更好的成绩，还能培养出更强的自主学习能力和积极向上的学习态度，从而在未来的学习和生活中受益匪浅。

4. 提供教学评价的依据

教学评价的重要性在于其作为教学过程的关键环节，旨在检验学生达成教学目标的程度。这一过程不仅是对教学效果的衡量，更是对教学质量的全面检视。通过系统的教学评价，教育者能够全面了解学生的学习状况，识别出教学过程中可能存在的问题和不足，从而做出科学的调整和改进。这不仅有助于提升学生的学习效果，也为教师的教学提供了宝贵的反馈信息。

科学测试与客观评价是教学评价的核心。教学目标是科学测试和客观评价的基础，所有测验内容的编制都需以教学目标为依据。只有在科学合理的教学目标指导下，测试内容才能真正反映学生的学习情况和能力水平，从而保证评价结果的客观性和准确性。

教学目标还有助于促进家校沟通。通过明确的教学目标，家长可以了解学生在校学习的内容和进度，从而更好地支持和参与学生的学习过程。家校之间的良好沟通，不仅有助于学生的学习和成长，也能够增强家长对学校教育的理解和支持。

（二）大学体育教学目标制定的依据

1. 导向性

在进行体育教学活动时，教师应始终将体育教学目标作为核心参照和主线。这些目标不仅是教学活动的指导方针，也确保了教学过程的组织性和连贯性。没有明确的教学目标，教学活动就会失去方向，如同没有导航的航行，缺乏章法和主题。

体育教学目标的科学设定及其与教学活动的高度契合，直接影响着教学效果的好坏。只有当教学目标与实际活动紧密结合，教学过程才能有效展开并达到预期效果。因此，教师应重视教学目标的引导作用，确保在设计课程内容、实施教学过程中的制约与调控作用。

2. 共同性

体育教学目标的达成离不开教师和学生之间的紧密合作。教师在体育教学中扮演着引导者和激励者的角色，通过制定明确的教学目标，帮助学生理解并内化这些目标的意义。学生在此过程中，积极参与、不断调整自己的行为与思维模式，以实现预期的学习成果。关键在于如何激发学生产生积极有效的行为变化。教师需要运用多种教学策略，如鼓励、奖励、设立榜样等，来激发学生的学习动机和参与热情。这不仅要求教师具备高超的教学技能和丰富的知识储备，还需要他们具有良好的沟通能力和敏锐的观察力，能够及时捕捉到学生的需求和反馈，从而进行有效的教学调整。最终，通过教师的有效引导和学生的积极配合，体育教学目标得以顺利实现，为学生的全面发展奠定坚实基础。

3. 层次性

体育教学目标的设置具有明显的层次性，分为阶段性和学段性两部分。从阶段性来看，体育教学目标从简单到复杂，逐步实现。初始阶段，教学目标主要集中在基本运动技能和基础体能的培养上，为学生打下坚实的体育基础。这些较低层次的目标是较高层次目标的基础和前提，随着学生技能和能力的逐步提高，教学目标也相应升级，如复杂运动技能的掌握、团队合作能力的培养等。从学段性来看，不同学段的体育教学目标有所调整，以适应学生年龄、身体发育和认知能力的变化。

4. 系统性

体育教学目标是一个系统化的整体，包括技能、认知、能力、思想、方法等多个方面。这些目标之间相互联系、相互补充，共同促进学生的全面发展。在技能方面，体育教学不仅仅是传授运动技能，更注重学生对这些技能的理解和应用，提升他们的运动能力和竞技水平。在认知方面，体育教学目标还包括让学生了解运动的科学原理和健康知识，培养他们的运动意识和健康理念。在能力方面，体育教学注重培养学生的综合运动能力，如力量、速度、耐力、灵敏度等多方面素质的协调发展。在思想方面，体育教学目标强调培养学生的体育精神和团队合作意识，帮助他们树立正确的价值观和人生观。在方法方面，体育教学目标还包括教会学生科学的运动方法和训练手段，提升他们自主锻炼和终身体育的能力。

5. 灵活性

体育教学目标的制定应具有灵活性，以适应不同学校、班级和运动项目的具体情况。这种灵活性有助于教师根据实际情况调整教学目标，从而提升教学效果。每个学校和班级都有其独特的教学环境和学生群体，固定的教学目标难以完全满足所有学生的需求。因此，教师需要灵活制定和调整教学目标，根据学生的实际情况和特点，制定适合他们的体育教学方案。例如，在运动项目的选择上，教师可以根据学生的兴趣和特长，灵活安排不同的运动项目，从而激发学生的参与热情和学习兴趣。灵活的教学目标不仅能够更好地满足学生的需求，还能充分发挥学生的主观能动性，促进他们的全面发展。

（三）大学体育教学目标制定的要点

随着时代的不断发展，体育教育也需要与时俱进，以适应社会的变化和进步。现代体育教育不仅注重学生的身体素质，更强调身心素养的全面发展，强调学生、家庭和社会之间的紧密联系。体育教育的目标不再仅仅是培养运动技能，更在于塑造健康的生活方式，培养终身体育意识，这需要学校和家庭的共同努力。

家校联合监督体育锻炼在现代教育中显得尤为重要。家长作为孩子的第一任教师，其对体育的重视程度直接影响孩子的体育参与度和兴趣。通过家校联合的形式，可以有效增强家长对体育的关注，并在家庭中形成良好的体育氛围。这种联合监督不仅有助于学生养成规律的锻炼习惯，更能帮助他们树立终身体育的意识，真正做到健康生活从小抓起。

为了实现体育教育的目标，必须采取多种方式的结合。其中包括体育与健康课程、课外体育锻炼、课余体育训练和课余体育竞赛等多种形式，每一种形式都有其独特的特点和目标，承担着不同的角色和任务，共同构成了完整的体育教育体系。

体育与健康课程是中国各教育阶段的必修课程，旨在普及体育教育，促进学生身体健康，培养终身体育意识。这些课程通过专业教师的指导，利用学校提供的运动场地和器材设备，保障了课程的有效实施。学生在课程中不仅能够掌握体育理论和运动技能，还能在体育活动中培养良好的社会行为准则，提升综合素养。

课外体育锻炼则是指在校园内课前、课间、课后进行的各种健身娱乐活动，其形式灵活多样，内容丰富多彩，是学校体育工作的重要组成部分。通过这些活动，学生可以在轻松愉快的氛围中参与体育锻炼，增强体质，放松身心，进一步巩固和深化在体育课程中学到的知识和技能。

课余体育训练利用学生的课余时间，对有潜力和兴趣的学生进行更为系统和专业的体育教育。这种训练遵循"普及"与"提升"的原则，不仅面向全体学生普及体育知识，还通过选拔和培养体育特长生，提升学校的体育水平和竞争力。课余体育训练承载了学校的体育文化，促进了学生体育技能的提升和团队精神的培养。

课余体育竞赛作为体育教育的重要组成部分，极大地增加了学生的身体素质和体育兴趣。通过参加各种体育竞赛，学生不仅能够在竞争中提升运动技能，还能在比赛中锻炼心理素质，培养顽强拼搏的精神和团队合作的能力。体育竞赛不仅是展示学生个人能力的平台，更是培养他们道德品质和人格魅力的重要途径，助力达成体育教育的终极目标。

(四)大学体育教学目标的作用

1. 对学生的研究

教育的核心目标在于改变学生的行为模式,包括他们的行动、思维和情感。教育不仅仅是知识的传授,更重要的是引导学生在这些方面发生积极的变化。教育通过系统化的教学过程,能够使学生的行为逐步趋向理性和规范。

体育课程不仅仅关注学生的体能发展,更通过各种体育活动促进学生行为的积极变化。例如,团队运动能够增强学生的团队合作精神和集体意识,而个人竞技项目则有助于提升学生的自我管理能力和应对挫折的能力。通过这些体育活动,学生在身体素质提升的同时,也在情感和行为方面发生积极的转变。因此,体育教育不仅是身体教育的一部分,更是全面教育体系中的关键环节。想要有效达成这些目标,就必须对学生的行为和需求进行深入的研究。

2. 对社会的研究

社会文化的传承是一个复杂而持续的过程,需要从传统文化中提炼出精髓,并使其适应当代社会的发展。传统文化是社会文化的重要组成部分,它承载了丰富的历史和文化价值。随着社会的发展和时代的变迁,传统文化也需要与时俱进,以保持其活力和影响力。在这个过程中,教育扮演了至关重要的角色。教育不仅仅是传授知识的过程,更是文化传承和创新的重要途径。

体育教育作为文化传承的主要途径之一,发挥了重要作用。体育课程通过各种形式的体育活动,让学生接触到不同的体育文化和传统,促进他们对体育文化的认知和理解。例如,传统的武术、民族体育等课程不仅让学生体验到运动的乐趣,还使他们了解和尊重传统文化的精髓。此外,体育课程中的显性课程(如体育教学)、隐性课程(如运动中的价值观教育)以及社会课程(如社区活动中的体育参与)等多种途径,都是文化传承的重要渠道。这些课程和活动不仅增强了学生对传统文化的认同感,还促进了他们对现代社会文化的理解和适应。因此,体育教育不仅在身体素质的培养上发挥作用，更在文化传承和社会认知方面起到了积极的推动作用。

3. 对学科的研究

体育课程作为教育体系中的一个重要组成部分，其功能涵盖了多个方面，包括健身、教育、启智、情感发展、群体融合、美育、娱乐和竞技。每一个功能都在课程设计和实施过程中发挥着重要作用。体育课程的健身功能是最基础的，它通过科学的运动方式提升学生的身体素质；教育功能体现在通过体育活动培养学生的规则意识和团队合作精神；启智功能通过运动中的策略和思维训练促进学生的智力发展；情感发展功能通过运动中的互动和合作提升学生的情感体验和社会适应能力；群体融合功能在团队运动中得以体现，通过共同的目标和活动增强学生的集体意识；美育功能通过对运动美学的体验和欣赏培养学生的审美能力；娱乐和竞技功能为学生提供了放松和挑战自我的平台。

在制定体育课程目标时，必须综合考虑生物、教育、心理和社会等多维度因素，这种综合考虑有助于确保课程目标的全面性和实用性。例如，生物因素关注学生的身体发展需要，教育因素则考虑到学生的知识和技能需求，心理因素关注学生的情感和心理发展，而社会因素则考虑到学生的社会适应能力。通过对这些因素的综合分析，教育者可以设计出更具针对性的课程内容和教学方法，从而更好地实现课程目标。在课程实施过程中，也需要关注功能的落实，确保每一项功能都得到有效发挥，从而为学生提供一个全面发展的教育体验。

（五）大学体育教学目标的特征

1. 建立全新的工作格局

在当前教育体系的改革背景下，要贯彻国家的教育方针，以培养优秀人才为核心目标。这意味着教育工作者必须将重点放在学生的全面发展上，不仅关注学术成绩，还要注重德育、体育、艺术等方面的培养。摒弃传统的教育观念，转向以素质教育为主的教育模式，是实现这一目标的关键。

在体育教育方面，明确其在学生教育中的重要地位也是不可忽视的一环。体育不仅是培养学生体魄的重要手段，更是促进学生心理健康和社会适应能力的关键因素。因此，教育工作者需要将体育教育纳入学校教育的核心内容，与其他学科共同努力，以促进学生的全面发展。这种跨学科的协同工作方式，可以帮助学生在学习过程中形成更加全面的能力结构，提升综合素质。

2. 以系统的观点开展工作

体育教育作为学生身心发展的重要组成部分，其作用不仅体现在课内活动中，更需要与健康教育和卫生保健相结合，提升学生的整体健康水平。系统性的工作方法要求教育者从多维度入手，综合考虑学生的身体健康、心理状态、生活习惯等因素。通过设计合理的体育课程和活动，能够促进学生身心的全面发展，从而提高他们的生活质量和学习效率。

为了确保体育教育的有效性，课内外活动的结合是不可或缺的。课外体育活动能够为学生提供更多的锻炼机会，保证他们每天的运动时间，从而帮助他们养成健康的生活习惯。同时，推广和提升体育质量也是系统性工作的一个重要方面。通过建立家校社合作模式，可以充分调动家庭、学校和社区的力量，共同为学生提供良好的体育教育环境。这种合作模式不仅能够增强学生的体育参与感，还能进一步提升体育教育的整体质量。

3. 加强体育科研工作

科研能够为课程和教学工作中的难题提供解决方案，推动体育教育的科学化和专业化。通过强化科研，教育工作者可以深入了解体育教育的现状与问题，探索出更加适合我国国情的体育教育发展路径。结合教育理论进行科学研究，能够为体育教育提供理论支持，确保教育实践的科学性和有效性。

在进行体育科研时，吸取改革经验、总结成功案例也非常重要。这些经验不仅能够为我国的体育教育改革提供借鉴，还能帮助探索适合我国的体育发展道路。通过对国内外成功经验的分析，可以为我国的体育教育改革提供宝贵的参考，推动体育教育的不断创新和发展。

4. 准备必要的物质基础

首先，增加体育经费、更新设施与器材是基础保障。充足的资金支持能够确保体育设施的完善和器材的更新，从而提升体育教育的质量。同时，加强政府支持、注重公共体育设施建设。政府应加大对体育教育的投入，推动公共体育设施的建设和维护，以满足社会对体育教育的需求。

调动社会力量、多元化投入也是必要的措施。通过社会力量的参与，可以为体育教育提供更多的资源和支持。根据地方特色开发本地体育资源，则能够充分发挥地方资源的优势，推动体育教育的地方化和个性化发展。这种多元化的投入方式不仅能够提升体育教育的质量，还能促进体育资源的合理配置和有效利用。

5. 进行体育改革

建立具有中国特色的体育体系是改革的核心目标之一。中国特色的体育体系不仅要继承和发扬传统体育文化和项目，还要结合现代社会的发展需求进行创新发展。通过宣扬和继承传统体育文化，可以弘扬民族精神，丰富体育教育的内涵。

借鉴发达国家的成功经验也是推进改革的重要策略。发达国家在体育教育方面积累了丰富的经验，这些经验可以为我国的体育改革提供有益的借鉴。通过学习和借鉴发达国家的成功经验，可以提升我国体育改革的步伐，推动体育教育的发展迈上新的台阶。

二、现代大学体育教学的规律

（一）大学体育教学的一般规律

体育教学过程的一般规律是指体育教学同其他学科一样所共有的普遍规律，主要体现在以下几个方面。

1. 社会制约性

体育教学属于社会活动，社会教育的内容、社会文化都会对体育教学产生一定的制约。国情和社会制度的不同会让体育教学目标存在差异。

我国的学校教育中包含体育教学，体育教学是学校实现教育目标的一种方式，这点同其他学科教学并无区别。此外，体育教学要紧跟社会发展的脚步，以满足不断发展的社会需求。

2. 学生的认识

辩证唯物主义的认识论为教学过程提供了强大的理论基础。人们会对存在的事物产生感性知觉，而这就是人们认识事物的开始。人在感觉器官的帮助下与外部世界有了初步的联系，然后在抽象思维的帮助下将认识从感性过渡到理性，进而找到事物的规律和本质，最终产生科学的概念。对于学生来说，教学过程是特殊的认识过程，因此学生要按照认识活动的基本规律对体育知识和体育技能进行学习。教师在进行体育教学时要让学生在实践中融入感知和思维。人们对事物的初步认识都是从感知开始的；理性认识是在思维的帮助下形成的；实践能够将所学知识进行巩固，帮助学生掌握运动技巧，强身健体，提高学生的身体素质。

3. 学生的身心发展

在体育教学活动中，教师必须深刻理解学生身心发展的阶段性特征，以保证体育教学的科学性和有效性。

（1）学生的身体发展经历了从儿童到青少年的快速成长，这期间伴随着身高体重的增加、骨骼肌肉的成熟和第二性征的出现，这些生理变化直接影响了他们的运动能力和心理状态。因此，教师在设计体育活动时应考虑到学生的生理特点，确保活动既能锻炼身体，又能避免损伤。

（2）学生的心理发展也呈现出显著的阶段性特征，包括认知能力、情感态度和社会行为的逐步成熟。从具体形象思维向抽象逻辑思维的过渡，再到情感体验和表达能力的增强，以及社会行为意识的逐步建立，这些都是学生心理发展中的重要里程碑。因此，教师需要根据学生的心理发展水平，设计符合其认知特点和情感需求的教学内容和方法，以及培养其社会行为的相应策略。

（3）个体差异在学生的身心发展中扮演着重要角色。每个学生都拥有独特的身体条件、智力水平、兴趣爱好和性格特点，这些差异直接影响了他们对教育活动的接受和反应。因此，教师在教学实施中应采用差异化教学策略，充分考虑和尊重学生的个性化需求，努力为每位学生提供一个能够促进其全面发展的学习环境和条件。

4. 教与学的辩证统一

在教学中，教与学是相互矛盾的。只有对二者之间的关系有正确的认识，才能取得良好的教学效果。这就意味着教师不仅要提高学生学习的兴趣和积极性，还要最大程度地发挥主导作用。从本质上看，教学过程指教师通过采取相关措施帮助学生更好地学习，让学生能够将所学知识运用到实践中。教师在教学过程中发挥着主导作用。但在真正的教学中，学生才是教学的主要对象，如果学生不积极主动地参与到学习中来，那么教师就无法发挥主导作用。只有学生用积极主动的态度学习，教师才能最大程度地发挥出自身的主导作用。只有师生共同努力，相互配合，才能保证教学质量，实现教学目标。

（二）大学体育教学的特殊规律

大学体育教学过程的特殊规律主要体现在以下几个方面。

1. 动作技能形成

体育技能教学在体育教学中有着独特的规律。掌握动作技能需要经历三个阶段：第一个阶段为大致掌握动作，第二个阶段为熟悉和改进动作，第三个阶段为巩固和熟练使用动作。从体育教学实践中可以看出，每个阶段的特征不同，需要的时间也不同，这不仅是因为学生有着不同的体育基础，还因为教师有着不同的教学水平。这三个阶段之间的界限并不清晰。但这依然意味着运动技能需要经过这三个阶段才能形成。在动作技能教学中，每个阶段的教学目标、教学方法和教学要求都是不同的，教师要从实际出发选择最合适的教学手段和方法，这样才能保证教学的效果。

2. 人体机能适应性

根据给定的材料，可以探讨运动对人体内部变化的影响及其规律性。运动过程中，人体会经历不同的阶段：工作阶段、相对恢复阶段和超量恢复阶段。在工作阶段，体内能量储备随着运动负荷的增加而消耗，这是运动的初期阶段；随后的相对恢复阶段，体内能量储备会回归到运动前的水平；而在充分休息和能量补充后的超量恢复阶段，体内能量储备会超过运动前的水平，有利于身体的功能提升。

超量恢复阶段的出现受到多种因素的影响，包括个体的新陈代谢能力和运动负荷的大小。根据这一规律，为了达到增强体质的效果，理想情况下应该安排后一次体育课程在学生体验到超量恢复阶段之后，这样可以最大程度地积累体育练习的效果。如果间隔时间过长，超量恢复的效果会逐渐消失，体内能量储备和机体工作能力可能会降低到原来的水平，这就是复原阶段的体现。

3. 生理机能变化

在体育课中，学生的生理机能展现出一种典型的变化规律，即上升—稳定—下降的趋势。最初，学生在开始活动时，其生理机能迅速上升。这一上升阶段虽然短暂但极为迅速，其生理指标如心率、呼吸频率等都会显著增加。随着运动的持续，生理机能会迅速达到一个高峰，并保持一段时间，这个高峰期相对较短。之后，生理机能会逐渐下降，最终趋于稳定。

在负荷方面，练习与休息交替进行，导致负荷量呈现出明显的波动性，这种波动使得生理机能的变化也表现出波浪式的起伏。类似地，学生的心理活动，如注意力、情绪、意志等，也会随着运动负荷的变化而波动。这些心理活动同样呈现出波浪式的曲线，与生理机能的变化相辅相成。

训练水平对生理机能和心理活动的影响显著。训练水平较高的学生能够更快地提升其机能活动能力，并在高峰期维持更长时间，这使他们能够承受更大的运动负荷；而训练水平较低的学生则可能在相同负荷下表现出较快的疲劳感。

体育教学中的波浪式变化形成了明确的节奏，这一规律应当被严格遵守。通过合理安排练习和休息的节奏，不仅可以优化学生的生理机能和心理状态，还能提高整体的运动效果和教学质量。

第二节　现代大学体育教学的功能与特点

一、大学体育教学的功能

（一）教授运动技能

大学体育教学的核心功能之一是教授运动技能，这些技能涵盖了跑、跳、投等基础运动，以及篮球、足球、游泳、网球等各类专项运动。通过系统的体育教学，学生能够掌握正确的运动技术，提高运动水平，增强身体素质，为终身体育打下坚实的基础。

同时，运动技能的教授有助于培养学生的团队协作能力。在团体运动中，学生学会相互配合、沟通与协调，这些都是团队合作中不可或缺的技能。通过合作与竞争，学生不仅提升了自身的竞技水平，还能激发运动兴趣，从而在体育活动中体验到成就感与自我实现，增强自信心，培养积极向上的生活态度。

此外，运动技能的传授还能帮助学生建立正确的竞技道德观念。教师在教学过程中注重规则的重要性，教导学生尊重规则、尊重对手，并倡导公平竞争的良好品质。这不仅是体育活动中的行为规范，更是培养学生良好品德和社会责任感的重要途径。

在教授运动技能的实践中，教师需要注重理论与实践的结合。他们不仅传授运动技能的理论知识，还要引导学生通过实际操作和反复练习，不断提升技能水平。教师还需关注学生的个体差异，因材施教，采用多样化的教学方法和个性化的指导，确保每位学生在运动技能上都能有所进步，实现全面发展。

（二）帮助学生增强体质

大学体育教学通过有计划、有组织的体育活动，帮助学生增强体质，提高健康水平。通过体育锻炼，学生的心肺功能、肌肉力量、柔韧性等身体各方面素质都能得到提升，有助于他们更好地适应学习生活，预防疾病。体育锻炼还能促进学生的骨骼发育，提高免疫力，增强抵抗力，降低患病风险；提高学生的睡眠质量，提高注意力、记忆力和思维能力，从而提高学习效果。

（三）培养体育精神与道德素养

体育教学不仅仅是技能的传授，更是体育精神和道德素养的培养。在体育活动中，学生可以学习到团队合作、公平竞争、尊重规则、坚持不懈等体育精神，以及诚信、勇敢、自制等道德品质，这些都是在未来社会生活中非常重要的素质。通过体育活动，学生可以培养良好的道德观念和行为习惯，学会尊重他人、关心他人，形成积极向上的人生态度。

（四）培养终身体育意识

大学体育教学还肩负着培养学生终身体育意识的重任。"体育不仅可以锻炼学生的体魄和体育素质，还可以在实践活动中培养学生良好的行为习惯和体育观念。"[①]通过让学生体验运动的乐趣和价值，激发他们的运动兴趣，使其在毕业后仍能坚持体育锻炼，形成健康的生活方式，终身受益。通过体育教学，学生可以了解到体育运动对于身体健康、心理健康和社会交往的重要性，从而形成积极参与体育活动的习惯和意识。这将有助于学生在未来的生活和工作中保持积极、健康、活力的状态，提高生活质量和幸福感。

（五）提高社会适应能力

体育活动往往需要团队合作，这为学生提供了社交的平台，有助于提高他们的沟通能力、协作能力和领导能力。体育竞赛中的胜败体验也能让学生学会如何面对挫折和成功，提高社会适应能力。通过体育活动，学生可以学会与他人合作、协调和沟通，培养良好的人际关系和团队合作精神。这将有助于学生在未来的职业发展中更好地适应各种社会环境和工作场景，提高工作效率和职业竞争力。

---

① 刘义红. 高中体育教学中终身体育意识的培养策略 [J]. 田径, 2022（6）: 68.

(六)传承和发展体育文化

大学体育教学还是传承和发展体育文化的重要途径。通过教学和活动，可以让学生了解和热爱本国传统的体育项目，同时也能接触和吸收国际上的先进体育理念和项目，促进体育文化的多元发展。通过参与各种体育活动，学生可以了解不同体育项目的历史、文化背景和特点，培养对体育文化的兴趣和热爱。大学体育教学还可以通过举办体育赛事、展览和讲座等活动，让学生更深入地了解体育文化的内涵和魅力，激发他们对体育文化的传承和发展的责任感。

二、大学体育教学的特点

(一)频繁性

在体育教学中，频繁性是其独有的特征之一。体育课不同于其他学科，它要求学生通过反复的身体动作实践来获取和提升身体知识。教师在课堂上不断示范技术动作，提供反馈和指导，而学生则需要全神贯注地观察、亲自尝试，并通过反复练习来掌握所学的技能。这种亲身体验和实践是体育教学的重要组成部分，通过这种方式，学生能够真正地理解和应用体育运动中的技术和技能。

相比之下，其他学科的教学通常侧重于安静的课堂氛围和思维活动的激发，很少涉及频繁的身体动作实践。例如，在语文、数学或科学课上，学生更多地进行坐姿学习和理性思考，课堂内通常是安静和秩序井然的状态。而体育课程则追求学生的积极参与和身体能力的发展，课堂上的活动包括各种体育项目和游戏，需要学生全身心投入，并展现出身体的协调和灵活性。

(二)操作性

体育运动知识的核心在于学生对身体的自我认知，这是体育教育中极其重要的一环。体育运动不仅是体力活动，更涉及到个体对自身体能的理解和掌握。这种自我认知的过程，帮助学生更准确地感知自己的身体状态，进而进行有效的训练和调整。通过体育活动，学生能够更好地了解自己的身体界限和潜能，从而在锻炼中找到适合自己的方法和节奏，提升运动效果。身体知识的学习不仅是对身体的外在调适，更是对内在感受的深刻回归，这种自我认识和反思有助于学生在未来的生活中形成健康的生活方式和积极的自我管理能力。

学校教育强调学生的主体性和个性培养，体育教学的特殊性和目标在于通过个性化的训练，促使学生在运动中发现自己的优势与不足，进而实现自我超越。体育教育不仅关注学生的身体素质，更注重其心理和情感的发展。这种全方位的培养模式，体现了对学生个体差异的尊重和重视。未来教育者将在身心健康研究中广泛应用这种身体知识，通过科学的研究和实践，进一步推动学生全面发展，为他们的健康成长提供更加有力的支持。

（三）统一性

体育教学不仅关注身体健康的提升，更注重身心的全面统一发展。在教学过程中，通过生动的情境设置，学生的心理状态和社会适应能力得到有效促进。体育活动的多样性和互动性，能够帮助学生在参与过程中培养团队合作精神、解决问题的能力及情绪调节能力，从而实现身心的协调发展。身体的发展为心理的发展奠定了基础，而心理的进步也反过来促进了身体素质的提高。体育教学的目标就是通过这种统一的促进作用，使学生在身体和心理上都能获得全面的提升。

教师在进行体育教学时，需要根据学生的个体差异和身心发展规律选择合适的教学方法。这包括合理分配运动负荷与休息时间，以避免学生过度疲劳或运动伤害。内容的选择应兼顾身体素质、心理健康及社会适应能力，考虑学生的年龄、性别和心理特点。通过"量体裁衣"的教学方式，教师能够更好地满足学生的个性化需求，促进他们的身心和谐发展。

（四）制约性

体育教学效果受多种外界因素的制约，这些因素包括学生的基础素质、体质水平、性别、年龄及气候条件等。学生的运动基础和体质水平直接影响他们的运动表现和效果，因此在教学实施过程中，必须全面考虑这些因素，以便制定科学合理的教学计划。性别和年龄的差异也会影响学生在体育活动中的表现和需求，气候条件如温度、湿度等，也可能对学生的运动状态产生影响。因此，教师在设计和实施教学活动时，需要充分考虑这些制约因素，以确保教学效果的最大化。

在教学中，教师应根据学生的生理和心理特点调整教学策略，以适应不同学生的需求。例如，对于基础较弱的学生，可以安排较为基础的训练项目，以帮助他们逐步提高体能；而对于体质较好的学生，则可以增加难度，以挑战他们的极限。教师还需关注学生的情绪状态和心理变化，及时调整教学内容和方法，以保障教学的有效性和学生的健康发展。

（五）审美情感性

体育不仅具有功能性和实用性，还蕴含着丰富的艺术和美感。体育运动中的美感体现在两个方面：外在美和内在美。

外在美是指运动中的身体线条对称、动作流畅等形体美。运动员在进行高水平的体育活动时，其身体的优雅和力量感常常给人以视觉上的享受。运动中人体结构的美，如力量与速度的结合、柔韧与协调的展示，也是体育美感的重要组成部分。

内在美则体现为运动员在挑战自我、克服障碍过程中展现的精神风貌。每一种运动项目都有其独特的审美特征和美学符号。例如，球类运动中的团队合作精神、田径项目中的力量与速度、健美操中的柔韧与艺术表现，都展现了不同的审美价值和美学内涵。通过对体育美感的欣赏和体验，学生不仅能够提高自身的运动能力，还能培养对美的感知和理解，这对他们全面素质的提升具有积极的推动作用。

（六）直观形象性

体育教学中的直观形象性在教学过程中显得格外突出。教师在讲解动作时，需要以洪亮清晰的声音，生动形象且通俗易懂地描述动作技巧，以帮助学生深入感知和记忆复杂的运动动作。通过各种示范方式，如亲自示范、学生示范、正误对比示范、教学模具展示以及动作图解，教师能够使学生通过感官获取对运动动作的基本认知，建立起正确而清晰的运动表象。

学生通过观看这些示范，不仅获得了生动的运动形象，还能够激发思维，帮助他们更好地掌握体育知识、技术和技能，同时发展了他们的观察能力和形象思维能力。这些形象化的教学方法不仅仅是单纯地传授技术，更是在帮助学生理解和内化运动动作的过程中，促进他们对运动的深入认识和体验。

此外，体育教学的组织和管理也展现了直观形象性的特点。教师在课堂上通过清晰的组织和布置，确保学生能够有序地进行运动练习和学习，使每一个动作示范都能够达到预期的教学效果。通过这种有条不紊的教学管理方式，学生不仅在个人层面上获得了对运动技能的提升，也在团体合作和竞争中培养了协作能力和竞争意识。

第三节　现代大学体育教学的基本原则

一、合理安排学生身体的活动量

大学体育教学以身体练习为主要手段，因此在体育教学中要使学生身体所承受的运动负荷有效、合理，以达到锻炼身体、掌握体育技能的需求。这就是体育教学中合理安排身体活动量的原则。

合理安排身体活动量原则，是依据大学体育教学的本质特点和大学体育教学的运动负荷规律提出来的。一般来讲，运动负荷就是学生做练习时身体所承受的生理负荷量，它由运动强度和运动量构成。运动强度就是单位时间内身体所承受的量的大小，运动量就是运动的内容、数量、时间等。在体育教学中，合理地安排身体活动量，使学生都能达到适宜的生理负荷量，才能在锻炼中收到锻炼效果。

一堂体育课的合理的身体活动量的安排是为实现课程教学目标而确定的，简单讲，要根据课程目标、课程类型来安排不同的运动负荷。

在体育教学过程中，参与学习锻炼的学生存在个体差异，学生的体质不同、性别不同，具体到身体形态、身体机能、身体素质不同。因此，一定要根据不同学生的特点安排运动负荷。

运动负荷由运动强度和运动量构成，要使体育教学过程中学生的身体活动量适宜，就必须根据课程目标、教学内容、教学进度、教学设计等来调整运动负荷。调整方法无外乎调整运动强度或调整运动量两个方面。一般而言，强度大、量就小，反之强度小、量就大，这是一般的体育教学运动负荷调整原则。在体育教学中一般对运动量进行调整，即调整练习的内容、练习的时间或练习的数量即可达到我们的适宜要求。

二、注重学生体验运动的乐趣

在体育教学中，教师既要让学生掌握运动技能和锻炼身体，又要让他们体验运动带来的乐趣，使学生喜爱运动并养成运动的习惯。注重体验运动乐趣原则是依据运动中的游戏特性和体育教学中运动情感变化规律提出的。让学生通过体育教学和运动体验到乐趣，并对此产生兴趣，是提高体育教学质量的必然。让学生在体育教学和运动中体验乐趣，是终身体育的要求，也是体育教学的目的。

第一，正确处理和对待运动中的乐趣。每个体育运动项目都有其特殊的固有乐趣，这些乐趣来自项目的运动特点和比赛特征。在体育教学过程中，要正确处理和对待。对这些乐趣不能盲目地追求，而应该从教学目标和教学手段两个层面去汲取对教学过程有用的、有积极意义和价值的乐趣。

第二，乐趣的基础是获得成功的体验。在体育教学过程中，要使学生体验成功的乐趣，就要注意在教学方法和教学内容的选择上加以思谋，使大多数学生都有机会体验成功，而不是体验挫折。

第三，处理好体验乐趣与掌握运动技能的关系。在体育教学过程中，掌握运动技能和提高身体素质被视为首要目标。然而，过分追求趣味化可能导致运动技能教学的松懈，从而影响教学的质量。教学者需要在教学过程中找到掌握运动技能与体验运动乐趣的平衡点，确保学生不仅能够获得技能，还能在体育学习中享受到愉悦和成就感。体育教学中的关键在于如何有效整合趣味性和教学意义。优先选择那些趣味性与教学意义兼具的内容，这样可以在激发学生学习兴趣的同时，确保他们能够有效掌握运动技能和理论知识。对于那些教学意义强但趣味性较差的内容，教师需要通过创新的教学方法和引人入胜的课堂设计，使学习过程更具吸引力和互动性，从而增强学生的学习动力和参与感。在教学实践中，教师的角色至关重要。他们不仅要具备专业的教学技能和丰富的运动经验，还需敏锐地观察学生的学习状态和需求，及时调整教学策略，确保教学内容既有深度又富有趣味性。通过精心设计的课堂活动和实践项目，教师能够激发学生的学习兴趣，促进他们全面发展。

第四，开发多种易于学生体验乐趣的教学资源。教学资源的开发与利用对学生体验运动乐趣非常重要。教学内容的调整、练习条件的变化、场地器材的改变等都能给学生带来运动乐趣的体验，这需要教师认真地根据学校现有的各种条件进行挖掘与整合。

第五，体验成功不忘挫折、体验乐趣不忘磨炼。磨炼与挫折往往伴随着成功，所有的成功必须经过磨炼与挫折、失败才能得到，这是一条普遍的规律。在体育教学中我们要让学生经历这些磨炼与挫折，但要把握好一定的度，以不挫伤学生学习的积极性为先。

第二章 现代大学体育教学改革及重要性分析

随着社会发展和教育理念的不断更新，现代大学体育教学改革显得尤为迫切。本章深入分析传统体育教学的局限，并探讨改革的必要性与理论支撑；从现实需求出发，阐述改革对于提升教育质量、满足学生个性化发展需求的重要性。

第一节 传统大学体育教学存在的主要问题

现代大学体育教学作为高等教育的重要组成部分，不仅承担着增强学生体质的任务，更肩负着培养学生良好体育习惯和终身体育理念的重要使命。传统大学体育教学模式在多个方面存在诸多问题，严重制约了体育教育的实际效果和学生的全面发展。以下是对传统大学体育教学存在的主要问题的详细分析。

一、传统大学体育教育观念滞后

（一）体育教育理念的弊端

传统大学体育教学理念滞后，难以适应现代教育发展的需求。尽管现代教育强调素质教育和学生综合能力的培养，但在体育教育领域，依然存在观念落后的情况。一些教师和管理者仍然认为体育只是增强体质的手段，而忽视了体育教育在培养学生心理素质、团队合作能力和创新精神等方面的重要作用。

（二）教材缺乏前瞻性

现行的体育教材内容陈旧，缺乏前瞻性和创新性，难以与现代大学生的需求相匹配。这些教材通常只注重基础体育知识和技能的传授，忽略了对学生体育思想的启发和体育道德精神的培养。这种教材内容与培养大学生终身体育理念的目标明显不协调，无法激发学生对体育的长久兴趣和热爱。

（三）体育思想和道德精神的缺失

在传统体育教学中，教师更多地关注体育技能和知识的教授，却忽视了对学生体育思想和体育道德精神的启发和培养。体育不仅是身体的锻炼，更是精神和意志的磨炼。缺乏对体育思想和道德精神的重视，导致学生在体育活动中缺乏正确的价值观和行为规范，不利于学生全面素质的提升。

二、传统大学体育课程设置单一

（一）传统项目为主

在当前许多大学的体育课程中，传统体育项目仍然占据主要地位，如篮球、足球、排球等。这些项目虽然经典且广泛普及，确实能为学生提供基本的体育锻炼和团队合作训练，但课程设置过于单一，缺乏变化和新意。学生在多次重复同一类型的运动时，容易产生疲劳和厌倦感，无法持续保持对体育课程的热情和兴趣。单一的课程内容无法满足学生日益多样化的需求，特别是那些对非传统体育项目有兴趣的学生，他们在体育课上难以找到适合自己的运动项目，从而影响了他们参与体育活动的积极性和热情。

（二）缺乏多样性

课程内容缺乏多样性的问题直接影响了学生的兴趣和参与积极性。不同学生有不同的兴趣爱好和身体素质需求，传统体育课程设置往往未能考虑到这些差异。例如，有些学生可能对团队运动不感兴趣，更倾向于个体项目，如跑步、游泳或瑜伽；而另一些学生可能对竞技性强的运动感到压力，更喜欢休闲类或趣味性较强的活动。单一的课程设置不仅无法满足这些不同需求，还可能使学生对体育课产生抗拒和厌烦情绪。这种情绪一旦形成，不仅影响学生在体育课上的表现，还会影响他们对体育锻炼的长期兴趣和习惯培养，进而对他们的身心健康产生不利影响。

（三）新兴体育项目的缺失

随着时代的发展，许多新兴体育项目逐渐受到学生的喜爱，如瑜伽、健身操、极限运动等。这些项目不仅新颖有趣，还能满足学生不同的健身需求和心理需求。然而，这些新兴项目在传统大学体育课程中很少被涉及，学生无法接触和体验这些多样化的体育活动，限制了他们的体育视野和兴趣培养。新兴体育项目的缺失，使得体育课程难以跟上时代的步伐，无法充分激发学生的探索欲望和参与热情。此外，许多新兴项目不仅能增强学生的体质，还能培养他们的协调性、柔韧性和心理调节能力，这些都是全面发展的重要组成部分。因此，增加新兴体育项目，丰富课程内容，是现代大学体育教学改革的一个重要方向，有助于提升学生的参与度和满意度，促进他们的全面发展。

三、传统大学体育教学方法单一

（一）以课堂讲授和集体训练为主

传统大学体育教学方法主要依赖于课堂讲授和集体训练。这种方法在传授基础体育知识和技能方面确实具有一定的优势，因为它能够在较短时间内向大量学生传达相对统一的信息和技巧。这种单一的教学模式缺乏个性化和差异化的教学手段，难以适应学生的多样化需求。在这种模式下，学生的个体差异和兴趣需求往往被忽视。例如，有些学生可能在某些体育项目上具有天赋或特殊兴趣，他们需要更具挑战性的训练和指导，而其他学生则可能需要更多的基础练习和个别帮助。统一的教学方法无法满足这些不同需求，导致部分学生在体育课上感到无趣或受挫，影响了他们的积极性和参与度。集体训练虽然可以培养团队合作精神，但也容易使个别学生的独特优势和潜力被淹没，无法得到充分的发展。

(二)忽视创新思维和解决问题能力的培养

体育教育不仅仅是身体的锻炼,还应当注重培养学生的创新思维和解决问题的能力。传统的体育教学方法往往过于注重技能训练和体能提升,忽视了学生在体育活动中遇到问题时的思考和解决能力的培养。这种以技能为中心的教学模式,尽管能够提升学生的体能和运动技能,但在面对复杂或突发情况时,学生的应对能力和创新思维得不到锻炼和发展。例如,在团队运动中,如何应对对手的策略变化,如何在突发情况下调整战术,这些都需要学生具备一定的创新思维和问题解决能力。忽视这些方面的培养,不仅限制了学生在体育方面的综合素质发展,也影响了他们在实际生活和未来职业中的表现和竞争力。因此,体育教学应当在注重技能训练的同时,增加创新思维和解决问题能力的培养环节,鼓励学生在实践中思考和探索,提升他们的综合素质和实际应用能力。这可以通过引入情景模拟、问题导向教学等方法来实现,让学生在真实或模拟的体育情境中不断挑战自我,培养创新思维和解决问题的能力。

(三)缺乏个性化指导

在传统大学体育教学中,班级人数通常较多,教师难以对每个学生进行个性化指导。这种情况下,教师往往只能采取统一的教学方法,难以关注每个学生的个体差异和具体需求。学生在学习过程中遇到的问题和困惑得不到及时解决,不仅影响了他们的学习效果,还挫伤了他们的学习积极性和兴趣。例如,有些学生在学习某些技术动作时需要更多地练习和指导,而有些学生则可能已经掌握了基础技能并渴望更高难度的挑战。统一的教学模式无法满足这些不同需求,导致学生的学习体验不佳。缺乏个性化指导还使得一些潜在的体育人才得不到充分挖掘和培养,影响了他们的全面发展。为了提升教学效果,教师需要更多地关注每个学生的个性化需求,提供有针对性的指导和支持。然而,在大班教学的环境下,这种个性化指导的缺乏成为亟待解决的问题。通过合理安排教学资源,增加师生比,采用分组教学等方式,可以有效提高个性化指导的水平,提升学生的学习效果和兴趣。

第二节　现代大学体育教学改革的现实需求

现代大学体育教学改革面临着多方面的现实需求，这些需求主要源于社会对人才培养的新要求、学生个性化发展的需求以及教育技术的发展等多个方面。以下是关于现代大学体育教学改革现实需求的详细分析。

一、适应社会需求，培养综合素质人才

（一）综合素质的时代需求

在当今社会，专业技能固然重要，但社会对于人才的综合素质提出了更高的要求。除了学术知识，企业和社会更注重人才的创新能力、合作精神、领导才能和身心健康。这种趋势要求大学教师不仅是知识的传授者，更是综合素质的培养者。

（二）体育课程与综合素质培养的关系

体育课程在培养学生的综合素质方面具有独特的优势。体育活动不仅能够增强学生的体质，还能培养他们的意志力、团队合作精神和领导能力。例如，通过团体体育项目如篮球、足球等，学生能够学习如何与他人合作、分工以及领导团队；户外拓展活动、体育科技研究等跨学科的体育项目也能激发学生的创新思维，培养他们解决实际问题的能力。

（三）培养综合素质人才实施措施

为实现这一目标，大学体育课程应采取多种措施。首先，体育课程应与其他专业课程相结合，形成跨学科的教育体系。例如，在工科院校，可以开设"工程与体育结合"的课程，通过体育活动来激发工程技术的创新思维。其次，体育课程应注重实践性，鼓励学生参与各种体育活动和竞赛，提供展示自我和锻炼能力的平台。此外，体育课程应加强体育与心理健康教育的结合，通过体育活动帮助学生缓解压力、保持心理健康，从而全面提升学生的综合素质。

二、满足学生个性化发展需求

（一）个性化发展的重要性

每个学生都有独特的兴趣、特长和需求，这就要求大学教育，尤其是体育教学，能够提供个性化的教育服务。传统的体育课程往往较为单一，无法满足所有学生的兴趣和需求，这不仅影响了学生的积极性，也限制了他们的全面发展。

（二）多样化体育活动的必要性

大学体育教学应更加注重个性化和多样化的体育活动，以满足不同学生的需求。可以通过开展多样化的授课方式、拓宽课程内容、注重体育素养的培养等方式，为学生提供更多样化的学习体验。例如，引入健身操、瑜伽、武术等多样化的体育项目，满足学生多样化的兴趣和需求。同时，可以根据学生的兴趣和特长开设选修课程，让学生自由选择和参与，增加他们的学习积极性和主动性。

（三）学生个性化发展需求实施措施

具体措施包括：①开展兴趣小组和俱乐部活动，学生可以根据自己的兴趣选择参加不同的体育活动；②灵活安排课程时间和形式，如开设早操班、晚间健身班、周末体育训练营等，让学生可以自由选择适合自己的时间进行体育锻炼；③建立个性化体育档案，根据每个学生的身体状况、兴趣爱好和发展需求，制订个性化的体育锻炼计划，帮助学生科学、有效地进行体育锻炼。

三、借助教育技术推动教学改革

（一）教育技术的发展

随着科技的发展，视频化的教学方式、多元化的教学形式以及个性化的教学方案等逐渐成为可能。教育技术的发展为大学体育教学带来了新的机遇和挑战。

（二）教育技术在体育教学中的应用

大学体育教学应充分利用这些教育技术，提高教学效果。例如，可以通过视频教学来展示体育运动技巧、健身动作等，增强学生的学习兴趣。视频教学不仅可以提供清晰的示范，还可以让学生随时随地进行学习和复习。通过校外教学、实践性课程等多元化的教学形式，为学生提供更丰富的学习体验。例如，利用虚拟现实技术模拟各种体育场景，让学生在虚拟环境中进行练习和比赛，增加教学的趣味性和实用性。

（三）数据化手段的应用

通过数据化的手段来分析每个学生的身体数据、健康状况等，制定出最适合每个学生的健康方案。例如，利用可穿戴设备监测学生的运动量、心率、睡眠等数据，根据数据分析结果，调整学生的锻炼计划，提供个性化的健康建议；建立体育教学的数据库，记录每个学生的体育成绩、参与活动情况等，为教学管理和评价提供科学依据。

（四）借助教育技术推动教学改革实施措施

为实现教育技术在体育教学中的应用，大学应：①加强投资建设现代化的体育教学设施和设备，如多媒体教室、虚拟现实实验室等；②加强教师的技术培训，提高教师应用教育技术的能力；③开发和引进优质的体育教学资源，如视频教程、虚拟现实软件等；④建立数据化管理平台，全面记录和分析学生的体育活动数据，为个性化教学提供支持。

第三节 现代大学体育教学改革的理论依据

现代大学体育教学改革的理论依据是一个多层次、多方面的综合问题，它涉及教育学、体育学、心理学、社会学等多个学科领域的理论支持。以下从几个主要方面来扩展论述现代大学体育教学改革的理论依据。

一、教育学理论

（一）以人为本的教育理念

现代教育理念强调以人为本，注重学生的全面发展。在体育教学中，这一理念要求教师不仅关注学生的体能发展，还要关注学生的心理健康、社会适应能力和人格完善。因此，体育教学改革需要从单纯的体能训练转向综合素质培养，注重学生在体育活动中的主体地位，激发学生的兴趣和主动性，使体育成为学生终身学习和生活的一部分。

（二）终身教育理论

终身教育理论认为，教育不是仅限于学校教育，而是贯穿于人的一生。现代社会的快节奏和高压力，使得人们对身体健康的需求越来越强烈。因此，大学体育教学改革应当注重培养学生的终身体育意识和习惯，帮助学生掌握科学的锻炼方法和健康的生活方式，为其今后的生活和工作提供坚实的身体基础。

二、体育学理论

（一）全面健身理论

全面健身理论主张体育应全面发展人的体能、技能和心理素质。传统的大学体育教学往往偏重竞技性和专项性，而忽视了学生整体素质的培养。改革后的体育教学应当引入全面健身理念，通过多样化的课程设置和丰富的体育活动，促进学生全身心地发展，提升其综合素质。

（二）运动技能学习理论

运动技能学习理论研究如何有效地教授和学习运动技能。根据这一理论，体育教学应根据学生的身心发展特点，采用科学的教学方法和手段，如分阶段教学、示范教学、反馈教学等，帮助学生更好地掌握运动技能，提升运动水平。

三、心理学理论

（一）成就动机理论

成就动机理论认为，人们的行为受成就动机驱动，即对成功的渴望和对失败的恐惧。在体育教学中，教师应充分调动学生的成就动机，通过设定适当的目标、给予积极的反馈和鼓励，激发学生的运动兴趣和动力，使其在体育活动中获得成就感和自信心。

（二）认知发展理论

认知发展理论强调个体的认知过程和能力的发展。在体育教学中，教师应根据学生的认知水平和特点，设计合适的教学内容和方法，帮助学生理解和掌握体育知识和技能，促进其认知发展。

四、社会学理论

（一）社会互动理论

社会互动理论认为，人的发展离不开社会互动。在体育教学中，团队合作和人际交往是重要的组成部分。通过团队运动和合作项目，学生不仅可以提高运动技能，还能增强团队合作意识和社会交往能力，培养其社会适应能力和责任感。

（二）社会角色理论

社会角色理论认为，每个人在社会中都扮演着不同的角色，并在不同角色中学习和成长。在体育活动中，学生可以通过扮演不同的角色，如队长、队员、裁判等，体验和学习不同的社会角色，提高其角色意识和社会责任感。

第四节　现代大学体育教学改革的重要性

现代大学体育教学改革的重要性不言而喻，它对于促进学生全面发展、提升教育质量以及适应社会发展的需求都具有深远的影响。以下是几个关键方面，凸显了现代大学体育教学改革的重要性。

一、促进学生身心健康发展

（一）提升身体素质

体育锻炼是促进学生身体健康的重要途径。通过系统的体育教学，学生可以学习到科学的锻炼方法，增强体能，提升耐力和协调性。定期参加体育活动能有效促进心肺功能，提高骨骼和肌肉的强度，增强免疫力，预防各种疾病，如肥胖、心血管疾病和糖尿病等。体育运动能够激活人体的代谢功能，促进新陈代谢，有助于维持健康的体重和体型。

（二）促进心理健康

体育教学不仅有助于身体健康，还能显著促进学生的心理健康。"体育教学以其特殊的活动形式，丰富的教学内容，体力与智力相结合的不同于其他课程的教学特点，决定了体育教育与心理健康教育存在着互相联系，互相促进的关系。"[①]现代社会的快节奏和高压力使学生面临许多心理挑战，如焦虑、抑郁和压力。体育运动通过释放内啡肽，能够有效缓解压力，提升情绪，增强自信心和自我效能感。团队体育项目如篮球、足球等能培养学生的团队合作精神和沟通能力，帮助他们建立良好的人际关系，增强归属感和集体荣誉感。

[①] 李凌. 试论高校体育教学与心理健康教育[J]. 西安体育学院学报，2000（2）：82.

二、培养终身运动习惯

（一）激发运动兴趣

大学时期是学生形成运动习惯的关键时期。通过改革体育教学内容和方式，可以激发学生对体育运动的兴趣，帮助他们发现自己喜欢和擅长的运动项目。在教学过程中，教师可以采用多样化的教学方法，如游戏化教学、情景教学和互动教学，增加课程的趣味性和吸引力，让学生在愉快的氛围中参与体育锻炼。

（二）培养健康生活方式

拥有终身运动习惯的人更容易保持健康的生活方式，提高生活质量。体育教学改革不仅关注学生在校期间的运动参与，更注重培养他们终身体育的意识和习惯。通过教育和引导，使学生认识到体育运动对身体和心理健康的重要性，帮助他们养成每天锻炼的习惯，形成健康的生活方式，从而在未来的生活和工作中受益。

三、提升教学质量

（一）推动教学创新

体育教学改革有助于推动教学方法的创新和课程内容的更新。通过引入新的教学手段和技术，如虚拟现实技术、运动传感器和数据分析工具，可以提高体育教学的趣味性和实效性。例如，利用虚拟现实技术，学生可以在虚拟环境中进行各种体育项目的训练和模拟比赛，增强参与感和学习效果。运动传感器可以实时监测学生的运动数据，帮助教师进行科学的教学评估和反馈。

（二）促进教师专业发展

改革还能促进教师的专业发展，提升他们的教学水平和能力。通过定期的培训和进修，体育教师可以学习和掌握最新的体育教育理论和教学方法，提升自身的专业素养。教师之间的交流与合作也能促进教学经验的分享和教学质量的提升。优秀的教师队伍是实现高质量体育教学的重要保障，他们的成长和发展将直接影响学生的学习效果和健康水平。

四、适应社会发展需求

（一）培养创新人才

随着社会的不断发展，对于人才的需求也在不断变化。现代大学体育教学改革有助于培养具有创新精神和实践能力的人才，满足社会发展的需求。在体育教学中，可以融入创新思维训练和实际问题解决能力的培养，通过项目式学习和跨学科合作，增强学生的创新意识和实践能力，使他们在未来的职业生涯中具有更强的竞争力。

（二）提供实践机会

通过体育教学改革，可以加强学校与社会的联系，为学生提供更多的实践机会和就业渠道。学校可以与企业、社区和体育机构合作，开展各种实习和实践项目，让学生在实际环境中应用所学知识和技能，积累经验。丰富的实践活动也能增强学生的社会责任感和服务意识，为他们未来的职业发展和社会融入奠定基础。

五、推动校园文化建设

（一）丰富校园文化生活

体育是校园文化的重要组成部分。通过体育教学改革，可以丰富校园文化生活，增强学校的凝聚力和向心力。学校可以组织各种体育比赛、运动会和体育节，营造积极向上的校园氛围，让学生在参与中体验运动的乐趣和团队精神。体育文化的建设还能促进学生对学校的认同感和归属感，增强校园的整体活力和吸引力。

（二）构建和谐校园氛围

体育活动还能促进学生之间的交流和互动，有助于构建和谐、健康的校园氛围。在体育活动中，学生可以通过合作和竞争建立友谊，学会理解和尊重他人，增强团队协作和互助精神。这些都是构建和谐校园的重要因素，有助于学生的全面发展和学校的整体和谐。

六、促进学生全面发展

（一）培养综合素质

体育教学不仅关注学生的身体健康，还注重培养学生的综合素质。通过体育教学改革，可以促进学生在知识、能力、情感和价值观等方面的全面发展。体育运动不仅能增强体质，还能培养学生的意志品质，如坚韧不拔、敢于挑战的精神。体育教学中的规则意识和公平竞争精神也有助于学生形成正确的价值观和道德观。

（二）增强职业发展能力

体育运动还能培养学生的团队协作能力、沟通能力和领导能力，为他们未来的职业发展打下坚实的基础。在体育活动中，学生可以通过扮演不同的角色，如队长、队员、裁判等，学会在团队中如何有效沟通和合作，提升自己的领导力和组织能力。这些能力都是现代社会和职场中非常重要的软技能，有助于学生在未来的职业生涯中脱颖而出。

第三章　课程维度：大学体育教学改革的课程实践

本章依次分析课程内容、教学方法和教学模式的创新与变革，以及如何在体育运动课程中实现教学与改革的有机结合。通过对课程实践的深入研究，揭示如何通过改革激发学生兴趣、提升教学质量，进而推动体育教学向更高层次发展。

第一节　大学体育教学课程的内容改革

一、大学体育教学内容的目标与分类

（一）大学体育教学内容的目标

"体育教学内容是体育教学工作者在进行体育教学时的主要参考，因此体育教学内容在体育教学中占据非常重要的地位。"[①] 体育教学的内容源起于人类演化的不同阶段，其教学目标与要求均展现出鲜明的时代特征。这一现象主要归因于体育教学内容的选择与制定深受多种因素的影响，包括但不限于当地居民的文化素养、地理气候条件、社会政治经济的演进状态、生产力的高低以及科学技术的发展水平。这些因素共同塑造了体育教学内容的时代特色及其适应性。

1. 传统体育教学内容的目标

（1）体育保健的目标。在体育教学的多元体系中，体育保健的教

[①] 夏越. 现代高校体育教学研究[M]. 北京：北京理工大学出版社，2019：29.

学内容占据着举足轻重的地位。其目标不仅局限于知识的传递，更在于理念的塑造与行为的引导。

第一，通过系统传授体育保健的基本知识和原理，我们期望学生能够深刻领会体育教学在个体成长过程中的核心作用。这种作用不仅体现在对个体生理机能的促进上，更在于对个体心理、社会适应能力的全面培养。

第二，学生能够从宏观角度理解体育运动对国家、社会的贡献，如提高国民素质、促进社会发展等，从而唤醒学生内心深处对体育锻炼的使命感，驱动他们主动、自觉地参与到体育锻炼的行列中。

第三，体育保健的教学内容还致力于为学生提供体育学习的必要知识，帮助他们构建对体育教学的全面、客观的认识。这种认识的形成，有助于学生在未来的体育学习中更加主动、高效，也为他们终身体育习惯的养成奠定了坚实的基础。

（2）田径运动的目标。田径运动作为体育教学中的基础项目，其教学目标具有明确的指向性。

第一，通过田径运动的教学，使学生能够掌握田径运动的一般规律和基本知识，从而为他们后续的学习和实践提供坚实的理论基础。

第二，学生能够认识到田径运动在身体素质培养中的重要作用，这种作用不仅体现在对速度、力量、耐力等基本素质的提升上，更在于对学生意志品质、团队协作能力的全面培养。

第三，在技能层面，学生能够掌握田径运动相关的基本原理和方法，以及基本的运动技能。这些技能的学习，不仅有助于学生提高运动水平，更有助于他们在日常生活中通过田径运动达到锻炼身体、增强体质的目的。

（3）体操运动的目标。体操运动以其独特的魅力在体育教学中扮演着重要的角色，其教学目标主要围绕三个方面展开。

第一，在教师的指导下，学生能够深入了解体操运动的文化内涵，认识到体操运动对人体健康的积极作用。这种认识的形成，有助于激发学生对体操运动的兴趣和热爱。

第二，学生能够通过体操运动的学习，掌握一些基本的运动技能和方法。这些技能和方法的学习，不仅有助于学生提高体操运动的水平，更有助于他们在日常生活中通过体操运动达到锻炼身体、塑造形体的目的。

第三，重视体操运动的安全性。我们期望学生能够在教师的指导下，安全地从事体操运动，并掌握一些基本的比赛常识和技巧。这种能力的培养，有助于学生在参与体操比赛时更加自信、从容，也为他们未来的体育竞赛之路奠定了坚实的基础。

（4）球类运动的目标。在当今社会，球类运动作为广泛流行的体育活动，包括足球、篮球、乒乓球等多种类型，深受青少年喜爱。这些运动不仅因其竞技性和趣味性而受欢迎，更在体育教育中占据重要地位。针对球类运动的教学目标具有多维和层次性，旨在通过教育和训练，培养学生的运动技能、团队合作精神以及身体健康意识，为他们的全面发展提供支持和保障。

第一，球类运动教学的首要目标是使学生全面理解球类运动的基本概念，以及各项运动所特有的比赛规则。这种理解不仅有助于学生更好地参与运动，还能促进他们在运动中形成规范的行为习惯。

第二，球类运动教学强调技能的传授和技巧的掌握。通过系统的训练，学生能够掌握一系列球类运动的基本技能和比赛常识，这不仅提升了他们的运动水平，也为他们未来参与更高层次的比赛奠定了基础。

第三，球类运动教学还承载着培养学生团队协作、竞技精神以及体育道德等多方面的任务。这些目标并非一蹴而就，而是需要在长期的教学过程中潜移默化地渗透和影响学生。

（5）韵律运动的目标。韵律运动作为一类将舞蹈与运动完美结合的体育项目，其独特之处在于音乐节奏的引导和身体动作的协调。这类运动不仅深受女性群体的喜爱，更在塑造身体形态、提升气质方面发挥着重要作用。

韵律运动教学的目标是学生能够对韵律运动的基本特征有清晰的认识，了解其所遵循的基本原则和规律。通过具体的动作示范和练习，使学生能够掌握一些基本的技巧和套路，从而在运动中展现出优美的姿态。

此外，韵律运动教学还注重对学生形体的塑造和气质的培养。通过长期的练习，学生的身体形态将得到显著的改善，同时其内在的气质和风度也将得到提升。这种提升不仅体现在外在的形象上，更体现在学生的自信心和内在修养上。

（6）民族传统体育的目标。民族传统体育作为一个民族发展历程的映射，承载着该民族的精神内核与文化传承。通过对民族传统体育的深入探究与学术研究，可以明确其教学目标如下：首先，通过传授民族传统体育知识，增进学生对民族文化的深刻理解；其次，使学生掌握一定的民族传统体育技能，旨在实现自我防卫的同时，继承并推广民族文化，如中国武术的习得与传承。

2. 现代体育教学内容的目标

（1）乡土体育的目标。在教育改革不断深化的大环境下，体育教学的课程资源开发和教育内容的创新显得尤为重要。乡土体育作为一种富含地域文化和民俗风情的体育活动，其独特的教学目标旨在深化学生对民间体育和民俗风情的认知，使他们能够在学习中掌握并传承具有鲜明地方特色的民俗体育知识和技能。这种教育不仅有效传承了当地的传统文化，同时也在现代体育教育中创新地运用了传统体育资源，为学生提供了丰富多样的体育学习体验。

（2）体适能与身体锻炼的目标。在当今社会，人们对个体身心健康全面发展的需求日益增长，这种需求在体育教学中体现得尤为明显。体适能教育与身体锻炼作为体育教学的重要组成部分，其目标是通过系统的教学和训练，全面提高学生的身体素质和运动能力。体育教师在这一过程中，不仅要传授运动实践技能，更要注重引导学生理解运动的原则和方法，帮助他们形成科学、健康的生活方式和运动习惯，从而在提高运动技能的同时，也能增强自身的体能。

具体来说，体适能与身体锻炼的目标包括以下方面。

第一，提高学生的身体素质。通过有针对性的锻炼，增强学生的力量、速度、耐力、柔韧性和灵敏性等基本运动素质，为他们的健康成长奠定基础。

第二，培养学生的运动技能。通过系统地教学和训练，使学生掌握一定的运动技能，提高他们在各种体育活动中的表现水平。

第三，培养学生的团队协作精神。通过集体性的体育活动，培养学生之间的默契配合和团队协作精神，提高他们的社会适应能力。

第四，培养学生的自律意识。通过体育锻炼，培养学生自觉遵守纪律、克服困难、持之以恒的优良品质，增强他们的自律意识。

第五，培养学生的健康生活方式。通过引导学生理解运动的原则和方法，帮助他们形成科学、健康的生活方式和运动习惯，从而提高他们的生活质量。

（3）新兴体育运动的目标。新兴体育运动作为一种充满时代气息和创新精神的体育活动，已经成为现代体育教学的重要组成部分。这些运动不仅融合了当前流行的体育文化元素，而且以其新颖和趣味性极大地激发了学生对体育学习的热情和兴趣。在教学目标上，新兴体育运动的重点不仅仅在于传授技能和规则，更在于通过这些运动激发学生对体育活动的热爱，并培养他们终身参与体育运动的习惯。

教师在新兴体育运动的教学过程中，需要注重运动的实用性和高质量的教学效果。这意味着教师不仅仅传授技能，还要深入探讨运动背后的文化内涵和社会价值。通过深入挖掘这些运动的时代特征，教师可以帮助学生更好地理解运动所代表的文化和社会意义，从而提升他们的体育素养，促进全面发展。

（4）巩固和应用类课程的基本教学内容的目标。巩固与应用类课程，在新课标下的体育教学中占据着举足轻重的地位。这类课程的核心目标，是通过全面而系统地教学和训练，帮助学生深入理解和掌握体育教学的基本知识和技能。更为重要的是，这类课程强调学生在实际情境中应用所学知识和技能，从而真正实现体育知识的内化和体育技能的提升。

在巩固与应用类课程的教学中，教师不仅要关注学生体育技能的锻炼和提高，更要注重学生体育常识和能力的培养。这意味着，教师需要在教学中融入更多关于体育理论、体育文化、体育健康等方面的内容，帮助学生建立起全面的体育知识体系。教师还需要通过丰富的实践活动，引导学生将所学的体育知识和技能运用到实际情境中,让他们在实践中感受体育的魅力,体验体育的价值。

此外,巩固与应用类课程还承担着为学生未来的全面发展奠定坚实基础的使命。通过这类课程的学习,学生不仅能够掌握丰富的体育知识和技能,还能够在体育活动中培养出坚韧不拔的意志、团结协作的精神和积极向上的态度。这些素质的培养,对于学生未来的学习、工作和生活都具有非常重要的意义。

(二)大学体育教学内容的分类

1. 体育教学内容分类的意义

体育教学内容分类的重要性在于其对于提升教学质量、优化学生学习体验以及推动体育教育发展的深远影响。

(1)体育教学内容的分类有助于提升教学质量。通过将体育教学内容进行科学地的分类,教师可以更加清晰地了解各个教学板块的目标和要求,从而有针对性地制订教学计划,确保教学内容的系统性和连贯性。分类后的教学内容更加符合学生的认知规律和兴趣爱好,能够激发学生的学习兴趣,提高学习积极性。分类后的教学内容也便于教师进行教学评价和反思,及时调整教学策略,进一步提高教学质量。

(2)体育教学内容的分类有助于优化学生学习体验。学生在体育学习过程中,面对复杂多样的教学内容,往往难以把握学习重点和难点。通过将体育教学内容进行分类,学生可以更加明确地了解自己的学习目标和方向,更加有针对性地选择学习内容,避免盲目性和无效性。分类后的教学内容更加贴近学生的实际需求和生活实际,能够使学生感受到体育学习的实用性和趣味性,从而增强学习体验和兴趣。

(3)体育教学内容的分类有助于推动体育教育的发展。随着教育改革的不断深入和社会发展的变化,体育教育面临着新的机遇和挑战。对体育教学内容进行分类,可以更加清晰地指引体育教育的发展方向和目标。分类后的教学内容不仅有助于教师们更好地交流和合作,共同推动体育教育的进步,也为学校的体育课程设置和教材编写提供了有益的参考和借鉴,促进了学校体育课程的优化和升级。

2. 体育教学内容分类的依据

体育教学内容作为实现体育教育目标的重要载体，其分类方法不仅影响着教学内容的组织与实施，还直接关系到教学效果的达成。由于体育教学内容的多样性和教学任务的多方面性，其分类方法应具有鲜明的多样性和层次性特征。

在进行体育教学内容分类时，可以将其划分为不同的层次，每个层次又可根据不同的教学需求和目标运用不同的分类方法。在同一层次上，必须坚持采用同一个分类标准，以确保分类的准确性和一致性。这要求在分类过程中，严格遵循"子项之和等于母项"的分类标准，确保分类结果的科学性和合理性。

（1）依据人体基本活动能力分类。这种方法以人的走、跑、跳、投、攀、爬、钻、平衡、支撑、踢、接等基本活动能力为划分依据，有助于教师根据学生的实际情况和发展需求，有目的、有计划地培养学生的基本活动能力。这种方法不仅符合人体运动的基本规律，还有助于提高学生的身体协调性和运动能力。

（2）依据身体素质分类。该分类方法根据速度、力量、耐力、灵敏、柔韧等身体素质要素，对体育教学内容进行划分。这种方法有助于教师根据学生的身体素质状况，制订个性化的教学计划和训练方案，以提高学生的身体素质水平。

（3）依据运动项目分类。按照运动项目的名称和内容进行分类，如田径、篮球、足球、武术、游泳、健美操等。这种方法有助于教师和学生根据运动项目的固有特点和规律，针对性地教授和学习，提高学生的运动技能和竞技水平。

（4）综合交叉分类。这种方法将体育教学内容按照基本部分（必修）与选用部分（选修）、理论与实践教学内容、各运动项目的基本教学内容与提高身体素质练习教学内容等进行综合与交叉地分类。这种方法有助于教师根据学生的兴趣和需求，灵活选择教学内容和教学方式，提高教学的针对性和实效性。

（5）依据体育功能分类。该方法将课程目标分为运动参与、运动技能、身体健康、心理健康与社会适应四个方面，并据此对体育教学内容进行分类。这种方法有助于教师和学生更好地理解和实现体育与健康课程的目标，促进学生的全面发展。然而，这种方法在实际应用中可能面临具体教学内容选编参考范围不足和考核标准不明确的问题，需要进一步完善和优化。

3. 体育教学内容分类的要求

（1）服从教学目标。在体育教育领域中，教学内容的分类不是静态不变的，而是必须与社会和国家的教育方针、教育目标密切契合，并随着时代变迁和公众需求的变化而持续演进。体育教学的动态性决定了教学内容分类的灵活性和适应性。因此，研究者和教材编纂者需要时刻保持对时代背景的敏锐洞察，不断更新教育理念，以紧跟社会教育目标的变化。

随着社会的不断进步和人们需求的多样化，体育教育的教学目标也在不断演进。这种演进要求体育教学内容的分类必须与之同步更新，确保教学内容能够紧密围绕教学目标展开，最大化地实现教育效果。例如，当前教学目标强调培养学生的终身体育意识和健康生活方式，因此体育教学内容的分类就需要更加注重基础体能、运动技能和健康教育的整合，以满足这一目标的需求。

体育教学内容的分类不仅仅是对知识技能的简单划分，更是对教学目标和时代精神的深刻理解和体现。在此背景下，研究者和教材编纂者需要以动态的眼光审视教学内容的分类，确保其始终与教学目标保持一致。这样才能为培养全面发展、具备体育素养的新时代人才提供有力支持，促进学生身心健康的全面发展，为国家建设和社会进步贡献力量。

（2）具有科学性。在体育教育的实践中，教学内容的分类不仅构成了教学过程的指导框架，更是实现教学目标的基石。为了确保体育教学的高效与实效，对教学内容的分类必须秉承科学性原则。

教学内容的分类需严格遵循教学大纲的核心要求与基本原则。教学大纲作为教学活动的总纲领，其设定的教学目标和教学内容是教学工作的根本遵循。因此，教学内容的分类必须与之保持高度一致，确保教学活动在正确轨道上推进。

科学性的观念应贯穿于教学内容分类的全过程。这意味着在分类过程中,必须运用科学的方法论,依据体育学科的内在规律和学生的认知特点,对教学内容进行系统的梳理和科学的分类。只有这样,才能确保教学内容的分类既符合学科发展的逻辑,又能够切实满足学生的学习需求。

(3)具有阶段性。体育教育在学校教育中扮演着重要角色,其教学内容的分类应当充分考虑到学生个体成长的阶段性特征。随着学生年龄的增长,其身体发育、认知水平和技能掌握能力呈现出显著差异,这决定了体育教学必须根据不同年龄阶段的学生设定不同的教学要求和目标。体育教学内容的分类必须具备明显的阶段性特征,以确保教学内容与学生发展的适应性和有效性。

构建体育教学内容分类体系的过程中,首先需要深入分析学生身体发育的规律,了解不同年龄段学生的生理和心理特点。针对低龄学生,应注重基础动作技能的训练,通过培养兴趣引导他们逐步接触和掌握基本的运动技能。随着学生的成长,教学内容应逐步引入更为复杂和专业的运动技能,同时加强身体素质和竞技能力的培养,以满足他们在体育方面的进一步发展需求。

教学内容的分类还应密切结合教学大纲的要求,确保每个年龄阶段的教学内容与教学目标相一致。只有这样,才能为学生提供符合其发展需要的体育学习体验,有效促进其身体健康和全面发展。

(4)为教学实践服务。在体育教学领域,实践性是其显著且不可或缺的特征,对教学实践的依赖性极高。因此,在构建体育教学内容分类体系时,必须充分考虑其实践导向性。对教学内容进行实践性评估,依据其实践性强弱进行恰当分类。对于实践性要求较高的教学内容,应重点安排实践教学环节,确保学生能在实践中深入理解和掌握相关知识和技能;而对于实践性相对较弱的内容,则应根据其性质,合理安排理论教学,以弥补实践环节的不足。

在实施教学过程中,教师应根据教学内容的分类,采用相应的教学策略。对于实践性强的内容,可以通过模拟比赛、实地操作等方式,让学生在实践中体验、感悟和提升；对于理论性较强的内容，则可以通过讲解、案例分析等方式，帮助学生构建知识框架，理解基本原理。

通过这种实践导向性的教学内容分类及其实施策略，教师可以更好地把握教学重难点，确保体育教学的有效性和高效性。学生也能在更加符合其认知规律和学习特点的教学环境中，全面提升体育技能和素养。

（5）明确教学内容的选编原则。在当今社会，人们对体育教学质量的期望日益提高，这要求教育者们通过深入研究持续优化和调整体育教学内容。为了确保这些内容能够有效地促进学生的全面发展，首要任务是确立科学的选编原则。这些原则不仅是进行教学研究的基础，更是实现教学目标、提升教学质量的关键所在。

明确选编原则意味着对体育教学内容进行系统的整理和深入的分析，以确保所选内容既符合学生身心发展规律，又能有效地提升体育技能和培养健康素养。这些原则应该根据学科特点、教学目标以及学生的实际情况来制定，保证教学内容具有合理性、针对性和前瞻性。

通过明确选编原则并据此进行体育教学内容的分类和选取，可以更好地满足社会对体育教学质量的期待，为学生的健康成长和全面发展提供有力的支持。

（6）掌握体育校本教材。体育校本教材是体育教师在指导学生体育活动时的核心参考，承载着丰富的教学内容。在进行任何层次的体育教学研究时，首要任务是深入了解和掌握体育校本教材。通过仔细研读，教师可以把握当前体育教学的基本内容及其编写逻辑，为研究提供坚实的理论基础和丰富的现实依据。这不仅有助于确保教学内容的准确性和有效性，还能为教学研究提供明确的方向和支撑，进一步推动体育教学的创新与发展。

（7）研究体育教案。体育教案作为体育教师进行体育教学时的详细规划与步骤，是确保教学流程顺畅进行的关键。体育教学研究的终极目标在于提升教学质量，其中涵盖了对教学方法和策略的不断优化。因此，对体育教案的深度分析与研究显得尤为关键。通过细致研究体育教案，教师能够更深入地理解教学内容的层次结构，明确教学内容的划分方法和要求，从而更加精准地设计教学活动，提升教学效果，为学生的全面发展提供有力支持。

（8）重视体育教学条件。体育教学内容的有效分类需深刻认识到教学条件的至关重要性。体育教学高度依赖于实践性，因而对教学环境和物质基础的完备性提出了明确要求。教学条件的优劣直接关系到体育教学的质量和效果。

在体育教学实践中，必要的物质条件是基础上的基础。例如，单杠、双杠、铅球、跳绳等体育器材的配备，是确保各类体育运动项目得以顺利开展的先决条件。缺乏这些基础设施，体育教学将失去其实际操作的支撑，变得空泛无物，无法实现其教育目的。

此外，教学环境也是影响体育教学的重要因素。一个适宜的教学环境不仅能够激发学生参与体育活动的兴趣，还能够保障他们在运动中的安全，避免潜在的安全风险。良好的教学环境还有助于增进师生间的交流互动，营造积极的学习氛围，从而进一步提升体育教学的质量。

因此，在进行体育教学研究时，对教学条件的全面考量是不可或缺的。只有深入了解和掌握教学条件，才能确保所设计的体育教学内容分类方案具有可行性和实效性，为体育教学的顺利开展提供有力保障。

二、大学体育教学内容的要求与分层

（一）体育教学内容的要求

体育教育作为学校教育的重要组成部分，对于促进学生身心健康发展、培养终身体育意识具有不可替代的作用。随着教育改革的深入和社会的进步，对体育教学内容的要求也日益提高。

1. 体育教学内容的宏观要求

（1）健康性。体育教学内容的健康性要求，是构建科学、合理体育教学体系的核心。教师在选择教学内容时，需综合考虑学生的年龄、性别、体质等个体差异，确保内容既能激发学生的运动热情，又不会对身体造成不良影响。体育教学应强调健康意识的培养，通过融入健康教育元素，引导学生养成正确的健康观念和良好的运动习惯，为他们终身健康打下坚实基础。体育教学内容的选择还应关注学生的心理健康，通过团队合作、竞技比赛等形式培养积极心态，增强抗压能力，有助于学生形成健康的心理状态，促进他们的全面发展。

（2）科学性。体育教学内容的科学性要求，是确保教学活动高效、有序进行的关键。这意味着教学内容的选择和安排，必须严格遵循体育学科的本质特征和内在规律，充分融合教育学、心理学、生理学等相关学科的基本原理和最新研究成果。

教学内容应具备系统性、连贯性和逻辑性，这是科学性的重要体现。系统性要求教学内容形成一个完整、有序的知识体系，使学生能够循序渐进地掌握体育知识和技能。连贯性则要求教学内容在各个阶段和环节之间实现无缝对接，避免知识点的断裂和重复，确保学生能够顺畅地学习和理解。逻辑性则强调教学内容应具有严密的逻辑关系，使学生能够深入理解体育运动的原理和方法，从而提高他们的学习效果。

在教学方法上，教师应运用科学的教学手段和策略，如动作示范、视频分析、模拟训练等，帮助学生更好地理解和掌握体育知识和技能。教师还应关注学生的心理状态，运用心理学的原理和方法，激发学生的学习兴趣和动力，培养他们的自主学习能力。

（3）趣味性。体育教学内容的趣味性对于激发学生学习积极性和主动性至关重要。教师在选择和设计教学内容时，需充分考虑学生的兴趣爱好和实际需求，这是确保教学有效性的关键因素。了解学生的年龄特点、性别差异和体质状况，有助于教师选择既有趣又具吸引力的体育项目，从而激发学生的学习兴趣。

除了内容的选择外，教学方法和手段的多样性和创新性也是提高趣味性的重要途径。现代教育技术如多媒体教学和网络教学的应用，使得教学过程更加生动有趣，能够吸引学生的注意力并增强他们的学习体验。此外，采用游戏化教学和情景模拟等方式，可以增加教学的趣味性和互动性，进而提高学生的学习积极性和参与度。

在教学评价方面，教师应当注重评价的多样性和过程性。除了关注学生的运动技能和体能水平外，还应关注学生在学习过程中表现出的态度、兴趣和合作精神等方面。这种全面、客观的评价方式，能够更好地反映学生在体育课程中的学习成果，同时也能够激励学生继续参与和投入到体育学习中去。

（4）实用性。体育教学内容的实用性要求，是确保教学内容能够满足学生日常生活和未来职业发展需求的重要标准。这意味着教学内容不仅要贴近学生的实际生活，还要能够为他们的未来职业生涯做好准备。为了实现这一目标，体育教学内容应注重培养学生的体育实践能力和运动技能。教师应选择那些既能够锻炼学生身体，又能够提高他们运动技能的教学内容。例如，可以选择一些易于在日常生活中实践的体育项目，如跑步、游泳、健身等，使学生能够在日常生活中运用所学知识和技能进行身体锻炼和娱乐活动。

体育教学内容还应注重培养学生的团队协作能力和领导能力。教师可以通过团队运动项目，如篮球、足球、排球等，培养学生的团队精神和协作能力。教师还可以通过让学生担任队长、教练等角色，培养他们的领导能力和组织能力。

在教学方法和手段上，教师应注重实践性和实用性。教师可以采用现场教学、模拟训练等方式，让学生在实践中学习和掌握运动技能。教师还可以通过案例分析、问题解决等方式，提高学生的实践能力和创新能力。

（5）安全性。在体育教学过程中，确保教学内容的安全性是至关重要的。教师必须始终将学生的生命安全和身体健康放在首位，严格遵守安全原则，以防止任何可能对学生造成伤害的情况发生。在选择教学内容和设计教学活动时，教师需要全面考虑各种因素，如教学场地的安全性、体育器材的可靠性以及学生的身体状况等，以确保教学环境的安全性。教师还应注重培养学生的安全意识，通过安全教育课程和实践活动，提高学生对潜在危险的识别能力，增强他们的自我保护意识。教师还应教授学生在遇到紧急情况时的应对措施，如正确的急救方法和事故处理流程，以最大限度地减少意外事故的发生，确保学生在体育教学过程中的安全。

总之，体育教学内容的安全性是体育教学的重要组成部分，需要教师和学生共同努力，共同维护。

2. 体育教学内容的微观要求

（1）知识与技能并重。在体育教学过程中，知识与技能并重是教学内容的重要要求。这一要求意味着教师不仅需要传授学生体育学科的基本理论、概念和原理，使其了解体育运动的基本规律和方法，还需注重培养学生的运动技能和能力。

在知识方面，教师扮演着理论教育的角色。他们通过系统的教学安排，传授体育学科的核心理论，如体育运动的基本原理、规律和相关概念。此外，教师还应关注体育学科的最新研究成果和前沿动态，使学生能够了解体育学科的发展趋势和未来方向。通过这些知识的学习，学生能够建立起完整的体育知识体系，为未来的深入学习和实践奠定坚实基础。

技能的培养同样重要。教师需要通过组织各种形式的实践活动和比赛，引导学生在实践中掌握和运用体育技能和方法。这包括基础运动技能的训练，如体能、协调性和灵活性的提高，以及高级技能的学习，如战术运用和比赛策略的实践。教师还应根据学生个体差异和兴趣爱好，制订个性化的教学计划和教学方案，以更好地满足不同学生的需求。

为了有效实现知识与技能并重的教学目标，教师需在教学实践中注重理论与实践的结合。这意味着在课堂教学中，不仅仅是传授知识，还需通过实践活动让学生在实际操作中学习和应用所学知识。例如，通过模拟比赛、实地观摩和实验操作等形式，使学生在动手实践中加深对理论的理解和应用能力。

此外，教师还需注重培养学生的自主学习能力和创新能力。在体育学习中，这不仅体现在学生自主探索和发现体育规律的能力，还包括在解决问题和面对挑战时展现的创新思维和解决方案。这些能力的培养不仅有助于学生在体育学科中的全面发展，还为其未来的学习和生活需求提供了重要支持。

（2）注重个体差异。在规划体育教学内容时，我们应当深刻认识到每位学生都是独一无二的，他们的个体差异不仅体现在年龄、性别和体质上，还包括兴趣、运动技能、学习风格等多个方面。因此，教学内容的设计和实施必须充分尊重并考虑到这些差异。

第一，教师在进行教学设计时，应深入分析学生的基本情况，如年龄特点、性别差异、体质状况等，以便制定出既科学又具有针对性的教学计划。例如，对于年龄较小的学生，可以设计更多趣味性强、运动量适中的游戏和活动，以激发他们的运动兴趣；而对于年龄较大的学生，则可以适当增加运动强度和技能训练，以提高他们的运动能力。

第二，针对学生的不同水平和能力，教师应灵活运用多样化的教学方法和手段。对于运动基础较弱的学生，可以通过分解动作、反复示范等方式，帮助他们逐步掌握运动技能；而对于运动能力较强的学生，则可以采用竞赛、挑战等更具挑战性的方式，进一步提升他们的运动水平。

第三，教师应注重培养学生的自主学习能力和创新能力。在教学中，可以引导学生主动探索运动技巧，鼓励他们提出问题、解决问题，从而培养他们的自主学习能力。同时，通过设计富有创意的运动游戏和活动，激发学生的创新思维，培养他们的创新能力。

（3）强化实践环节。在构思和设计体育教学内容时，我们应当将强化实践环节作为核心要求之一。这是因为体育学科本身具有鲜明的实践性，学生通过亲身体验和实际操作，才能更深刻地理解和掌握体育知识和技能。

第一，教学内容应注重学生的实践操作。这意味着教师在教学过程中，不仅要传授体育理论知识和运动技巧，更要给予学生充足的实践机会。例如，在教授篮球投篮技巧时，除了讲解动作要领和投篮原理，还应安排大量的实际投篮练习，让学生在反复实践中掌握投篮技巧。

第二，教学内容应致力于培养学生的体育实践能力。这包括运动技能、战术运用、体能训练等多个方面。教师可以通过组织各种形式的体育实践活动，如运动技能训练、体能挑战、战术演练等，让学生在实践中不断提高自己的运动能力和竞技水平。

第三，教学内容还应强化比赛活动。比赛是体育的重要组成部分，它不仅能检验学生的运动技能和竞技水平，还能培养学生的比赛精神和团队协作能力。教师可以组织校内外的体育比赛，让学生在比赛中锻炼自己，体验竞技体育的魅力。

第四，教师还应注重培养学生的团队协作能力和比赛精神。在集体活动中，如团队比赛、接力跑等，学生需要相互配合、相互支持，才能取得好的成绩。这不仅能提高学生的团队协作能力，还能培养他们的集体荣誉感和责任心。

（4）融入多元文化教育。在当今全球化的背景下，体育教学内容的发展应当深度融入多元文化教育的理念。这意味着，教学不仅要传授不同国家和地区的体育文化和项目，还要深入探讨其历史、社会和价值观，以使学生能够全面理解和尊重各种文化的独特性。例如，通过介绍奥林匹克运动的历史和影响，学生可以认识到古希腊文化对现代体育的深远影响；通过学习瑜伽和太极，他们能够体会到东方哲学和身体文化的深厚内涵。

此外，体育教学还需注重培养学生的国际视野和跨文化交流能力。教学内容应包括如何尊重和理解不同文化背景下的行为和观念，以及在多元文化环境中如何进行有效沟通和协作。通过组织国际体育交流活动，学生可以亲身体验到不同文化下的体育实践，从而提升他们的跨文化适应能力。

随着社会的发展和变化，体育教学内容也应与时俱进。体育不再仅仅是竞技和健身的活动，它还应承担文化交流和人类共同发展的重要使命。因此，教学内容需要不断更新，引入新的体育项目和文化元素，以满足社会的多样化需求。例如，电子竞技的兴起带来了新的体育形式，教学可以适时引入相关知识和技能，培养学生在这一领域的兴趣和能力。

（5）关注心理健康和社会适应能力的培养。在设计和实施体育教学内容时，不仅要关注学生的身体健康和运动技能的提高，更要重视心理健康和社会适应能力的培养。这是因为，体育教学不仅仅是锻炼身体，更是一种全面的教育，它涉及学生的情感、认知和社会行为等多个方面。

第一，关注学生的心理健康。在体育教学过程中，教师应注重学生的心理健康教育和心理辅导工作。这包括帮助学生建立正确的自我认知，提高自我效能感,培养积极向上的心态,以及解决心理问题和困惑。例如,教师可以通过团队运动项目,让学生在合作中学会沟通、协调和解决问题,从而提高他们的心理素质。

第二,注重培养学生的社会适应能力。这包括培养学生的人际交往能力、团队合作能力、领导能力等。通过体育活动,学生可以在实践中学会如何与他人相处,如何处理冲突,如何在团队中发挥自己的作用。这些能力对于学生将来在社会中的生存和发展具有重要意义。

第三,关注学生的情感发展。体育教学应注重培养学生的情感智慧,包括自我认知、自我调节、同理心、社交技巧等。例如,教师可以通过体育游戏和竞赛,让学生在竞争中学会尊重他人,学会面对失败和挫折,从而提高他们的情感智慧。

第四,关注学生的道德教育。体育教学应注重培养学生的道德品质,包括诚信、公平竞争、尊重规则等。例如,教师可以通过体育竞赛,让学生在竞争中学会遵守规则,学会尊重裁判和对手,从而提高他们的道德素养。

(二)体育教学内容的分层

在体育教学过程中,教学内容的选择与安排至关重要,它不仅关系到学生体育技能的培养,更关乎学生身心健康的全面发展。因此,体育教学内容应具备明确的层次性,以适应不同年龄段、不同体育基础学生的需求,确保教学效果的最大化。

1. 基础层次

在体育教学的初级阶段,教学内容的设计应当侧重于传授基础体育知识与技能,以确保学生在体育学习的起步阶段能够建立坚实的基础。

(1)体育基础知识的传授是教学的关键之一。学生需要通过系统的课堂教学和实践活动,了解体育运动的基本概念、原理和规则,这为他们后续的体育学习打下理论基础。

(2)基础层次的体育教学包括基本运动技能的培养。学生在这个阶段需要掌握跑、跳、投、掷等基本运动技能,这些技能不仅是体育学习的起点，也为学生未来学习更复杂体育项目打下必要的基础。教师通过示范、讲解和反复练习的方式，帮助学生逐步掌握这些技能，并培养他们良好的运动习惯。

（3）身体素质的训练是基础层次体育教学的重要组成部分。教师应注重学生的身体素质训练，包括力量、速度、耐力、柔韧性和灵敏性等方面的训练。这种有针对性的训练不仅可以提高学生的身体素质水平，还能为他们未来更高阶段的体育学习提供坚实的保障。

2. 提高层次

在学生掌握了一定的体育基础知识和技能后，教学内容应进入提高层次。这一层次的教学内容旨在深化学生的体育技能，拓宽其体育视野，提高学生的体育素养。

（1）专项技能培养。在提高层次，学生需要根据自己的兴趣和特长，选择某一体育项目进行专项学习。教师可以通过组织专业的教学团队、提供优质的教学资源等方式，帮助学生深入学习和掌握所选项目的专项技能。同时，教师还应注重培养学生的比赛意识和竞技能力，使其能够在比赛中发挥出自己的最佳水平。

（2）战术素养提升。在专项技能培养的基础上，教师还应注重学生的战术素养提升。战术素养是体育比赛中不可或缺的一部分，它涉及比赛策略、团队协作、心理调节等多个方面。教师可以通过模拟比赛、实战演练等方式，帮助学生积累比赛经验，提高战术素养水平。

（3）体育文化素养培养。体育文化素养是体育学习的重要组成部分。在提高层次上，教师应注重培养学生的体育文化素养，包括体育历史、体育文化、体育精神等方面的教育。通过丰富的课程内容和实践活动，使学生了解体育运动的文化内涵和价值，树立正确的体育观念和价值观。

3. 拓展层次

在体育教学的高级阶段，教学内容的拓展层次扮演着关键角色，旨在培养学生的体育实践能力和创新能力，以实现其在体育领域的自我发展和价值创造。

（1）体育实践能力的培养成为教学的重要内容之一。学生需要通过组织体育活动、指导训练以及参与竞赛等实践活动，逐步提升自己的实践能力水平。教师在此过程中扮演着关键角色，通过提供丰富的实践机会和专业指导，帮助学生积累丰富的实践经验，培养其在团队中协作和沟通的能力。

（2）拓展层次的体育教学还着重于创新能力的培养。创新能力被视为现代社会对人才的重要要求，教师应该鼓励学生在体育领域进行创新和探索。这包括组织学生进行创新性的体育活动设计和器材制作，通过这些实践性的活动激发学生的创新思维和创造力，为其提供展示和分享成果的平台，从而增强学生的自信心和成就感。

（3）教学的拓展层次还需要注重终身体育意识的培养。终身体育意识是指个人对体育运动的长期热爱和持续参与的态度。教师可以通过开展体育知识讲座、分享体育名人的故事等活动，激发学生对体育运动的热爱和兴趣。同时，教师应当关注学生的体育参与情况，鼓励他们积极参与各类体育活动和竞赛，培养其长期参与体育运动的习惯和意识。

三、大学体育教学内容的编排与选择

（一）体育教学内容的编排

1. 体育教学内容编排的方法

在体育教学领域中，教学内容的编排是一项至关重要的工作。在这一过程中，一个显著的特点便是循环周期现象的存在。所谓循环周期，即指在体育教学的过程中，对于同一教学内容，在不同学段内进行的周期性重复安排，"这种循环的周期有的是课，有的是单元，有的是学期，有的是学年"[①]，这种循环周期的设定，旨在通过反复地练习和深化，使学生能够更好地掌握体育技能，提高身体素质。循环的周期可以短至一节课，长至一个学期甚至一个学年，其长度和频率取决于教学内容的性质和学生的学习需求。

针对这一循环周期现象，我国体育教学学者根据教学内容的性质，

---

① 张京杭. 高校体育教学方法实践探索[M]. 北京：现代出版社，2020：40.

对体育教学内容的编排进行了深入研究和划分，形成了两种主要的编排方式：直线式和螺旋式。

（1）直线式。直线式编排方式是指体育教学内容按照一定的逻辑顺序，从基础到复杂，从简单到困难，依次进行编排。在这种编排方式下，教学内容之间呈现出一种线性关系，学生按照既定的顺序进行学习，逐步掌握各项体育技能。直线式编排方式注重教学内容的连贯性和系统性，有利于学生在一个完整的学习过程中形成完整的知识体系。然而，由于直线式编排方式缺乏对同一内容的周期性重复，可能导致学生在某一阶段对某一技能掌握不够熟练，需要额外地练习和巩固。

（2）螺旋式。螺旋式编排方式是指在体育教学过程中，对于同一教学内容，在不同的学段或学年进行周期性的重复安排。这种编排方式强调对同一内容的不断深化和拓展，使学生能够在反复的学习过程中逐渐加深对某一技能的理解和掌握。螺旋式编排方式的特点是循环往复，每一次循环都在前一次的基础上有所提升和拓展，呈现出一种螺旋上升的趋势。这种编排方式有利于学生在不同的学习阶段都能够对同一技能进行复习和巩固，从而更好地掌握和运用。

2. 体育教学内容编排的考虑因素

（1）充分考虑学生的基础与实际需要。在体育教学内容编排的过程中，首要考虑的因素便是学生的基础与实际需要。体育教学是面向全体学生的，因此教学内容的编排必须与学生的实际情况和实际需求紧密结合。教师在编排教学内容时，不应仅关注体育运动和身体练习的难易程度，更应深入了解学生的体能水平、运动技能基础以及他们的兴趣爱好。

第一，对学生的体能和运动技能基础进行全面的评估，了解他们在各个运动领域的掌握情况，从而确定适合他们的教学内容和难度。

第二，关注学生的实际需要，了解他们对体育课程的期望和兴趣，确保教学内容能够满足他们的学习需求。

第三，考虑到学生的发展阶段特征，如年龄、性别、心理发展等，使教学内容更加符合学生的身心发展规律。

（2）对不同的体育运动加以重视。在编排体育教学内容时，教师应注重不同体育运动项目的平衡发展。体育运动项目繁多，各具特色，每一种项目都有其独特的价值和意义。因此，在编排教学内容时，教师应充分考虑各种项目的特点，确保学生能够在不同的项目中得到全面的锻炼和发展。

第一，注重基础运动技能的培养，如跑、跳、投、掷等，这些技能是体育运动的基础，也是学生未来参与各种体育活动的基础。

第二，关注各种球类运动、体操、武术等项目的学习，这些项目能够提高学生的身体协调性、灵活性和反应能力。

第三，关注一些新兴运动项目，如游泳、轮滑等，以满足学生对多样化运动项目的需求。

此外，在编排教学内容时，教师还应注重知识的运用和实践能力的培养。体育课程不仅仅是传授运动技能，更重要的是培养学生的运动兴趣和习惯，提高他们的身体素质和综合能力。因此，在编排教学内容时，教师应注重将理论知识与实践相结合，让学生在实践中掌握和运用所学知识。

（二）体育教学内容的选择

1. 体育教学内容选择的依据

（1）按照体育课程目标进行选择。体育课程的目标是体育教学的核心，它不仅是教学的出发点，也是教学内容选择的根本依据。体育课程的目标涵盖了多个方面，包括运动技能、身体健康、心理健康和社会适应能力等，这些目标共同构成了体育课程目标体系。因此，在选择体育教学内容时，必须紧密结合这些目标，确保教学内容能够准确地体现并达到课程目标的要求。

第一，运动技能是体育课程目标中的重要组成部分。选择运动技能方面的教学内容，应根据学生的年龄、性别和体能特点，合理选择适宜的运动项目，并注重基础技能和基本动作的教授，以及运动技能的训练和提高。这不仅有助于学生掌握各种运动技能，还能培养其运动的兴趣和能力。

第二，身体健康是体育课程目标的重要方面之一。教学内容应当包括能够增强学生体质、提高身体素质的项目，如身体素质训练、健康知识教育等。通过这些内容的学习，学生不仅能够提高身体的抗病能力，还能够形成良好的生活习惯和健康意识。

第三，心理健康和社会适应能力也是体育课程目标的重要内容。选择教学内容时，应注重培养学生的意志品质、团队协作能力和社会适应能力，如通过团队比赛、体育游戏等活动来促进学生的心理健康和社交技能的提升。这些活动不仅有助于学生在体育课堂上获得积极的情感体验，还能够培养其面对竞争和挑战时的应对能力。

（2）按照学生的需要及身心发展规律进行选择。学生是体育教学的主体，他们的需要和身心发展规律是教学内容选择的重要依据。在选择体育教学内容时，应充分考虑学生的实际需要和身心发展特点，确保教学内容能够符合学生的需求和兴趣，激发学生的学习兴趣和积极性。具体而言，在选择教学内容时，应了解学生的年龄、性别、体能水平、兴趣爱好等方面的特点，选择适合学生的运动项目和教学方法。对于年龄较小的学生，应选择一些简单、有趣、易学的运动项目，如跳绳、踢毽子等；对于年龄较大的学生，则可以选择一些更具挑战性和竞技性的运动项目，如篮球、足球等。同时，还应根据学生的身心发展规律，选择能够促进学生身体发育、智力发展和心理成长的教学内容，如体育游戏、运动心理学知识等。

（3）按照社会发展的需要进行选择。体育教学不仅要关注学生的个人发展，还要关注社会的发展需要。在选择体育教学内容时，应充分考虑社会发展的需要，选择符合社会需求和时代特点的教学内容。具体而言，应选择一些能够培养学生终身体育意识、提高学生运动技能水平和体育文化素养的教学内容。例如，可以选择一些具有传统文化特色的体育项目，如武术、太极等，以传承和弘扬民族文化；还可以选择一些与现代社会发展密切相关的体育项目，如健身操、瑜伽等，以满足人们对健康生活的追求。

（4）按照体育教学素材的特性进行选择。在制定体育教学内容时，充分考虑体育教学素材的特性是确保教学顺利实施的关键。选择适合的教学素材不仅能有效提升学生的学习效果，还能够增强他们对体育活动的参与和兴趣。教学素材的选择需综合考虑其安全性、实用性、多样性和趣味性等方面特点。

第一，保证教学素材的安全性至关重要。避免使用存在安全隐患的器材和场地可以有效预防意外事故，确保学生在体育活动中的安全。其次，注重教学素材的实用性，即选择能够满足教学目标和学生实际需求的器材和场地。这不仅包括器材的功能性和适用性，还需考虑到教学环境的实际条件和资源。

第二，教学素材的多样性和趣味性也是教学设计的重要考量因素。多样化的素材能够丰富课堂内容，满足不同学生的学习风格和兴趣爱好。选择能够吸引学生注意力、激发他们参与的素材和场地，有助于增强学生对体育课程的积极性和学习动力。例如，可以采用具有多种功能和用途的体育器材，如可调节高度的篮球架、多功能健身器材等，这些器材不仅能够满足不同年龄段学生的需求，还能够增加体育活动的趣味性和挑战性。

2. 体育教学内容选择的原则

（1）科学性原则。科学性原则是体育教学内容选择的首要原则，它要求在选择教学内容时，必须以科学的理论为指导，确保教学内容的合理性、有效性和前沿性。

第一，科学性原则强调教学内容必须符合体育学科的规律和特点。体育学科是一门涉及人体运动、生理、心理等多方面的综合性学科，因此在选择教学内容时，必须充分考虑这些因素，确保教学内容的科学性和系统性。例如，在选择运动项目时，需要根据学生的年龄、性别、生理特点等因素，选择适合的运动项目和训练方法；在选择教学方法时，需要根据学生的认知特点和心理需求，选择恰当的教学方法和手段。

第二，科学性原则要求教学内容必须与时俱进，不断更新和发展。随着科技的进步和时代的发展，体育学科也在不断地发展和完善。因此，在选择教学内容时，需要关注最新的科研成果和教学实践经验，及时将新的教学理念、教学方法和教学手段引入教学中，使体育教学更加符合时代的需求和发展趋势。

第三，科学性原则强调教学内容的评价和反馈机制。为了确保教学内容的科学性和有效性，需要建立完善的评价和反馈机制，对学生的学习情况、教师的教学效果进行定期评估和反馈。通过评价和反馈，可以及时发现教学中的问题和不足，并对其进行调整和改进，从而提高体育教学的质量和效果。

（2）趣味性原则。趣味性原则是体育教学内容选择的重要原则之一，它强调在选择教学内容时，应充分考虑学生的兴趣和爱好，选择具有趣味性、吸引力的教学内容。

第一，趣味性原则有助于激发学生的学习兴趣和积极性。在体育教学中，学生的兴趣是学习的动力源泉。只有当学生对教学内容产生浓厚的兴趣时，他们才会主动积极地参与学习，从而达到更好的学习效果。因此，在选择教学内容时，需要关注学生的兴趣点和需求，选择符合学生兴趣爱好的教学内容和形式，如游戏化教学、竞赛活动等，以激发学生的学习兴趣和积极性。

第二，趣味性原则有助于培养学生的体育兴趣和爱好。在体育教学中，不仅要注重学生的运动技能培养，更要注重学生的体育兴趣和爱好的培养。通过选择具有趣味性的教学内容和形式，可以让学生在轻松愉快的氛围中感受到体育的魅力和乐趣，从而培养他们的体育兴趣和爱好，为他们未来的体育锻炼和健康生活方式奠定基础。

第三，趣味性原则有助于提高学生的参与度和学习效果。在体育教学中，学生的参与度是学习效果的重要因素之一。通过选择具有趣味性的教学内容和形式，可以提高学生的参与度和积极性，使他们更加主动地参与学习和锻炼，从而达到更好的学习效果。

（3）教育性原则。教育性原则是体育教学内容选择的又一重要原则，它强调在选择教学内容时，应充分体现体育教育的育人功能，注重培养学生的品德、意志和情感态度等非智力因素。

第一，教育性原则要求将德育教育与体育教育相结合。通过选择具有教育意义的教学内容,如集体主义精神的培养、团队合作精神的锻炼等,可以在教学过程中培养学生的道德品质和社会责任感,为他们的全面发展奠定基础。

第二,教育性原则要求关注学生的个体差异和发展需求。在体育教学中,每个学生都是一个独立的个体,他们有着不同的个性特点和发展需求。因此,在选择教学内容时,需要因材施教,注重个体差异的尊重和关爱,使每个学生都能在体育教学中得到全面的发展。

第三,教育性原则强调体育教学中的情感教育。在体育教学中,情感教育是一个重要的组成部分。通过选择具有情感意义的教学内容,如体育比赛中的团队精神、体育明星的励志故事等,可以激发学生的情感共鸣和情感体验,培养他们的情感态度和情感能力。

(4)实效性原则。实效性原则是体育教学内容选择的最后一个原则,它强调在选择教学内容时,应注重教学效果的达成,确保学生能够在有限的时间内掌握基本的体育知识和技能,提高身体素质和健康水平。

第一,实效性原则要求选择具有针对性的教学内容。在体育教学中,需要根据学生的实际情况和教学条件,选择具有针对性的教学内容和教学方法。通过针对性的教学,可以更好地满足学生的学习需求和发展需求,提高教学效果和学生的学习效果。

第二,实效性原则要求注重教学过程的实效性。在教学过程中,需要注重教学方法和手段的实效性,选择恰当的教学方法和手段来引导学生学习;注重教学过程的组织和安排,确保教学过程的顺畅和高效。

3. 体育教学内容选择的因素

在体育教育的实施过程中,教学内容的选择是一项既具挑战性又充满智慧的任务。它不仅要求体育教师具备深厚的专业知识,还需要他们具备敏锐的洞察力和判断力。体育教学内容的选择,不仅要有一定的依据、遵循一定的原则,还需按照一定的程序进行。

(1)体育素材价值分析评估的细致性。体育素材的价值分析评估在选择体育教学内容中具有重要意义。体育教师在进行这一环节时,首先需紧密关注当今社会的发展动态,了解社会生产生活、科技教育等方面的实际进展。这些因素直接影响体育教育的目标与要求，体育教师需深刻理解体育教育的根本目的，即促进学生的身心健康，培养他们的终身体育意识。

在价值分析评估的过程中，体育教师不仅需要评估所选体育素材是否能有效促进学生的身体健康，还要考量其是否能够督促学生主动参与体育锻炼，提高他们的思想品质等方面。这一过程需要进行充分的分析和论证，不仅仅关注体育素材的特性，还需结合学生的实际需求和个体发展目标，全面细致地评估其教育价值。

体育素材的评估应当立足于推动学生身心健康的全面发展。通过科学的评估方法，体育教师可以确定最适合学生的教学内容，确保其具有实际操作性和教育效果。这种评估不仅帮助教师优化教学方案，还有助于提高学生对体育活动的参与度和积极性，培养他们良好的体育习惯和生活方式。

此外，体育素材的评估也涉及到对文化、社会背景的敏感性。教师需要考虑到不同文化背景下学生的接受能力和理解水平，以及社会对体育活动的认同度和支持程度。这种综合性的评估能够帮助体育教师更好地调整教学策略，确保教学内容的有效传达和学习效果的最大化。

（2）运动项目与练习整合的合理性。在体育教学中，不同的体育运动项目和身体锻炼形式对学生的身心产生的作用和影响是不同的。因此，在选择体育教学内容时，体育教师需以学校的体育教学目标为根本前提，认真分析各个体育运动项目对学生身体功能不同方面发展的促进作用。体育教师需要将各个体育运动项目与身体练习进行整理与合并，并对其进行合理加工，使之成为符合学校体育教学目标的体育教学内容。这一过程不仅要求体育教师具备较高的专业素养和创新能力，还需要他们深入了解各种体育运动项目和身体锻炼形式的特点和要求，以及它们在学生身体功能发展方面的实际作用和影响。他们还需根据学校的具体情况和教学目标，灵活运用这些知识，创新体育教学内容，以满足学生的多样化需求和发展目标。

（3）体育运动项目选择的有效性。体育运动项目的选择是体育教学内容选择的关键环节。由于大多数体育运动项目都可以成为学校体育教学内容的基本素材,而且体育运动项目与身体练习所具有的多功能性与多指向性特点决定了它们具有很明显的可替代性。因此,在选择体育教学内容时,体育教师需要充分考虑社会需求与条件,以及学生的身心特点与兴趣爱好。

具体来说,体育教师需以社会的需求与条件为依据,结合学生的年龄、性别、生理和心理特点等因素,选出典型、常见的体育运动项目和身体练习作为学校体育教学的内容。这一步骤要求体育教师具备较强的洞察力和判断力,能够准确把握社会发展趋势和学生发展需求,从而选择出具有教育意义和实用价值的体育教学内容。

(4)所选内容可行性分析的严谨性。在选好体育教学内容后,体育教师还需对该体育教学内容的可行性进行分析。这一步骤主要考查的是所选内容是否符合本地区的地域、气候和本校的场地、器材等条件。体育教师需要充分考虑教学计划在这些特殊环境中的可行性,并保证各地、各校执行的弹性。他们还需要为教师实施体育教学内容留下足够的余地,以便教师根据实际情况进行灵活调整。

可行性分析是一个严谨的过程,需要体育教师具备丰富的实践经验和较强的应变能力。他们需要对各种可能的影响因素进行充分的考虑和评估,以确保所选内容的顺利实施和有效达成教学目标。他们还需要保持开放的心态和积极的态度,不断学习和探索新的教学方法和手段,以适应不断变化的教学环境和需求。

四、大学体育教学内容的发展与改革

(一)体育教学内容的发展

1. 健身性与文化性

在高等教育阶段,体育教学内容的文化性日益凸显。体育不仅仅是一种健身活动,更是一种文化现象。通过体育教学,不仅传递着健身的重要价值,也承载着丰富的文化内涵。许多体育项目不仅具备身体锻炼的功能,同时蕴含着深厚的文化底蕴和历史传统,这些文化元素丰富了体育教学内容的内涵，为学生提供了更广阔的学习视野。

为了有效实现体育教学内容文化性与健身性的深度融合，教育者需要从多个方面入手。①应在教学内容选择上，注重挑选那些既具备健身功能又富含文化内涵的体育项目；②教学实践中应注重传承与创新的结合，使学生不仅了解和掌握体育项目的历史传统和文化背景，还能在运动中发挥创新精神，开拓新的运动方式和方法；③教学评价应关注学生体育文化素养的考核，促进他们的全面发展。

2. 统一性与灵活性

在体育教学的宏伟蓝图上，若能将基本任务与要求相互融合，协调发展，那么，体育教学应进一步强化其灵活变通的特质。在群众体育竞赛、课外体育活动、课余体育训练的广阔天地中，高校可依据自身的独特情况，对教学内容进行自主选择，对体育项目进行独立确定。

将统一性与灵活性巧妙结合，不仅能够充分展现我国高校的多样性与个性化需求，而且对于各高校在达成国家对学生体育基本素质的既定要求的同时，开展富有特色的体育教学活动具有极大的促进作用。这种结合方式，能在一定程度上推动各高校传统运动项目与优势运动项目的培育与发展。同时，也能在特定条件下，满足学生不同的体育需求，促进学生体育特长的成长与进步。

通过这种结合，体育教学将不再是一成不变的刻板模式，而是充满活力与创新的有机体。它将更好地适应时代的发展，满足学生的需求，为培养全面发展的社会主义建设者和接班人做出积极贡献。

3. 继承性与时代性

在探讨社会文化的发展特征时，继承性与时代性的结合是一个不可忽视的方面。继承性是社会文化发展的基础，没有继承，任何事物都无法持续存在，更谈不上发展。现代体育是对几千年来人类创造的优秀体育文化的继承，并在此基础上得以发展。

体育内容的选取应结合我国学校的实际情况，注重健身效果，方便组织开展，并受到学生的喜爱。例如，武术、篮球、足球、羽毛球、乒乓球、体操、游泳等体育运动项目，以及具有地方特色和民族传统的体育运动项目,都是很好的选择。引入外国的舞蹈、网球、艺术体操、韵律操、健美操等运动,不仅可以丰富体育教学的内容,还可以使学生获得体育欣赏、休闲体育、娱乐体育、竞技体育、锻炼与营养、奥林匹克运动、体育锻炼与心理健康、身体评价与自我监督等多个方面的知识。这些内容具有强烈的时代气息,深受高校学生的喜爱,使得体育文化生活更加活跃。

4. 信息化与智能化

在当今时代,信息技术的迅猛发展和广泛应用正在深刻改变着教育领域的面貌。特别是在体育教学中,信息化和智能化教学不仅成为一种趋势,更是推动教学质量和效果提升的必然选择。引入多媒体、网络等信息技术手段,使得体育教学方式更加多样化和富有创新性。例如,通过虚拟现实技术的应用,可以为学生提供高度仿真的训练和比赛场景,极大地增强了学生对运动技能的理解和应用能力。这种互动性强、视觉效果逼真的教学方式不仅提升了学习的趣味性,还有效提高了训练的效果。

此外,大数据分析技术的应用为体育教学带来了深远的影响。通过对学生学习行为和成绩数据的分析,教师可以更加科学地了解每位学生的学习需求和进度,从而个性化地调整教学内容和方法,提升教学的针对性和效果。这种基于数据驱动的教学模式不仅使教学过程更加科学化和系统化,也为教育个性化发展提供了有力支持。

信息化和智能化教学的发展不仅在体育教学中带来了新的机遇和挑战,也为整个教育领域注入了新的活力和动力。随着技术的不断进步和应用场景的扩展,未来的体育教学将更加高效、生动和富有创造力。教育者需要紧跟时代的步伐,积极探索和应用新技术,不断提升自身的教学能力和水平,以更好地适应和引领教育信息化时代的发展潮流。

(二)体育教学内容的改革

1. 体育教学内容改革的目的

(1)顺应时代变迁,满足多元化需求。在快速发展的社会中,科技日新月异，人们的生活方式和健身需求也呈现出多元化和个性化的趋势。体育教学内容的改革，正是为了顺应这一时代的变迁，满足学生不断变化的需求。通过引入新的体育项目，如街舞、瑜伽、攀岩等，我们能够为学生提供更加丰富多彩、富有挑战性的课程选择，从而激发他们的学习兴趣和热情。这样的改革也有助于培养学生的创新能力和团队协作精神，为他们的全面发展打下坚实的基础。

（2）提升教育质量，促进学生全面发展。体育教学内容的改革对提高教育质量具有重要的推动作用。通过引入新的教学理念和方法，可以使体育教学更加科学化、系统化，从而为学生提供更高质量的教学服务。在教学内容上，注重培养学生的基本运动技能，并加强对健康意识和身体素质的培养是改革的重点之一。这不仅有助于学生掌握必要的体育技能，还能促进他们身心健康的全面发展，提高他们的综合素质。

在教学方法上，采用多元化的教学手段如游戏化教学、互动式教学等，可以激发学生的学习兴趣和积极性。这种方法不仅使学习过程更加生动有趣，还能更好地激发学生的学习动力，使他们更加主动地参与到体育学习中来，从而更好地掌握和应用所学的知识和技能。

此外，体育教学内容的改革还有助于培养学生的体育精神和道德素质。通过参与各种体育活动，学生可以学会遵守规则、尊重对手、团结协作等良好品质，这些品质对他们未来的成长和发展至关重要。体育活动还能够培养学生的竞争意识和抗压能力，使他们在面对挑战和压力时能够更加从容和自信。

2. 体育教学内容改革的方式

（1）引入新兴体育项目。随着社会的不断进步和科技的发展，体育领域也涌现出了许多新兴的运动项目。这些项目以其独特的魅力和挑战性，吸引了众多年轻人的目光。因此，在体育教学内容改革中，我们应将新兴体育项目纳入教学计划，以丰富教学内容，激发学生的学习兴趣和积极性。

新兴体育项目不仅具有高度的观赏性和娱乐性，还能够锻炼学生的身体素质，培养他们的团队协作能力和竞技精神。例如，街舞作为一种

第三章 课程维度：大学体育教学改革的课程实践

时尚、动感的运动项目，深受年轻人的喜爱。将其引入体育课堂，可以让学生在音乐的节奏中舞动身体，感受街舞带来的自由与激情。攀岩、滑板等极限运动项目也能够培养学生的勇气和毅力，让他们在面对挑战时更加从容和自信。

为了更好地实施新兴体育项目的引入，需要做到以下三点。

第一，加强对新兴体育项目的研究和了解，确保所选项目符合学生的年龄特点和兴趣爱好。

第二，制定科学合理的教学计划和教学方案，确保教学质量和效果。

第三，加强师资培训，提高教师的专业素养和教学能力，确保新兴体育项目能够得到有效推广和实施。

（2）注重体育文化的传承。体育不仅是一种身体活动，更是一种文化现象。体育文化的传承不仅能够让学生更加了解体育的本质和内涵，还能够激发他们的爱国情感和民族自豪感。例如，在篮球教学中，我们可以向学生介绍篮球的起源、发展历程以及中国篮球的辉煌成就，让学生感受到篮球运动所蕴含的拼搏精神和团队协作精神。在足球、乒乓球等项目中，我们也可以通过介绍相关历史和文化背景，让学生更加深入地了解这些项目的文化内涵和价值。

为了加强体育文化的传承，可以采取的措施如下。

第一，在体育教学中加强对体育文化的介绍和讲解，让学生更加深入地了解体育的历史和文化。

第二，组织各种体育文化活动，如体育知识竞赛、体育文化讲座等，让学生参与其中，感受体育文化的魅力。

第三，加强与其他国家和地区的体育文化交流与合作，引进国外先进的体育文化和理念，丰富我国的体育文化内涵。

（3）实施个性化教学。每个学生的兴趣爱好和体能状况不尽相同，因此在体育教学内容改革中，应实施个性化教学，为每个学生量身定制合适的体育教学方案。

在体育教学中，可以根据学生的兴趣爱好和体能状况，为他们选择适合的运动项目和教学方法。例如，对于喜欢篮球的学生，我们可以加强篮球技战术的教学和训练；对于体能较差的学生，可以采用循序渐进的教学方法，逐步提高他们的身体素质。

为了实施个性化教学，需要做好以下工作。

第一，加强与学生的沟通和交流，了解他们的需求和兴趣。

第二，制定个性化的教学计划和教学方案，确保每个学生都能够得到适合自己的教学服务。

（4）强化实践教学。实践教学在体育教学中占据着重要的地位。通过加强实践环节，学生能够在实际操作中学习、体验和掌握体育技能，从而有效培养其实践能力和创新精神。在体育教学实施过程中，注重实践教学尤为关键。例如，在篮球教学中，可以组织学生进行实际比赛和模拟比赛，使他们能够在实践中领悟篮球技战术的运用；在攀岩教学中，可以安排学生进行实地攀岩训练，让他们亲身感受攀岩活动的魅力与挑战。通过组织户外运动、野外生存等实践活动，学生不仅能够在实际操作中提升身体素质，还能培养团队协作精神和应对挑战的能力。

实践教学不仅仅是理论知识的补充，更是将学生所学知识应用于实际生活的重要桥梁。通过实际操作，学生能够深入理解体育技能的本质和实际运用，从而增强其自信心和应对复杂情况的能力。因此，在体育教学中，充分利用实践教学的方式和方法，不仅能够提高学生对体育知识的掌握程度，还能够培养其解决问题和创新的能力，使其在未来的学习和生活中受益匪浅。为了加强实践教学环节，可以采取以下措施。

第一，制定科学、合理的实践教学计划和教学方案。

第二，加强实践教学的组织和管理，确保实践教学的质量和效果。

第三，加强实践教学的评估和反馈，及时发现和解决问题，提高实践教学的效果和质量。

（5）融合跨学科知识。体育教学内容的改革还可以与其他学科知识进行融合。通过将体育与其他学科知识相结合，可以丰富学生的学习内容，培养他们的综合素质和解决问题的能力。

在体育教学中，可以融入生理学、心理学、营养学等相关知识。例如，在介绍运动技能时，我们可以结合生理学的知识，让学生了解肌肉的工作原理和训练方法；在心理训练中，结合心理学的知识，帮助学生调整心态、提高自信心；在营养补充方面，结合营养学的知识，让学生了解合理的饮食搭配和营养补充方法。

为了融合跨学科知识，需要做好以下工作。

第一，加强与其他学科的合作与交流，共同制定跨学科的教学计划和教学方案。

第二，加强师资培训，提高教师的跨学科教学能力和专业素养。

第三，加强实践教学的组织和实施，让学生在实践中感受跨学科知识的魅力和价值。

（6）优化教学内容组织。要使体育课程的内容得到最优，就必须从结构上着手，即形式和实体的构成。在形式和结构上，它的目标是教材和说明等辅助性的内容。通过对形式结构的调整，可以使学生从本质上改变对运动的认知，使他们更好地了解运动行为，从而使他们更好地了解自己的发展。从形式上的结构上进行最优，可以说是对教学内容的充实与优化：一是在教学过程中，教师自己的认识和思考；二是关于教学内容的架构设计，反映了教学人员的主观愿望。

在教学中，所展示的知识和教学的内涵，都是由教师自身的思想和行为构成的。教学内容的优化，即教学内容的编排、主题的编排、教学次序的优化。在教学实践中，教师要按照自己的认识，合理地组织教学，确定教学的话题，以达到教学目的。从实践和学习中不难看出，要优化体育教学的内容系统，既要把体育课的内容和课程的内容有机地统一起来，又要注意把本质的结构优化，把本质的结构和形式的组织有机地统一起来，以达到教育的目的。通过对实体和形态的优化，可以推动体育课程的结构优化与变革，从根本上改变和完善体育课程的内容。

（7）健全体育课的教学内容系统。要使体育课的内容系统更加完备，就必须注重其实际意义。在制定和设计不同的课程时，应根据实际的情况，合理地选择适合自己的运动课程。要尽量多地选用实用的体育活动，让学生在课堂上把所学运用于平时的体育活动，从而实现实践的目的。通过这种方式，可以调动学生的学习热情，培养他们的终身体育意识。

体育是终身的，因此在体育教育中，培养学生终身的体育观念是一项重要的工作。在体育教学中，应针对不同时期、不同具体条件，对其进行运动训练，培养其良好的运动行为，使其在未来的生活中发挥积极的作用，从而使其最终得以实现。

在此基础上，可以对体育课程内容系统进行以下改进。①在体育课程中增设基本功，以促进学生在身体素质和技术素质方面的全面发展。②将游泳、羽毛球等运动融入运动中，既可以增强他们的身体素质，又可以让他们有更多的机会去与社会交流，提高他们的技术水平。③根据学校的实际情况，合理地组织好体育课。学生是体育课程的最大受益者，教师必须在学生兴趣爱好的基础上进行适当的选修。在注重学生身体素质发展的前提下，应注意其发展的心理，使其在失败中不灰心，勇于应对。

改进体育课程内容系统对提升中国体育教育质量具有重要作用。一是通过推进大学体育教育的内容，促进了该领域的发展。历史上，我国体育课程和体制存在着显著差异，随着时间推移，体育教育的内容也发生了相应变化。体育课程作为教育体系的重要组成部分，需要根据这些变化提出对策，构建和完善新的高效体育课程，以实现教育目标。二是这种改进促使教师深入反思运动的本质和现象。教师能够通过这种方式清晰地解释体育教学的实质，并针对学生的反馈和当前教育理念进行有针对性的教学，从而达到最终的教育目标。加强和改进内容系统有助于提高教师的科研和教学水平，体育教学是一种融合理论与实践的教学方法，可以深化教学目标和教学效果，有利于培养和提升教育质量。

随着我国经济的发展及教育水平的提高，我国出现了大量的新型体育运动。教师应根据学生自身的特点进行教育。在当前时代，社会对大学体育教学的需求和期望也越来越高。在此基础上，对体育教学的教学进行深入的探讨与优化。通过这种方式，可以使学生更深入地了解体育，从而使其学以致用，养成终身体育的习惯。通过对大学体育课程改革和提高体育课程改革的研究，使其成为我国大学体育课程改革的一个重要方向。

第二节 大学体育教学课程的方法改革

一、大学体育教学方法及其重要性

(一)体育教学方法的概念

在探讨体育教学方法时,可以将其视为一种系统化的活动集合,旨在实现体育课程的教学目标。这种教学方法不仅涉及教师的指导和示范,也包括学生的参与和实践。它是一个多维度、多层次的操作系统,既包括教师的教学策略,也包括学生的学习方式。从教学方法的角度来看,体育课程的实施需要教师和学生共同参与,形成互动的教学模式,具体可以从以下方面来对体育教学方法进行理解。

1. "教"与"学"的统一

有效的体育教学方法需要将教与学有效地统一起来,这意味着教师和学生之间必须通过互动建立起沟通的桥梁。

教师作为知识的传授者和引导者,需要根据学生的需求和特点精心设计教学内容和活动,以促进学生对知识和技能的掌握与理解能力的提高。在教学过程中,教师的责任不仅仅是传授知识,更在于营造一个有利于学生学习和发展的环境。

学生作为学习的主体,则需要积极参与到教学和实践中来。他们不仅要接受知识,更要通过实践和与教师的互动,将所学知识转化为自身的技能和能力。学生与教师之间的密切沟通和互动是教与学的统一体的重要体现。通过反馈和互动,学生可以调整和改进自己的学习方法,从而实现更大的进步。

教与学的统一体不仅仅局限于课堂上的互动,更应贯穿于整个教学过程。教师需要通过与学生的交流,了解他们的学习状况并及时调整教学策略,以确保教学目标的实现。学生则通过与教师的互动,提出问题并获取指导,从而更好地理解和掌握教学内容。

2. 师生动作和行为的总和

体育教学的核心在于师生互动，这种互动通过语言、动作和行为等多种形式来实现。教师在教学过程中，通过讲解和示范将理论知识和技术动作传递给学生，而学生通过模仿和反复练习来掌握这些知识和技能。语言在这里起到了至关重要的作用，教师通过细致的讲解，使学生理解运动的原理和方法。教师的动作示范是学生学习的直接模仿对象，通过精准的示范，学生可以直观地看到动作要领。纠正学生的错误动作，也是教师通过语言和行为互动的重要环节，及时的反馈和指导有助于学生纠正错误，逐步掌握正确的技能。体育教学是一个动态的过程，依靠师生之间不断的语言交流、行为互动和动作示范，才能实现预期的教学效果。

3. 功能具有多样性

现代教育理念赋予了体育教学多样化和丰富化的功能。体育教学不仅关注运动技能的掌握和身体素质的提升，更强调学生综合素质的全面提升。体育教学方法的多样性体现在多个方面，涵盖了身体、心理、社会等多重维度，这种多样化的功能促使体育教学在学生发展中扮演着不可或缺的角色。

（1）体育教学方法的多样性在于它对学生身体素质的全面提升。通过科学合理的体育活动，学生可以增强体质，提高免疫力，改善身体协调性和灵活性。不同的体育项目和训练方法能够针对学生的不同需求进行调整，使每个学生都能在体育活动中找到适合自己的发展路径，从而达到增强体质、预防疾病的效果。

（2）体育教学方法的多样性还体现在对学生心理素质的培养上。体育活动不仅能缓解压力，改善情绪，还能培养学生的坚韧品质和自信心。通过参与体育竞赛和团队合作，学生能够在克服困难、战胜自我的过程中逐步树立自信心，培养积极向上的心理素质。体育活动中的竞争与合作，也有助于学生形成正确的价值观和良好的道德品质。

（3）体育教学方法的多样性促进了学生社会交往能力的发展。体育活动通常需要团队合作和沟通，学生在参与过程中需要与他人进行交流与协作，这为他们提供了良好的社会交往平台。通过体育活动，学生可以学会如何与他人合作，如何解决冲突，如何在集体中发挥自己的作用，从而提升他们的社会适应能力和人际交往技巧。

（4）体育教学方法的多样性还包括对学生创新能力和思维能力的培养。现代体育教学注重培养学生的创造力和思维能力，通过设计多样化的体育活动和比赛，激发学生的创新思维和解决问题的能力。例如，教师可以通过设立不同情境的体育游戏，鼓励学生在变化的环境中寻找最佳解决方案，从而培养他们的应变能力和创造力。

（5）体育教学方法的多样性体现了对学生个性发展的尊重和关注。每个学生都有独特的兴趣和特长，体育教学应尊重这种个体差异，提供多样化的体育项目和活动，让每个学生都能找到适合自己的运动方式。通过这样的教学方法，不仅可以提高学生的学习兴趣和参与积极性，还能促进他们个性的发展和潜能的发挥。

（二）体育教学方法的重要性

体育教学方法在体育教学课程体系中占据着核心地位，其重要性贯穿于教学活动的始终，并且对学生的学习和成长产生着持久的影响。这种方法不仅在课堂上起着关键作用，更在课堂之外，对学生的长期发展产生着深远的影响。它通过激发学生的兴趣、提高学生的参与度、增强学生的体验感，从而在学生的心中留下深刻的印记。体育教学方法的这种影响力，使得它在体育教学的各个要素中独树一帜，具有不可替代的功能。"体育教学的关键是运动技术怎样教怎样向学生传授科学、系统、合理的技术结构和运动规则的要求，并使之正确掌握其中教学方法起着重要作用。"[1] 总的来说体育教学方法对体育教学活动的开展具有以下四点重要性。

1. 有助于良好体育教学氛围的营造

体育教学方法的科学性和合理性对于营造积极的学习氛围至关重要。当教学方法得到适当应用时，学生的体育学习热情和参与体育活动

---

[1] 卢青，张建萍. 体育教学方法与内容的关系研究 [J]. 中国成人教育，2015 (5)：148.

的积极性将显著提升。这种教学方法不仅能够激发学生的兴趣，还能够通过教师的人格魅力和专业水平，增强学生对教师的信任和认可。在这种信任的基础上，学生的专注度随之提高，这对于营造一个良好的学习环境是极为有益的。

在良好的学习氛围中，所有学生都能被积极地带动参与到体育学习中来。这种参与不是被动的，而是主动的、充满热情的。学生在这种氛围中不仅学习体育技能，更能够体验到体育精神和团队合作的重要性。这样的学习环境能够促进学生之间的交流与合作，增强彼此之间的理解和尊重，从而形成一个积极向上、互相支持的集体。

科学合理的体育教学方法不仅关注技能的传授，更注重培养学生的体育素养和整体发展。通过多样化的教学手段，如游戏化学习、小组竞赛等，教师能够激发学生的学习兴趣，调动他们的学习动力。在这种方法下，学生能够更全面地发展体能、技能和智力，提升自身的综合素质。

此外，体育教学方法的科学性还体现在个性化教学策略的运用上。教师需根据学生的个体差异，采用不同的教学方法和节奏，使每位学生在学习中都能得到充分的关注和支持。通过课堂上的积极互动和个性化指导，教师能够更有效地满足学生的学习需求，提升他们的学习效果和满意度。

2. 有助于学生身心素质的全面发展

体育教学方法的科学性和合理性体现在其受到科学思想和理论的深刻影响。所有有效的体育教学方法都依赖于系统的科学研究，这使得其在实践中能够展现出较高的科学性和合理性。这种方法不仅体现了对运动原理的准确把握，还反映了对教育心理学、教育学等学科理论的深入理解。在实际应用中，教师需要依据这些科学原理来设计教学内容，从而确保教学活动能够有序且高效地进行。

体育教学不仅限于理论知识的传授，更包括运动技能的实际练习。教师的角色是多重的，不仅要讲授相关的运动理论，还要积极引导学生参与实践，进行有效的体育训练。这种实践活动能够促使学生在身体素质、协调能力、团队合作等方面实现全面发展。

科学合理的体育教学方法还能够培养学生的情感体验，磨炼他们的意志力。体育运动中的坚持、合作和竞争，能够帮助学生形成积极的心理品质，提升他们的社会适应能力。这些品质对于学生的成长和成才具有深远的影响。因此，体育教师在选择和实施教学方法时，必须充分考虑学生的身心发展特点和实际需求，注重教学方法的科学性和合理性。此外，体育教学方法的科学性还体现在对教学内容的选择和安排上。不同的运动项目对学生的身体素质和技能要求不同，教师应根据学生的年龄、身体状况和兴趣爱好，选择适合的教学内容，并通过科学的教学方法进行传授和训练。合理的教学内容安排能够提高学生的学习积极性，增强他们的运动能力，从而实现体育教学的目标。

3. 有助于体育教学任务的高效完成

有效沟通和互动是体育教学成功的关键因素之一。精心设计的教学方法能够显著改善教师与学生之间的沟通与互动，从而增进相互理解和信任，促进学生对知识和技能的掌握。通过开放的沟通渠道，教师可以更好地了解学生的需求与困难，学生也能够在互动中得到及时的反馈和指导。这种双向的沟通机制不仅提升了教学的有效性，也为学生营造了一个积极的学习环境。

系统性和连贯性是确保教学质量的重要方面。体育教学方法需要注重内容的系统化和连贯性，通过合理的安排和逐步深入的教学策略，帮助学生建立起完整的知识体系。系统化的教学设计使学生能够从基础知识逐步过渡到复杂技能，确保他们在学习过程中获得逐步提升的体验。这种连贯的教学流程不仅有助于知识的内化，也为学生后续的学习奠定了坚实的基础。

针对性和实效性也是优化体育教学不可或缺的要素。教师应根据学生的实际情况和个体需求灵活调整教学方法，以激发学生的兴趣和学习动力。通过个性化的教学策略，教师能够更好地满足不同学生的学习需求，提高教学效果。例如，根据学生的体能水平和技能掌握情况，教师可以制订差异化的教学计划，以确保每位学生都能在自己的能力范围内获得最佳的学习体验。

4. 有助于体育教学质量的全面提高

在体育教学的领域中，采用科学的教育手段和方法，对于提升教学质量具有显著的正面影响。这种方法能够有效地激发学生对体育活动的兴趣，点燃他们参与体育学习的热情。当学生内心的热情被点燃，他们的学习动力和积极性将得到显著提升，这不仅能够促进他们更高效地学习体育知识，而且还能全面提高他们的体育技能和身体素质。通过这种方式，学生的体育教学体验将变得更加丰富和深入，从而在体育教学的各个方面实现质量的全面提升。

二、大学体育教学方法的类型与体系

（一）传统体育教学方法

1. 传统体育教学法

（1）直观教学法。直观教学法是通过给予学生的视觉等感官以刺激来促使学生对体育知识产生深刻的了解，直观教学法的优势和特点是直接、生动、形象，因此产生的效果往往也更具有震撼力和持久性。

第一，动作示范法。动作示范法是指在体育教学中，教师通过对教学内容的动作示范，来帮助学生熟悉动作的结构和动作的要领，同时对该技术动作有一个整体上的、比较形象化的了解。应用动作示范教学法应注意：①明确示范目的；②动作的示范要标准连贯；③注意选择合适的示范位置和角度。

第二，教具与模型演示。通过实际物体来辅助教学，使学生更容易理解技术结构。教具和模型作为直观的教学工具，能够将抽象的运动概念具体化，让学生在视觉和触觉上都有所感知。通过这种方式，学生可以直观地观察和学习动作的细节和结构，从而更好地掌握技术要领。这种方法的优势在于它的直观性和具体性，能够有效地弥补语言讲解的不足，使复杂的动作变得简单易懂。

第三，案例教学法。案例教学法是通过列举反面和类比的例子，帮助学生理解所教授的内容。案例教学法强调例子的选取和分析，通过对比和类比，使学生能够更清晰地看到正确与错误、成功与失败的区别。

在选取战术配合的案例时,教师需要详细分析每一个案例,从攻守两个角度进行阐述,帮助学生全面理解战术的应用。这种方法不仅可以增强学生的理论知识,还可以培养他们的分析和判断能力,使他们能够在实际运动中灵活应用所学知识。

第四,多媒体教学法。多媒体教学法则利用现代科技,将教学内容以形象生动的方式展示出来。通过动画、视频演示、慢放和定格等技术手段,教师可以将每一个动作的细节和重点精准地展示给学生。这种方法不仅提高了教学的生动性和趣味性,还使学生能够在短时间内对复杂的动作技术有快速、清晰和深刻的认识。多媒体教学的优势在于其高效性和全面性,能够弥补传统教学方法的不足,使教学过程更加直观和富有吸引力。

(2)语言教学法。语言教学法是指教师通过语言方式来描述体育知识、文化、动作要领、技术构成、教学安排等一系列活动要点的方法,学生通过对教师语言的理解,逐步掌握知识的要点。

第一,讲解教学法。在体育教学中,讲解教学法扮演着至关重要的角色。特别是在体育理论课的教学中,它被视为一种基础且有效的教学手段。教师在运用讲解教学法时,首先需要深刻理解学生的认知能力和知识水平,以确保讲解内容既不过于简单,也不会超出学生的理解能力。

明确讲解的内容和目标是成功讲解的关键。在讲解前,教师应当明确设定讲解的目标,确保整个讲解过程有条不紊地围绕这些目标展开。讲解的重点和难点需明确突出,避免无效的时间浪费和学生的困惑。

讲解内容的准确性是确保教学效果的关键因素。无论是体育历史文化、专业术语还是技能方法,教师必须确保所传递的信息准确无误。只有准确的讲解才能帮助学生建立正确的知识框架,为他们未来的学习打下坚实的基础。

在形式上,讲解应当简单明了、生动有趣。教师可以运用各种教学辅助工具如图片、视频等,辅之以生动的语言讲解,使抽象的内容更加具象化和易于理解。适时地运用非语言形式如肢体动作等,能够增强讲解的生动性和互动性,激发学生的学习兴趣和参与度。

讲解的方式应当由表及里、易懂易学。教师可以采用对比、类比、递推、递进式提问等有效的教学策略，引导学生进行思考和理解。通过这些方法，教师能够激发学生的想象力和主动思考能力，帮助他们建立起完整的认知体系，能够将所学的知识灵活应用到实际中。

讲解的知识逻辑顺序和内在关联性对于学生掌握知识至关重要。教师需要注重知识点之间的逻辑关系，帮助学生建构起一个系统且稳固的知识结构。通过清晰逻辑的讲解，学生能够更有效地掌握和长期记忆知识，从而提高整体的学习效果和学习效率。

第二，口头评价法。口头评价法是体育教学中最为快速和直接的一种评价手段。它不受时间和地点的限制，可以在课堂中实时进行，也可以在课后进行简要点评。通过口头评价，体育教师能够及时反馈学生的学习和练习情况，以及他们所获得的学习效果。口头评价可以分为积极评价和消极评价两种类型。积极评价主要是对学生学习的肯定、表扬和鼓励，能够增强学生的自信心和学习兴趣。相反，消极评价则是对学生不足之处的批评和鞭策，旨在帮助学生认识并改进自己的问题。尽管消极评价在一定程度上具有批评性质，但教师在使用时必须注意沟通技巧和措辞方式，做到就事论事，不伤害学生的自尊心，帮助他们在理解不足的同时，保持积极的学习态度。

第三，口令、指示法。口令、指示法是体育教学中另一种重要的教学手段。口令和指示的语言简洁有力，适合于动作教学中的知识传递。其应用有：教师发令的声音必须清晰、洪亮，以确保每位学生都能听到和理解；教师要注意选择合适的时机使用口令和指示，避免打乱教学节奏或影响学生的注意力；口令和指示的语速和节奏也至关重要，过快会让学生无法跟上，过慢则会削弱其指令的力度和有效性；教师在使用口令、指示法时，需要根据学生的实际情况，灵活调整语速和节奏，以达到最佳的教学效果。

（3）分解教学法。分解教学法的主要优势在于它能够将复杂的技术动作分解成简单易学的步骤，从而使学生更容易理解和模仿。这种方法通过逐步分解动作，降低了学习难度，为学生提供了更为清晰的学习路径。然而，在应用分解教学法时，教师需要注意以下三点。

第三章　课程维度：大学体育教学改革的课程实践◎

第一，科学地选择技术动作的分解节点至关重要。教师应该遵循技术动作的连贯性原则，在不破坏整个动作流畅性的前提下，将动作分解成合适的部分。这样能够确保学生在学习过程中更好地理解和掌握技术要领。

第二，注意依次教学和加强衔接练习。分解后的各个部分应按照其先后顺序进行教学和练习，以确保学生能够逐步掌握每一个步骤。教师还应该特别关注各个环节之间的衔接处，进行专门的强化练习，以保证整体动作的流畅性和准确性。

第三，将分解法和整体法相结合运用是非常重要的。根据给定的观点，分解教学法和整体教学法各有其独特优势。教师可以通过分解法将复杂的动作逐步拆解成简单的部分进行教学，这有助于学生逐步掌握技能，并建立自信心。而整体教学法则能够帮助学生在真实情境中学习和应用技能，增强其综合运用能力。结合运用这两种教学法可以充分发挥它们的长处，有效提升教学效果，使学生更快地达成教学目标。

（4）完整教学法。在体育教学中，完整教学法强调在教学过程中对技术动作的完整展示，以帮助学生建立对动作的全面认识和深刻印象。以下是完整教学法在体育教学中应用的关键要点。

第一，完整展示的时机选择至关重要。教师应在语言讲解后迅速过渡到动作的整体展示，以维持学生认知的连续性。通过语言讲解和动作展示的双重影响，可以促进学生对技术动作的准确理解。

第二，对于初学者而言，动作练习的难度应适当降低。教师可以先行简化动作，引导学生完成动作流程，随着学生对动作的逐渐熟悉，再逐步提升难度，直至学生能够按照标准要求完成动作。

第三，教师需要对动作的各个要素进行详尽的解析。这不仅包括动作的发力点、支撑点，还包括用力的方向和大小，以及所有可能影响动作标准的细节。通过全面解析，学生能够更深入地理解动作的内在机制，从而在实践中更好地掌握技术动作。

（5）预防教学法。预防教学法在体育教学中是一种重要的教学策略，它旨在通过预防和阻断学生可能出现的错误认知和动作，提高教学的质量和效率。应用预防教学法时，教师需要遵循以下要求。

第一，在教学的前期讲解阶段，教师需要不断强化学生对于正确动作和认知的理解和记忆，这包括对动作要领的详细解释和对易错点的特别强调。通过这种方式，教师可以帮助学生建立起正确的动作概念，减少对动作理解的歧义和错误认知的产生。

第二，教师在课前需要对可能出现的问题进行预估，并设计出相应的解决方案。这种预估和设计可以帮助教师在课堂上更有效地应对学生的错误，减少教学中断，确保教学流程的顺畅。同时，这也能够提高教学的针对性和实效性，使教学更加高效。

第三，教师可以综合运用口头评价等教学方法，及时对学生的动作进行评价和指导。在学生进行动作练习的关键时期，教师的及时提示和指导可以帮助学生避免错误，提高动作的准确性。这种口头评价不仅可以纠正学生的错误，还可以增强学生的自信心，激发他们的学习兴趣。

第四，预防教学法还要求教师具备敏锐的观察力和判断力。教师需要在学生练习的过程中，仔细观察学生的动作，及时发现并指出学生的错误，帮助他们进行纠正。这种及时的反馈和指导对于学生掌握正确的动作至关重要。

第五，预防教学法还需要教师具备一定的教学智慧和创造力。在教学过程中，教师需要根据学生的实际情况，灵活运用各种教学方法和技巧，创造性地解决教学中遇到的问题。这种教学智慧和创造力是提高教学效果的关键。

（6）纠错教学法。纠错教学方法在教学实践中扮演着重要角色。当教师发现学生在理论认识和动作练习上出现错误时，纠错立即成为解决问题的关键手段。这种方法注重分析学生可能出现的动作偏差和不足，并旨在帮助他们建立正确的动作理解和技能应用能力。教师在纠正学生错误时需根据具体情况施以精准的分析，灵活运用不同的引导方式。对于动作理解上的偏差，教师可以通过详细解释和示范来澄清正确的动作要领；而对于技术动作不够熟练的情况，则需采取分步练习和反复强化的方法，以提升学生的技术水平。

在实施纠错教学时，教师有时需要采用外力帮助学生形成正确的动作感觉。这可能包括手势指导、身体示范或适度的辅助动作，目的在于帮助学生更好地理解和掌握正确的动作技能。然而，教师在使用外力时必须小心谨慎，确保不会给学生带来额外的压力或潜在的伤害。

与预防性措施相比，纠错教学方法具有更强的针对性和实效性。它直接应对学生在动作执行过程中的实际问题，帮助他们快速纠正错误、提高技术水平。因此，教师在实施纠错教学时需要具备精准的分析能力，能够准确识别错误的根源，并提供最合理、最有效的解决方案。只有这样，才能确保纠错教学的有效性，促进学生在体育技能和认知水平上的全面发展。

（7）竞赛教学法。竞赛教学法作为一种通过组织各种比赛来促进体育教学的方法，被认为是一种相对理想的训练和教学方式，能够全面提升学生的各项综合能力。在具体实施过程中，竞赛不仅仅是简单的比赛，更是一次锻炼学生综合能力的过程。通过比赛，学生不仅可以提升运动技能，使得抽象的动作和战术变得具体可行，还可以培养团队协作精神，以及面对挑战时的心理调适和问题解决能力。关于竞赛教学法，其应用有如下注意事项。

第一，合理分组。竞赛的参与者应当在实力上相对均衡，这样才能够在激烈的竞争中共同进步。过于悬殊的实力对战将使比赛失去公平性，也难以激发学生的积极性和竞争欲望。因此，教师在组队时应当充分考虑到每位学生的能力水平，以确保比赛的公正性和有效性。

第二，客观评价。在比赛过程中，教师需紧密关注学生的表现，综合把握整体情况，并关注细节。通过客观、中肯的评价，帮助学生认清个人优势与不足，为进一步提升提供指导。评价不仅是对学生表现的总结，更是对教学方法的反思与优化，推动教学质量的不断提高。

第三，竞赛教学法的有效实施需要学生具备一定的运动理解和技术掌握。缺乏必要的运动基础和技术水平可能会增加运动伤害的风险，影响教学效果和学生的体验。因此，在应用竞赛教学法之前，教师需要确保学生已经具备了必要的运动素养，并且对相关技术动作有所了解和掌握，以确保比赛的安全性和有效性。

（8）游戏教学法。游戏教学法是一种将游戏的趣味性与体育教学内容相结合的教学方法，它通过娱乐的形式激发学生对体育学习的兴趣，尤其适合低龄学生的学习特点。在运用游戏教学法时，教师需关注以下关键方面。

第一，游戏的设计需要与教学内容紧密相关。这意味着游戏不仅仅是为了娱乐，而是应该包含教学目标，确保学生在游戏中能够学习和掌握必要的体育知识和技能。游戏的行为方式和思维方式应当与教学内容相匹配，以增强学习的针对性和有效性。

第二，游戏的选择应当基于学生的兴趣和偏好。了解学生的喜好，设计或选择能够吸引学生参与的游戏，可以提高他们的参与度和学习动力。教师还应考虑学生的年龄、性别、体能等因素，确保游戏适合所有学生。

第三，在游戏进行中，教师应鼓励学生全力以赴，同时强调团队合作的重要性。通过团队合作，学生不仅能够学习体育技能，还能培养团队精神和协作能力。教师应作为引导者，监督游戏的进行，确保学生遵守规则，对于违反规则的行为要及时进行纠正和适当的惩罚。

第四，游戏结束后，教师应主动询问学生的感受，了解他们对游戏的看法和建议，这有助于教师对游戏教学法进行反思和改进。教师应对学生在游戏中的表现给予全面而中肯的评价，指出优点和需要改进的地方，以促进学生的全面发展。

第五，教师需要在游戏前提醒学生注意安全，禁止任何可能造成伤害的行为。在游戏过程中，教师应密切监控学生的活动，及时发现并排除安全隐患，确保学生的身心健康。

2. 传统体育学习法

（1）自主学习法。自主学习法是指学生在教师引导下，通过自主发现、分析和探索进行独立学习的活动。在这一过程中，教师需要关注学生的独立性和探索能力。有效的自主学习依赖于教师的适当引导，重视学生在自主发现和探索中的表现与需求。

第一，难度适当。教师在设计教学内容时，应根据学生的年龄和认知特点选择适当的难度。这种选择不仅涉及内容的复杂程度，还包括任务的挑战性和可完成性之间的平衡。过于简单的内容可能无法激发学生的兴趣和积极性，过于困难的内容则可能使学生感到沮丧和无助。适当的难度能够促使学生在面对挑战时体验到成就感，也能提高他们的自信心和学习动力。

第二，明确目标。明确的学习目标对于提高教学效果至关重要。教师应制定清晰且具体的学习目标，以帮助学生明确任务要求和期望。这种清晰的目标能够为学生提供明确的学习方向，使他们能够清楚地知道自己需要完成什么，如何完成以及完成后应达到什么标准。

第三，自我调控。学生在学习过程中应具备良好的自我调控能力。这意味着学生需要根据既定的学习目标，合理规划和调整自己的学习策略。通过积累各种学习方法和思考技巧，学生可以更好地理解和应用所学知识。自我调控不仅包括制订学习计划和时间管理，还涉及对学习过程中遇到的问题进行自我反思和调整。

第四，教师引导。教师在教学过程中需发挥积极的引导作用，以确保学生能够顺利达到学习目标。教师应关注每个学生的学习进度，及时识别并纠正学习中的偏差。这不仅包括对学生学习过程的监控，还涉及对学习路径的调整。通过给予适当的辅助和指导，教师能够帮助学生克服学习中的困难，调整不适合的学习策略，保证学生能够在既定的时间内达到学习目标。

（2）合作学习法。合作学习法是一种以团队合作为核心的教学策略，它在体育教学中同样适用，能够有效提升学生的协作能力和集体责任感。在实施合作学习法时，教师需要关注以下关键步骤：

第一，确立学习目标。明确合作学习的预期效果和重点能力，包括团队协作、沟通和领导力，可以为合作活动奠定坚实的基础。通过设定具体、可测量的目标，教师能够引导学生在合作过程中明确自己的角色和责任，确保每位成员在团队中的贡献符合整体目标。这种目标导向的策略不仅有助于提升学生的参与度，还能增强他们对合作学习的投入感，提高学习的效果和质量。

第二,合理分组。将学生按照实力相当的标准进行分组,考虑他们的性格、性别和特长,可以实现组内的优势互补。这样的分组策略能够确保每个小组在完成任务时具备多样化的技能和视角,提升小组的整体合作能力。通过均衡的分组安排,还能减少因能力差异带来的竞争压力,使每个学生都能在适合的环境中发挥自己的最佳水平。

第三,合理分配任务。教师需要根据小组的整体目标,确定具体的任务,并帮助学生进行合理的分工和角色分配。通过明确每个成员的职责,可以提高任务执行的效率,并确保各项工作有条不紊地进行。合理的任务分配不仅有助于提升小组的整体学习效率,还能促进学生之间的协作和互动,使每个人都能在自己的角色中发挥最大的作用,实现最佳的学习成果。

第四,小组交流。在任务完成后,组织小组间的分享和交流能够帮助学生总结经验,分享成果,从其他小组的工作中获得新的启发。这种互动不仅有助于加深对所学知识的理解,还能激发学生的创造性思维。通过跨小组的交流,学生能够接触到不同的观点和解决方案,进一步提升他们的批判性思维能力和综合素质,增强合作学习的整体效果。

第五,引导监督教师在整个合作学习过程中应扮演好引导者和监督者的角色。教师需要关注学生的学习过程,及时提供帮助和指导,并在合作学习结束后,帮助学生进行学习总结。这包括对学习成果的评价、对学习过程中出现的问题的分析,以及对未来学习的展望。

(二)现代体育教学方法

1. 探究教学法

探究教学法是一种以学生主动探索为核心的教学方法,它鼓励学生在教师的引导下发现问题、分析问题,并提出解决方案。这种方法不仅有助于学生掌握知识和技能,而且能够培养学生的洞察力和知识迁移能力,符合现代教育理念,因此被越来越多的体育教师采用。在应用探究教学法时,需要注意以下方面。

(1)明确探究目的对于教师来说至关重要。提前规划研究计划,确保教学活动严格围绕教学目标进行,是保证教学效果的前提。教师应避免目标模糊或不一致，因为这会导致教学失去方向，使学生无法明确学习的重点和方向，进而影响整体教学质量。

（2）在探究内容的选择上，教师需充分考虑学生的运动水平和认知能力。探究内容应与学生的实际情况相匹配，既不能过于简单，也不能过于困难。内容过于简单会使学生失去挑战性，进而降低学习兴趣；而过于困难则会使学生感到挫败，失去信心。

（3）对于难度较大的课题，教师应适时给予启发和鼓励。在学生遇到困难时，教师可以提供引导性问题、相关知识和案例分析，帮助学生拓展思路，激发他们的探究兴趣。这不仅有助于学生更好地理解和掌握所学内容，还能培养他们的自主学习能力和解决问题的能力。通过这样的教学策略，教师可以有效地激发学生的学习热情，提升教学质量。

（4）探究教学法要求教师创造一个开放和包容的学习环境，鼓励学生提出自己的见解，尊重每个学生的思考和努力。教师应作为引导者和协助者，帮助学生在探究过程中形成批判性思维，学会独立分析和解决问题。

（5）探究教学法的实施需要教师具备一定的教学技巧和策略。教师应能够灵活运用各种教学资源，如多媒体工具、实物演示、现场考察等，以增强探究活动的直观性和实践性。教师还应设计合理的评价体系，对学生的学习过程和成果进行公正、全面地评价，以激励学生持续参与探究活动。

2. 分层教学法

分层教学法是根据学生的学习基础和认知能力的差异，设定不同层次的教学目标和任务。

（1）对教学对象进行科学分层，通过体能测试、问卷调查和实际练习全面了解学生的综合体质和运动技能。教师需密切观察学生的学习进度和知识吸收情况，根据具体表现及时调整教学方案。这种方式可以更好地满足不同学生的需求，还能提高教学效果和学生的学习积极性。科学分层使教师能够针对不同层次的学生制定更具针对性的教学策略，实现个性化教学。

（2）对教学目标进行科学分层，设置适宜的教学目标至关重要。教师应在激发学生兴趣的同时，避免目标设定过低或过高，确保每个学生在适宜的难度下取得进步。这种做法有助于实现所有学生的共同进步，避免部分学生因目标过高而产生挫败感，或因目标过低而失去学习动力。通过合理的目标设定，教师能够引导学生在逐步挑战自我的过程中，不断提高自身能力和水平。

（3）对教学内容进行分层。合理分层的教学内容能够更好地满足学生的学习需求，促进他们在不同层次上的全面发展。对于运动技能水平较高的学生，教师可以设置更具挑战性的内容，激发其学习兴趣；对于基础较薄弱的学生，则应该设计简单易懂的内容，逐步提高他们的体能素质水平，保持其学习的兴趣和信心。通过这样的分层教学设计，每个学生都能够得到个性化的教育，有助于提高整体的教学效果。

3. 娱乐教学法

增强学生体质是体育教学的重要目标之一，但部分学生对传统体育课程缺乏兴趣。传统体育教学方法通常较为单调，学生往往只是机械地模仿，课程显得乏味无趣。亟需改变这种单一的教学方式，采用娱乐教学法，重新设计和组织体育课程。娱乐教学法通过融入游戏、音乐、竞赛和趣味性道具等元素，能够显著增加课程的吸引力。这种方法能够使课程内容更加生动有趣，还能提高学生的参与度和学习兴趣。采用娱乐教学法可能会增加教师的负担，因为需要更多的时间和精力来设计和实施这些新颖的教学活动。在娱乐性和教育性之间找到平衡是至关重要的。教师在设计课程时，既要确保课程具有娱乐性，能够吸引学生积极参与，又不能过度娱乐化，忽视了体育教学的教育目标。只有在这两者之间找到合适的平衡点，才能使体育课既有趣又能有效增强学生的体质和运动能力。体育教学应积极改革传统单调的教学方法，广泛采用娱乐教学法，增加课程的趣味性和吸引力。在设计过程中，体育教师需注重将游戏、音乐、竞赛等元素融入教学，以提高学生的参与度和学习兴趣。必须在娱乐性和教育性之间找到平衡，确保体育课不仅有趣，还能有效增强学生的体质和运动能力。

4. 情境教学法

情境教学法通过创设具有情感、形象化和具体化的场景，吸引学生积极参与学习。这种方法能促进学生对教材的理解，使学生更容易掌握知识内容。情境教学法有助于学生健康心理素质的形成，培养他们积极向上的心态。这种方法还能激发学生对体育学习的热情，提升学习效果，使学生体验到体育学习的快乐和成就感。情境教学法常与多媒体教学法结合，能提升学生的审美情趣，还能陶冶高尚的情操。通过引入情感化和具体化的场景，情境教学法能够显著提升学生的学习兴趣和效果，并促进心理素质的形成。在体育教学中，可以采取以下办法提高教学质量和学生的学习体验。

（1）充分利用游戏。在体育教学中，教师们意识到提供学生丰富的"玩"的机会至关重要。体育课堂不仅是学习运动技能的场所，更是培养学生积极参与、克服困难精神的重要平台。特别是在诸如障碍跑等活动中，一些学生可能因害怕而退缩，导致教学进展受阻。为了解决这个问题，教师可以设计各种创新的游戏情境，如设置领奖台作为障碍跑的终点，通过奖励激励学生克服困难、实现目标。在游戏过程中，及时表扬那些勇敢挑战、努力克服困难的学生，同时对动作不规范的学生进行纠正，帮助他们提高技能准确性。

这种教学方式不仅能够增强学生的克服困难能力，还能有效激发他们的学习兴趣和参与热情。通过参与各类游戏活动，学生能够在轻松愉悦的氛围中体验到运动的乐趣，并逐渐形成积极的体育价值观。教师的角色不仅仅是传授技能，更是引导学生树立正确的运动态度和价值观念。在课堂中，注重体育教学的娱乐性，不仅能够增加学生对运动的喜爱和主动参与，还有助于培养他们的团队合作精神和竞争意识。

（2）教学情境创设与音乐相结合。尽管音乐、体育和美术被认为是一家，共同具有艺术性和美学内涵，但在实际的体育教学中，这一点似乎常常被忽视。情境教学被视为体现体育教学艺术美的最佳方式之一，同时将音乐等元素引入情境教学中，可以发挥出情景教学的实际作用。

相同的训练内容，有无音乐配合会产生完全不同的教学效果。音乐作为背景音可以让学生沉浸在音乐美的环境中,将体育训练从一种负担转变为一种美的享受。音乐的选择也至关重要。在身体训练时,选择充满激情的音乐可以激发学生的精神状态;而在训练结束后需要放松休息时,则应选择柔和舒缓的音乐,让学生得到全面的放松和休息,从而达到身心的平衡。

因此,在体育教学中,合理运用音乐可以提升教学效果,激发学生的学习兴趣和积极性。通过将音乐与体育训练相结合,教师可以创造出一种艺术美的教学环境,使学生在愉悦的氛围中更好地完成训练任务。这种综合运用艺术性元素的教学方式不仅能够提高学生的学习效果,还能够培养他们的审美情趣和艺术修养,促进其全面发展。

(3)运用语言创设教学情境。在传统的课堂,也有教学情境的创设,并且也获得了不错的效果,这主要是因为课堂语言具有独特的魅力,体育教师可以通过生动的、丰富的、具有鲜明特色的语言表达方式和风格将教学内容故事化、情节化、夸张化,语言表达中的情境同样可以给学生带来美好的学习体验。

因此在体育教学的过程中,教师要记得语言也可以创造出有意思的、独具一格的教学情境。体育教师也要注意转变固有的思想观念,不断创造出具有新意的情景教学模式,从而促进体育教学事业能够不断地向前发展。

5. 微格教学法

微格教学法在体育教学中的应用,旨在通过信息化技术手段,将体育理论知识转化为形象生动的教学内容,从而提高学生的学习兴趣和运动技能。以下是微格教学法在体育教学中的具体实施步骤。

(1)课件准备。教师需提前准备教学课件,通过剪辑视频、音频等,将信息化技术融入体育教学,以丰富教学内容,激发学生学习主动性。

(2)视听展示。在理论讲解后,利用视听材料展示体育动作或战术,帮助学生形成对体育知识和技能的深刻理解。例如,教师可以在篮球技术教学中,展示篮球明星的技术动作,增强学生的信心和信任。

(3)学生主体性。教学内容应以学生为中心,考虑其发展方向和兴趣,选择有针对性的、受欢迎的教学内容,并为学生提供思考和探讨的空间,营造积极的学习氛围。

(4)教学实施。结合播放视频和学生训练,通过高水平运动员的示范录像,帮助学生形成感性认识,之后通过直观教学法和分解教学法强化理解和训练。训练后,教师组织学生演示并拍摄视频,师生共同分析讨论,教师给出客观评价并纠正错误。

(5)细节关注。教师可根据实际情况使用慢镜头或回放,帮助学生清晰观察动作;学生通过比较自己的演示视频与标准动作,找出问题并自我改进;教师的指导和评价帮助学生深入分析问题并找到解决办法。

(6)课后优化。教师通过观看教学视频,反思教学中的不足,进行优化。微格分析处理也是优化教学效果的有效手段。

6. 成功教学法

成功教学法在体育教学中扮演着重要角色,其核心在于根据学生的接受能力,提炼技术动作的精华部分,降低整体难度,鼓励学生依靠自身意志力和理解能力完成学习。这一过程中,学生通过成功完成动作体会到的满足感和快乐感是其他任何外在鼓励都无法比拟的。这种成功体验将大大增强学生对体育学习的信心,使他们坚信自己能够掌握其他体育运动技能。成功教学法的优势在于它能够激发学生对学习的积极性和热情,尤其对于一些对体育学习不感兴趣的学生尤为有效。通过成功教学法,学生不仅能够提高自身的技能水平,还能够培养坚韧不拔的意志品质和正确的学习动机。这对于改变一些学生对体育课程的排斥心理,重新树立对体育学习的信心具有积极意义。

成功教学法的实施也需注意一些问题:首先,教师需要了解学生的个体差异,根据每个学生的接受能力和学习水平进行个性化的指导和调整;其次,教师应当设定具体明确的学习目标,并根据学生的实际情况进行适当的技术调整,以确保学生能够顺利完成学习任务;最后,教师在实施成功教学法时应注重激发学生的学习兴趣,通过积极的激励和鼓励,帮助学生建立起对体育学习的积极态度和信心。

7. 对分课堂教学法

对分课堂是一种创新的教学模式，将课堂时间划分为两部分：一部分用于教师讲解，另一部分则留给学生自主讨论和探索。这种模式强调学生的自主学习与讨论，旨在激发学生的学习潜能与积极性，并深化对知识和技能的理解。通过这一模式，教师的教学负担得以降低，同时教学质量和效果也得到了显著提升。对分课堂不仅有效提高了学生的学习积极性和理解深度，也促进了教师的教学效率和效果。

（1）合理将课堂时间分为教师讲授、知识内化吸收和学生讨论三部分，有助于优化学习效率。教师讲授部分应涵盖核心知识点和理论框架，为学生提供系统性的知识基础。接下来，通过知识内化吸收环节，学生可以通过阅读、笔记和自学等方式，加深对所学内容的理解。学生讨论环节鼓励主动参与和思维碰撞，使学生能够在实践中巩固知识、提出疑问并解决问题。这种时间分配方式能够有效提高课堂教学的整体效果，促进学生的全面发展。

（2）确保小组实力均衡，合理搭配男女生，有助于促进公平竞争和合作，从而提高学习动力和效果。在分组时，教师应考虑学生的能力水平和性别比例，以避免出现能力悬殊或性别失衡的情况。均衡的小组可以使每个学生在小组合作中发挥特长，同时弥补自身不足，提升整体学习质量。合理的分组安排还能增强团队合作意识，培养学生的沟通与协作能力，使他们在平等和公正的环境中共同成长。

（3）在布置任务前，详细讲解要求并启发学生思考，以确保对任务目标有深入理解。教师应明确任务的具体目标、要求和完成标准，避免学生因理解模糊而偏离任务核心；通过提问、讨论等方式，引导学生思考任务的意义和方法，使他们能够更清晰地认识到任务的重点和难点。这种任务引导方式不仅有助于提升学生的执行能力，还能增强他们的主动学习意识和问题解决能力。

（4）确保学生平等表现，通过随机抽查和量化标准公正评价学习效果，并及时纠正偏离主题的小组。这种评价方式可以避免传统评价中的主观性和偏差，确保每位学生都能获得公平的表现机会。随机抽查能够激发学生的参与积极性，而量化标准则有助于客观衡量学习效果。教师应及时反馈评价结果，对偏离主题的小组进行纠正，帮助他们重新聚焦任务目标，不断提高学习的整体质量和效果。

8. 逆向思维教学法

逆向思维教学法是一种通过采用与常规思维相反的方式进行教学活动的方法。它的定义与特点在于打破传统教学顺序，将最困难的部分放在最前面进行学习。这种方法挑战了传统的线性教学模式，旨在通过先行掌握关键和困难部分，提高学生对整个技能的理解和掌握。在实际应用中，逆向思维教学法已经在多种体育项目中得到了验证。例如，在跳远教学中，教师首先教会学生如何起跳，然后再教助跑和落地动作。在标枪学习中，教师首先让学生掌握投掷动作，再教助跑技巧，最后将各部分动作组合在一起。这样的教学顺序颠覆了传统的教学模式，但却有其独特的优势和效果。

从教学效果来看，逆向思维教学法有助于学生提前掌握动作中的难点部分，使得他们在正式比赛中能够更好地表现。提前学习和练习这些关键技能，不仅有助于学生在比赛中的成绩提升，还提高了他们的训练效率。这是因为学生在掌握了最困难的部分后，再进行其他相对简单的部分时，会更加得心应手，从而全面提升他们的动作技能。

在实际教学过程中，逆向思维教学法对教师也提出了更高的要求。教师需要不断反思教学中的问题，并根据实际情况调整教学方法。他们必须善于观察和分析学生的表现，确保教学过程能够顺利进行。通过反思和调整，教师不仅能更好地满足学生的学习需求，还能不断提升自己的教学水平。

（三）体育教学方法的体系

1. 体育教学方法体系的构建依据

"体育教学方法是体育教学论中最灵活的组成部分，是体育教学理论和实践的中介环节，恰当的教学方法对于促进学生掌握知识、技能和发展能力具有重要的意义，通过对体育教学方法体系的分析，在体育教学过程中，要选择出最优化的教学方法，必须明确教学目标、明确学生情况、明确教材的适用范围以及不同方法的优化组合。"①

在体育课程改革中，目标统领教材的理念强调了教学目标在教学内容选择中的决定性作用。这种理念要求教师在进行体育教学时，首先要明确教学目标，然后根据这些目标来选择和组织教学内容，确保教学活动能够有效地满足学生的学习需求和身心发展特点。

教学内容的广义理解不仅包括具体的知识和技能，还涵盖了观念、思想、行为和习惯等与学习能力密切相关的要素。学生通过体育教学过程，不仅仅是接受知识和技能的输入，更是在教师的引导下，逐步将这些外在的内容内化为自己的知识体系和心理体系，从而实现知识的转化和能力的提升。

根据体育新课程标准的要求，体育教学内容被分为五个主要的学习领域，这些领域与教学目标形成了互动的关系。教学目标的明确性决定了内容的选择和安排，而适当的内容选择又能够促进目标的有效实现。此外，新课程标准还将体育教学内容的学习水平细致划分为六个等级，并为每个等级的学习目标提供了明确的定义和要求。这种分类和定义不仅有助于体现体育教学的特殊性，也为教师提供了具体的教学指导，帮助他们更加精准地进行教学设计和实施。

通过确立五个学习领域和六个学习等级，新课程标准为全国范围内的体育教学方法提供了统一的理论框架。在这个框架下，不同地区、不同学校的教师可以根据学生的实际情况和学习特点，选择和运用最适合的体育教学内容和方法。这种基于"目标—内容—方法"的教学范畴体系，不仅促进了体育课程的质量提升和教学效果的增强，也有助于培养学生全面发展的体育素养和健康意识。

2. 新课程标准构建体育教学方法体系

近年来，学生的学习方式发生了显著转变，传统的被动接受式学习逐渐让位于主体性、主动性、探索性和研究性的学习方式。现代教育理

---

① 高菲菲，李士建．体育教学方法分类体系的分析与思考[J]．榆林学院学报，2006，16（6）：57．

念提倡学生作为学习的主体,通过自主探索和积极参与,培养他们的创新能力和解决问题的能力。这种转变不仅提高了学生的学习效果,还增强了他们的学习兴趣和动力,使他们在学习过程中变得更加积极主动。

教师需要深入了解学生的兴趣、个性和学习能力,从而设计出有针对性的教学活动,促进学生的自主学习。每个学生都有其独特的学习方式和兴趣点,教师通过了解这些特点,可以更好地因材施教,使教学更具个性化和有效性。教师在制订教学计划时需要考虑学生的年龄特征和生理发育规律。不同年龄段的学生在认知能力和身体发育上存在显著差异,教师应根据这些特点合理安排课程内容和教学方法,以确保教学效果的最大化。教师应积极促进师生之间的互动。通过提供广阔的互动空间,教师可以激发学生的学习兴趣和参与意识,增强他们的学习动力。在互动过程中,学生不仅可以获得知识,还能培养合作精神和沟通能力,这对他们未来的发展具有重要意义。

在新的教育背景下,建立适应新课标要求的完善教学方法体系变得尤为重要。新的教学方法体系需要遵循体育教学规律,并结合教学内容,根据标准划分的五个领域和六个级别构建。这种系统化的教学方法不仅能够科学地安排教学内容,还能确保教学目标的实现,有助于学生的全面发展。根据教学目标确定内容,并选择科学合理的教学方法,是实现这一目标的关键。通过多样化的教学手段和创新的教学方法,教师能够更好地激发学生的学习兴趣,提升他们的学习效果。

三、体育教学方法的选择依据与改进创新

(一)体育教学方法的选择依据

目前,各个学校在开展体育教学时所采用的方法十分丰富多样,且各具特点。要想将教学方法的价值真正发挥出来,每个体育教师就一定要重视对于教学方法的选择。具体来说,体育教师为体育教学挑选方法的标准主要有以下方面。

1. 依据教育理念进行选择

依据教育理念进行选择时,首先需要注重素质教育理念的贯彻。素

质教育理念强调学生的身心健康全面发展，将以人为本的理念贯穿其中。具体而言，这一理念要求教育者不仅关注学生的学业成绩，更要重视学生的身心健康、品德修养和综合素质的提升。在体育教学中，素质教育理念具体体现在培养学生的健康意识和终身体育观念上。通过科学合理的体育活动设计和实施，教师能够引导学生认识到体育运动对于身体健康、心理健康和社会交往的重要性，从而激发他们参与体育活动的内在动机，形成良好的体育习惯，进而提升他们的生活质量和幸福感。此外，以学生为主体的教育理念要求教师在教学过程中根据学生的实际需求灵活选取教学方法，充分激发学生的积极性和主动性。例如，教师可以通过个性化的教学设计，针对不同学生的兴趣和特长开展多样化的体育活动，使每个学生都能找到适合自己的锻炼方式，从而提高参与度和学习效果。在培养学生的体育意识和能力方面，教师应注重循序渐进，结合理论知识和实践操作，通过各种形式的体育活动，增强学生的体质，提高他们的运动技能，帮助他们掌握科学的锻炼方法，为其未来持续参与体育运动打下坚实基础。

2. 依据教学目标进行选择

依据教学目标进行选择时，首先需要明确体育教学的总目标，并以此为导向选择合适的教学方法，确保每次课的教学目标和总体教学目标的实现。在制定教学计划时，教师应充分考虑体育学科的特性和学生的实际情况，合理设置教学目标，确保这些目标既具有挑战性，又能通过适当的努力达到。例如，教师可以通过细化教学目标，将整体目标分解为具体的小目标，并根据这些小目标选择合适的教学媒体和方法，以提升教学效果。例如，在教授新的体育技能时，可以采用讲解、示范、模仿等方法引导学生掌握基本动作，而在技能巩固和提升阶段，则可以通过练习法、比赛法等方式强化学生的技能水平。在教学方法的选择上，教师应关注学生的全面发展，兼顾他们的体魄强健和身心健康。通过科学合理的体育教学方法，不仅可以提高学生的运动技能和体能水平，还可以培养他们的团队合作精神、竞争意识和自信心，促进其心理健康和社会适应能力的提升。教师在选择教学方法时，应始终关注学生的长远利益，通过持续的体育锻炼，帮助学生养成终身体育的习惯，为其未来的健康生活奠定坚实基础。在这一过程中，教师应不断反思和改进教学方法，积极借鉴先进的教育理念和实践经验，提升教学质量，促进学生的全面发展。

3. 依据教学内容进行选择

在体育教学中，教学内容和教学方法构成了教育系统的核心部分，它们之间相互依存、相互影响。为了确保学生能够深入掌握体育教学内容，教师在选择教学方法时必须细致考虑，确保所选方法能够有效地支持教学内容的传授和学生的学习。

（1）教师需要根据具体的教学任务和学生的实际情况，选择那些能够在实际教学中发挥效果的方法。例如，在教授具体的技术动作时，动作示范法能够让学生们直观地看到动作的执行过程，从而更快地模仿和学习。而在讲解体育理论知识时，语言讲解法可以帮助学生理解背后的原理和逻辑，加深记忆。

（2）不同的教学内容可能需要不同的教学方法来达到最佳的教学效果。例如，图片展示法适合于展示动作要领或者技术细节，它的直观性和便捷性可以迅速吸引学生的注意力，帮助他们抓住关键点。而多媒体教学则能够通过声音、图像、视频等多种方式，生动形象地展示教学内容，增加学习的趣味性和互动性，提高学生的学习兴趣。

（3）教师需要考虑学生的认知水平和兴趣点。选择与学生认知水平相匹配的教学方法，可以提高学生对教学内容的接受度和理解力。通过了解学生的兴趣爱好，教师可以设计更符合学生期待的教学活动，激发他们的学习动力。

在实际操作中，教师可以灵活运用多种教学方法，形成综合的教学策略。例如，可以将讲解与示范相结合，将个人练习与小组合作相结合，以满足不同学生的需求，提高教学效果。

4. 依据学生特点进行选择

在体育教学中，学生的角色至关重要，因为没有学生，体育教学就失去了存在的意义。体育教师在选择教学方法时，必须优先考虑这些方法是否有利于促进学生的体育学习。这意味着体育教师需要根据学生群体的特点来选择适当的教学方法,并且必须充分关注每个学生的个体差异。

(1)体育教师需要考虑学生群体的特点。例如,对于低年级的学生来说,他们的定性能力较弱,更喜欢通过玩耍来学习。因此,在教学过程中,体育教师可以采用富有趣味性和互动性的游戏教学方法,以激发学生的兴趣和参与度。而对于高年级的学生,则可以更多地采用探究性教学方法,帮助他们在自主探索和解决问题中,培养出持久的体育运动习惯和意识。

(2)体育教师还需关注学生个体之间的差异。每个学生都有着独特的学习风格、兴趣爱好和能力水平。体育教师应当根据这些个体差异,灵活调整教学方法。例如,对于体育技能较弱的学生,可以提供额外的指导和支持;而对于具备较高体育天赋的学生,则可以提供更具挑战性和深度的学习任务,以满足他们的学习需求。

5. 依据教师条件进行选择

在体育教学活动中,体育教师的角色不仅仅是组织者和指导者,还包括安排者、选择者和实施者。因此,在选择教学方法时,体育教师应考虑以下方面的要求。

(1)体育教师应考虑所选择的教学方法是否适合自身条件。这包括体育教师的素质水平、知识结构、教学能力和经验等因素。教师需要评估所选择的教学方法是否能够充分发挥自己的专业能力,以保证教学的顺利进行。

(2)体育教师应重点考虑所选择的教学方法是否与自己的教学风格和性格特征相契合。不同的教师有不同的教学风格和个性特征,选择与自己相符合的教学方法可以更好地发挥自己的优势,提高教学效果。

(3)体育教师在选择教学方法时,需要与本次课的教学目的和课堂控制进行结合。教师应该根据课程的具体要求和学生的实际情况,选择最适合的教学方法,以达到预期的教学目标,并保持课堂秩序的稳定。

6. 依据教学环境与条件进行选择

（1）教学环境包括场地、器材以及班级人数和课时数等因素。体育教师需要根据实际情况合理安排教学内容和方法，确保教学活动的顺利进行。例如，如果场地条件有限，体育教师可以选择一些不需要大面积场地的教学方法，如小组讨论或室内健身活动，以满足学生的学习需求。

（2）良好的社会文化环境可以促进学生对体育教学的积极参与和学习，而不良的社会文化环境则可能对教学活动造成不利影响。因此，体育教师需要通过灵活的教学方法来应对不同的社会文化环境，创造一个积极、健康的教学氛围。

（3）体育教学条件包括硬件和软件条件。硬件条件包括场地设施、器材设备等，软件条件包括教师的专业水平、学生的学习态度等。体育教师需要在选择教学方法时充分考虑这些条件，以确保教学活动的有效开展。例如，如果缺乏必要的器材设备，体育教师可以通过组织简单的体育活动或改变教学内容来适应现有的条件。

（二）体育教学方法的改进创新

1. 体育教学方法的改进

（1）强化教学手段创新意识。在推动学校体育教学手段的创新过程中，体育教师需要树立正确的创新意识，这是至关重要的。体育教学的创新不仅仅追求新颖和独特，更重要的是适应时代发展和学生需求的变化。体育教师应该认识到，创新意识是推动体育教学不断发展的动力和源泉。只有持积极的态度，勇于尝试新的教学方法和手段，才能够跟上时代的步伐，更好地适应学生的成长环境和学习需求。

在实践中，体育教师需要不断反思和总结经验，敢于面对问题和不足，勇于尝试新的教学方式和手段。这种持续的反思和实践，有助于体育教师提升教学质量和效果，推动体育教学向更加有效和有趣的方向发展。同时，体育教学手段的创新也需要得到一线体育教师以及相关管理部门的共同支持和配合。体育教师需要在专业知识和技能上不断提升，增强创新能力和意识；管理部门则应为教师提供良好的教学环境和支持，鼓励他们积极探索和实践新的教学方法。

只有形成全员参与、共同推动的局面，体育教学手段的创新和发展才能够真正实现。这种集体的努力不仅有助于提高学生的体育素养和健康水平，也能够推动整个教育体系朝着更加现代化和人性化的方向发展。因此，体育教师在推动教学手段创新的过程中，应当始终保持开放的心态，不断追求更好的教学效果和学生发展成果，为未来社会的全面发展贡献力量。

（2）完善体育教学硬件设施。学校在体育教学方面应该加大对多媒体场馆和实验室的资金投入和设施建设力度，以确保体育教学有足够的硬件设备和现代化手段的支持，从而满足当下教学的需求，促进体育教学手段的创新和发展。

体育教师在选择教学方法时，必须综合考虑多种因素，包括客观的教学环境和条件。教学环境包括教学场地、设备条件、学生的身体素质及其对体育的兴趣和理解能力等方面，这些因素都会直接影响教学效果。学校在进行体育教学时，应当配备先进的多媒体设备，如视频播放器和投影仪等。这些设备不仅可以丰富教学内容，还能提高教学的直观性和学生的学习兴趣。多媒体技术在体育教学中有广泛的应用前景。首先，通过多媒体技术展示和分析体育技术动作，可以让学生更加直观地理解和模仿正确的动作。例如，利用视频播放器将复杂的动作进行慢放或分解，有助于学生更好地掌握动作的原理和技术要领。其次，利用多媒体设备记录学生的练习过程，并进行及时分析和调整，可以大幅提高教学效果。体育教学实验室作为学校体育教学的重要组成部分，其功能尚未得到充分发挥。教师应充分利用实验室的设备和器材，通过实际体验帮助学生更好地掌握技术动作。实验室中丰富的实践资源，能够为学生提供更加具体和深刻的技术指导，提升他们的学习效果。实际练习与多媒体技术的结合，是现代体育教学的重要趋势。教师可以组织学生进行实际练习，并结合音乐等多媒体资源，帮助学生更好地掌握动作的节奏和时空感。

（3）合理开发体育教学软件。在当前学校体育教学日益完善和教育技术不断发展的背景下，对体育教学辅助软件的建设已成为各学校高度关注的议题。通过增强体育教学软件的开发力度，可以更好地适应现有的硬件设施条件，充分发挥现代化教学手段的价值和意义。体育教学软件的开发需利用计算机、投影仪、录像播放等多媒体技术，将复杂的动作技术转化为生动的电脑动画，并结合文字解释说明。这种形式的教学使学生可以通过反复观看逐步理解和掌握技术动作的要领，有效提升学习效率。功能全面、实操性强的教学软件还能够激发学生的学习兴趣，进一步丰富和拓展他们对体育理论和技术的理解路径。

除了教学软件的开发，建立网上教学资源库也是重要的发展方向。学生可以通过校园网在线学习所需的知识，构建更加个性化、互动性强的智能教学环境。随着校园网和体育教学信息库的建立和完善，以及高科技产品与体育教学的有机结合，现代化体育教学软件的研制和开发将更加顺畅。

2. 体育教学方法的创新

（1）准备环节方法创新。首先，准备活动不仅能为学生的身心状态提供有力保障，还能有效提高整个运动过程的质量。具体来看，通常的准备活动可以通过游戏形式来进行，如"贴人"和"报数"。这种方式能够激发学生的参与热情，提高他们的大脑兴奋性，从而让学生在一个轻松愉快的氛围中进入到正式的教学活动中。其次，在专项准备活动方面，教师可以根据具体的教学内容来设计准备活动，如在进行投掷类运动教学前组织学生进行传球游戏。这不仅有助于学生的放松和热身，还能有效预防运动损伤。

（2）课堂教学方法创新。首先，通过创新的教学方法，可以使课堂氛围更加生动有趣，减少学生对体育课的枯燥感。例如，教师可以在教学过程中引入多媒体技术，利用视频和动画来讲解运动技巧和原理，使学生更直观地理解和掌握知识。其次，激发学生的学习热情是创新教学方法的另一个重要目标。通过设置小组合作、竞赛等互动环节，能够帮助学生深入理解理论知识，掌握运动技能。最后，创新的教学方法能够显著提升教学效果，使学生更快、更好地掌握体育技能。

（3）结尾阶段的方法创新。在体育教学中，结尾阶段的创新方法对于整个教学过程的成功起着至关重要的作用。体育教师需要通过创造性的教学设计，为课堂画上完美的句号，让学生在结束时能够感受到愉悦和满足。这不仅有助于培养学生的良好运动习惯，还能够促进他们形成积极的运动意识。

结尾阶段不仅是教学的收尾，更是为学生提供一个从活动状态逐渐恢复到平静状态的过渡。在这个阶段，体育教师可以通过选择柔和的音乐和轻松的动作来帮助学生放松身心，使他们在活动结束后不至于突然停下来，而是逐渐进入正常的身体状态。

此外，丰富多样的教学形式也是提升结尾效果的关键。体育教师可以引入瑜伽、太极、健美操等项目的动作，让学生在结尾阶段能够继续参与，并从中感受到运动的愉悦和满足。通过这些方法，体育教师不仅可以有效地结束课堂活动，还可以激发学生对体育学习的兴趣，为他们未来的学习奠定良好的基础。

（4）游戏形式的方法创新。游戏法作为体育教学的一种重要形式，具有较强的娱乐性和吸引力，能够有效提升学生的参与热情，因此被认为是一种较为理想的教学方法。在创新教育理念的指引下，体育教师应当对游戏方式进行适当革新，以引导学生在游戏中全面发展自身的人格，提升智力水平，并发掘潜能，从而充分发挥体育教学的价值。例如，大学生具有较强的判断力、观察力、想象力和反应能力，这些都可以通过游戏得到很好的展现。因此，体育教师在进行体育教学时应留有一定的空间，让学生参与游戏的设计与创新，以激发竞争意识，推动学生全面发展。

通过游戏方式进行体育教学，不仅可以增强学生的参与度，还可以培养他们的团队合作意识和竞争意识，同时激发学生的学习兴趣和动力。因此，体育教师应积极探索和运用各种创新的游戏方式，使学生在愉悦的氛围中更好地学习和成长。

第三节　大学体育教学课程的模式改革

一、大学体育微课教学模式

微课也被称为"微型视频网络课程"或"微课程",是一种基于教学设计思想,使用多媒体技术针对某个学科知识点或教学环节进行针对性讲解的一段音频或视频。微课的主要载体是微型教学视频,设计目标是针对某个学科的重点、难点、疑点或考点,以及教学活动中的某个环节进行情景化、支持多种学习方式的在线教学。

（一）体育教学中微课实现的条件

微课在体育教学中的实现条件,是一项涉及多方面的关键任务。

第一,微课的推广需要学生具备良好的自学能力。微课要求学生能够自主探索学习内容,独立获取知识和技能,因此学生的自学能力成为微课实施的首要前提之一。

第二,实现微课需要先进的教育教学理念作为支持。微课教学理念强调学生的参与和互动,鼓励学生自主探索和合作学习,这对教师的教学方式和教育观念提出了更高的要求,需要教师具备创新精神和开放的思维方式,以适应微课教学模式的需求。

第三,微课的实施离不开现代信息技术的支持。微课借助多媒体、互联网等技术,为学生提供丰富、生动的学习资源,有效增强了学习的多样性和趣味性。为此,教育机构需要投入大量资金和人力资源,建设高质量的网络平台和教学资源库,以支持微课的广泛应用。教师也需要掌握先进的教育技术,灵活运用多媒体和网络工具,以提升微课的教学效果和学习体验。

（二）微课在体育教学中的意义

1. 促进教育教学模式改革

在现代教育领域,促进教育教学模式的改革成为亟待解决的重要议题。微课作为一种宝贵的教学资源，逐渐在学校教育中发挥着不可替代的作用，为教育教学改革奠定了坚实的基础。微课的核心在于其简洁而集中的内容，这不仅使学生能够在短时间内高效获取知识，同时也为教师提供了便利的教学工具，进而促进了教师的专业发展。

信息技术的迅猛发展进一步推动了在线教育的普及。各级学校纷纷尝试将在线教育作为传统课堂教育的有力补充，丰富了教学手段的多样性。在线教育不仅在日常教学中得到了广泛应用，尤其在寒暑假期间，学生们能够借助在线教育平台完成各类学习任务，从而保证了学习的连续性和有效性。

微课在在线教育中的重要性尤为突出，其内容设计重点突出，时间较短，能够快速吸引学生的注意力，使学生在有限的时间内获得最大的知识收益。微课作为一种重要的学习资源，内容结构清晰，知识点明确，便于教师直接应用于教学过程中，极大地节省了教师的备课时间和精力，提高了教学效率和质量。

微课和信息技术共同作用，推动了教育教学模式的革新。通过充分利用微课和在线教育资源，教育工作者可以更好地适应现代教育的需求，提升教学效果，为学生提供更优质的学习体验。微课的广泛应用不仅有助于学生知识的获取和掌握，也促进了教师的专业成长和教育质量的提升。因此，推动教育教学模式改革，充分利用微课和信息技术，将是未来教育发展的重要方向和必然趋势。

2. 优化教育形式

在当前信息技术飞速发展的背景下，我国的在线教育企业正积极探索并应用微课，以提升教育效果和商业价值。这些企业涵盖了从线下课外教育向在线平台转型的经历，以及专注于中小学生在线教育的先进实践。尽管发展步调不同，它们普遍认同微课作为在线教学的有效工具，在课外辅导、专业技能培训等领域取得显著成效。在线教育模式通过微课为学习者打造了便捷的学习环境，节约了学习时间，提高了学习效率，展现了其在教育革新中的巨大优势。

3. 明确体育教学内容与资源

微课教学的目标是帮助学生系统把握重点知识和理解难点。这种教学模式通过短小精悍的课程内容，专注于知识的重难点，使学生能够更高效地掌握所学内容。在微课学习过程中，学生可以在课后或课前自主观看视频，并对不理解的部分及时向教师寻求帮助，从而实现更好的学习效果。这种教学方式不仅提高了学生的学习自主性，还促进了师生之间的互动与交流，有利于学习氛围的营造和学习效果的提升。

体育教师在设计微课内容时，应根据学校的教学要求制定科学合理的教学计划，同时还需充分了解学生的实际需求，以便优化课程内容。微课的设计目标是通过简明扼要的讲解和直观生动的演示，帮助学生更好地理解和掌握体育知识，最终促进体育教学目标的实现。

多媒体资源的整合是微课教学的一大优势。将文字、图片、音频、视频等资源有机整合，可以使教学内容变得更加直观、生动。通过多媒体的展示，学生可以在视觉和听觉上获得更为全面的感知，进而提高对知识的理解和记忆。

（三）体育微课教学模式的设计

"基于信息化时代的体育微课设计与制作，为分析和解决主动地'教'和自主地'学'提供新的研究思路。"①

1. 体育微课教学模式设计的类型

体育教学具有其自身的特点，根据这一特点可以将体育微课划分为体育理论微课和体育实践微课两种类型。

（1）体育理论微课设计体育课程设计不仅仅是围绕教学内容展开的，它是一种双向互动的活动，涉及教师的教与学生的学。教师在设计体育课程时，需要充分考虑教学内容的全面性和系统性，确保课程的设计能有效促进学生的全面发展。教学对象包括教师、学生以及各种教学媒介。教师在教学过程中应选择适当的教学方法和媒介，以便更好地帮

---

① 肖威，肖博文. 体育类微课设计流程与制作方法 [J]. 体育学刊，2017，24（2）：102.

助学生掌握知识、提高技能。教学目标应当明确且具有针对性，教师应制定详细的教学计划，并关注学生的学习反馈，从而不断调整和优化教学策略。随着社会对人才素质的要求日益提高，体育理论微课教学也需不断创新。教师应根据时代发展的需求，更新教学内容和形式，以更好地适应学生的学习需求和发展方向。

（2）体育实践微课设计。体育教学的特殊性决定了其课程教学需以体育实践课为主体，并主要在室外进行。在这样的教学环境中，教师的角色至关重要，他们通过自身动作示范和学生观察模仿的方式，传授体育技能和知识。然而，每位教师都有其擅长和不擅长的领域，导致教学内容可能局限于教师个人的技能范围，限制了学生全面发展的可能性。

微课在体育实践教学中的应用，为解决这一问题提供了有效途径。通过微课，教师能够将多样化的体育知识和动作全面呈现给学生，使学生能更直观地理解和学习所需技能。微课不仅能激发学生的学习兴趣，还有助于提升体育实践课的教学质量。学生可以通过反复观看微课视频，自主学习和练习，从而弥补传统教学中因教师个人技能限制而导致的不足。

此外，微课还能提升教师的教学效率和水平。教师可以事先精心设计和准备微课内容，确保内容的系统性和全面性，同时降低了对教师示范水平的单一依赖。通过微课平台，教师可以分享和借鉴其他优秀教师的教学经验和技巧，促进教学方法的多样化和创新，进一步提高教学效果和学生的学习成效。

2. 体育微课教学模式设计的流程

（1）明确学习目标。教师应依据教育大纲和课程标准设定明确且具体的目标，这些目标不仅要关注学生对知识的掌握程度，还要解决教学中的难点。通过设定合理的目标，教师可以将课程内容有针对性地进行组织，使其与学生的实际基础和学习需求相匹配。例如，在教授数学课程时，如果教学目标是使学生掌握代数基本概念，则应重点设计相关练习和实例，以确保学生能够在实际操作中理解并应用这些概念。

（2）对学生进行全面分析。这一过程包括了解学生的学习特点、方法、习惯、兴趣以及学业成绩等。教师应通过各种方式，如问卷调查、课堂观察和学生面谈等，全面了解学生的学习背景和个性特点。了解学生的学习习惯和兴趣可以帮助教师更好地设计微课程内容，使之符合学生的学习需求和兴趣点。例如，对于喜欢动手操作的学生，可以设计更多的实验性活动和实践任务，而对于喜欢理论分析的学生，则可以提供更深入的理论探讨和案例分析。

（3）分析学习内容。每个知识点都应视为实现课程目标的基本单元，并且必须确保其独立性和完整性。教师应仔细分析课程内容，确定每个知识点的核心要素及其在课程中的作用。为了评估学生对知识的掌握程度，教师需要设计相应的练习和测验。这些练习和测验不仅帮助学生巩固所学知识，还能为教师提供反馈，以便及时调整教学策略。例如，在历史课程中，教师可以将历史事件分解为若干关键知识点，并通过设计案例分析题目来评估学生的理解和应用能力。

（4）选择适合的学习策略。以学生为中心的教学方法可以更好地激发学生的兴趣，增强他们的学习积极性。教师应根据学生的特点和课程内容选择合适的教学策略，如互动式教学、合作学习或探究式学习等。这些策略不仅能够激发学生的主动性，还能提高他们的参与感和学习效果。例如，在科学课程中，教师可以通过小组合作实验来培养学生的团队合作精神和实际操作能力，同时通过引导学生进行问题探究和讨论，激发他们的创新思维。

（5）课程资源开发。微课作为一种新兴的教学形式，展现出强大的开放性与互动性。在资源开发方面，其不应受限于传统教材与课本，而应广泛采纳多元化的教育资源。这种多元化的资源包括但不限于文字、图片、视频、互动模拟等形式，能够通过互联网的便利性，为学生提供更为丰富和立体的学习内容。通过多元化的资源开发，学生不仅能够获得更广泛的知识和技能，也能在学习过程中激发更大的学习兴趣，进而提高他们的学习动力和效果。

微课资源的开发要注重的一点是利用互联网的优势。互联网为教育资源的获取和传播提供了无限的可能性，可以轻松获取到丰富的教学资源，包括全球范围内各类知识的最新进展和实践案例。这不仅丰富了教学内容，还能使学生接触到更多前沿的科技和思想，从而增强他们的综合素质和创新能力。

此外，多元化的资源开发也有助于个性化学习的实现。学生因其个体差异可能对不同形式的学习资源有不同的接受和喜好，微课的多元化资源可以更好地满足这些个性化需求，为每位学生创造更适合和有效的学习体验。通过充分利用多元化资源，教师可以更灵活地组织教学内容，提升教学效果，增强学生的学习成就感和自主学习能力。

（6）学习活动设计。微课的时间往往较短，通常在10至20分钟，因此每一环节的安排都需要精心设计，以确保知识点的全面覆盖和教学目标的实现。在设计过程中，教师应充分考虑学生的实际学习情况，确保内容不仅要具备系统性，还要具备针对性。例如，在引入新知识时，教师可以结合学生的已有知识背景，通过引导性问题、实例讲解和互动讨论等方式，使学生能够在有限时间内掌握核心概念。此外，设计时还需结合教师的指导经验，通过对学生学习特点的分析，调整教学策略，从而增强教学的有效性。

（7）评价设计。有效的评价设计应包括多样化和全面的评估方法，关注学生的学习成绩、学习过程、学习态度以及学习方法。评价应涵盖学生在学习过程中的表现，包括他们的参与度、理解程度以及应用能力。例如，教师可以通过小测验、课堂讨论和作业等方式来检测学生对知识的掌握情况。评价还应关注学生的学习态度和方法，如通过问卷调查或访谈了解学生的学习动机、学习习惯以及遇到的困难。

（8）评价反馈。评价结果应及时反馈给教师，以便他们根据实际效果调整教学方法和策略，提高教学质量。教师可以根据反馈信息了解微课的实施情况，如学生对知识点的掌握程度、课堂互动的效果等，从而有针对性地进行调整和改进。评价反馈也应及时传递给学生，以帮助他们调整学习策略，提高学习效果。例如，教师可以通过个别辅导、学习建议或补充材料等方式，帮助学生解决在学习过程中遇到的问题，改进学习方法。

3. 体育微课教学模式设计的要求

(1) 体育微课教学模式的设计需要与常规体育课结合，达到互补增效的效果。在学校的日常体育教学中，传统课堂和微课可以形成一种良性的互动关系。传统课堂注重的是面对面的互动和集体活动，而微课则可以通过数字化手段为学生提供个性化的指导和训练计划。考虑到每所学校的体育教学特色，不同的学校可能在体育教学中有各自独特的优势和重点，这些都需要在设计微课时予以充分考虑。尊重学生的主体地位是提高教学效果的重要途径。体育教学不同于其他学科，更加注重学生的参与和体验，因此在微课设计中，应当结合学生的兴趣爱好，设计出既有趣又富有挑战性的课程内容，激发学生的学习积极性和主动性。

(2) 在设计体育微课时，学校的体育课标准和学生培养目标应当作为重要的指导原则。学校的体育课标准通常会对课程内容、教学方法、评估方式等提出具体要求，这些标准既是约束也是指导，为微课设计提供了明确的方向和框架。学生的培养目标也应当被充分考虑，这些目标通常包括身体素质的提高、运动技能的掌握、心理素质的增强等。确保微课设计符合这些标准和目标，才能使微课在整个体育教学体系中保持其价值和意义。在设计过程中，微课应当充分体现体育学科的特点，既要有理论知识的讲解，又要有实际操作的指导，使学生在学习理论的同时，能够通过实践来巩固和深化所学知识。

(3) 在体育微课的设计中，合理控制知识点的数量是关键。体育学科的知识点多而杂，但并不是所有的知识点都需要在微课中详细展开。设计者需要对体育知识进行筛选，挑选出最为重要和基础的内容进行讲解，控制知识点的数量，使每节微课内容简明扼要，重点突出。符合教学需求的知识点设计，能够帮助学生在有限时间内掌握更多有用知识。强调重点和难点，是为了确保学生在学习过程中能够突破瓶颈，提高技能水平。保持教学内容的完整性和系统性也是重要的，避免知识点过于零散，影响学生对知识体系的理解和掌握。

(4) 体育微课的设计不应简单照搬现有的教学案例，而应注重创新，结合现代体育锻炼理念。创新的内容设计不仅能够吸引学生的注意力，还能帮助学生更好地理解和掌握体育知识。例如，可以结合虚拟现实技术，模拟真实的体育场景，让学生在虚拟环境中进行练习，增强学习的趣味性和实用性。体育微课应当体现出体育知识学习与身体锻炼相结合的价值。

二、大学体育慕课教学模式

（一）慕课的特点

慕课作为一种基于互联网的大规模开放在线课程，具有开放性、大规模参与和互联网技术应用等显著特点。这种课程模式不受时间和空间限制，允许无数学习者通过网络获取课程内容，包括视频讲座、阅读材料、作业和讨论论坛等。慕课的兴起标志着教育技术的重要进步，为个性化学习和终身学习提供了全新的可能性。

慕课通常由大学、教育机构或个人提供，内容设计可能来自学术界、企业界或其他专业领域的专家。学习者可以根据自己的进度和兴趣选择课程，并通过在线论坛与全球范围内的学习者互动交流。这种课程模式不仅扩展了教育的普及性，还促进了知识的共享与交流，为广大学习者提供了灵活便捷的学习途径。

慕课的出现得益于信息技术的快速发展，它在教育领域引发了深刻的变革和创新。传统的课堂教学模式面临着慕课所带来的挑战，但同时也面对着改革机遇。慕课不仅通过数字化方式提供教学资源，还鼓励学习者自主学习和思考，培养了跨文化和跨地域的学习社区。

1. 自主性

在慕课学习过程中，学习者具备高度的自主性，尤其在设计学习目标时更为明显。传统教育模式通常由教育者设定明确的学习目标，而慕课打破了这一常规，赋予学习者自主设计目标的权利。这样的自主性不仅提升了学习者的积极性和主动性，还促进了其对学习内容的深度理解和个性化发展。学习者可以根据自身兴趣和职业需求设定具体的学习目标，而不再局限于事先设定的统一标准。通过这样的方式，学习者能够更加灵活地应对知识的快速更新和职业发展的多样需求，实现自我驱动的终身学习。

慕课学习时间和地点的灵活性使得学习者可以在任何时间、任何地点进行学习，不再受到传统课堂教学时间和地点的限制。学习者可以根据自己的生活节奏和工作安排，自主选择学习的最佳时间和地点，从而提高学习效率。慕课平台提供多种学习方式，包括视频讲解、在线讨论、实践作业等，满足了不同学习者的多样需求。通过这种灵活的学习方式，学习者不仅能够更好地掌握学习内容，还能有效地管理学习进度，避免因时间和地点的限制而导致的学习中断。

2. 开放性

（1）教育理念的开放性。慕课倡导平等和民主的教育理念，课程资源对全球各族群开放，任何人都可以注册学习。这种开放性打破了传统教育的种种限制，使得教育资源不再被少数人垄断，而是能够惠及更多的人群。无论是经济条件有限的学习者，还是地理位置偏远的学习者，都能够通过慕课平台获取优质的教育资源。

（2）教学内容的开放性。平台上的网络在线资源大量且内容开放，无时间和空间限制。学习者可以随时随地访问这些资源，进行自主学习。这种开放的教学内容，使得学习者能够根据自己的兴趣和需求，灵活地选择学习内容，避免了传统教学内容的单一和固定。

（3）教学过程的开放性。讲授者与学习者的上课、交流、测试、评价等都在慕课平台上进行，教育教学过程透明且开放。学习者可以通过平台与讲授者和其他学习者进行实时互动，获取反馈和建议，提升学习效果。开放的教学过程不仅提高了学习者的参与度和互动性，还增强了其对学习内容的理解和掌握。开放的教学过程也促进了教育教学的不断创新和改进，推动了教育质量的提升。

3. 技术性

慕课作为信息技术发展的产物，在教育领域中展现出其独特的技术性特征。与传统的网络公开课程不同，慕课不仅仅是将课堂内容转移到了网络平台上，更是通过信息技术的优势实现了讲授者和学习者之间的实时在线交流和互动。通过短视频的形式，慕课有效地打破了传统教学的时空限制，使得学习者可以在任何时间、任何地点参与学习，大大提升了教学的灵活性和便捷性。

每一堂慕课课程的短视频通常 15 分钟左右，这种长度既能保持学习者的注意力集中，又能在有限的时间内有效传达课程核心内容。此外，通过设立客观题，慕课平台能够即时评估学习者的学习成果，这种个性化的学习评估方式不仅激励学习者的学习积极性，也提升了学习效果。

慕课不仅充分利用了云计算平台，使得大量教育资源能够全球共享，还融入了大数据技术，通过分析学习者的学习数据，为其提供个性化的学习建议和支持，促进了个性化教学的发展。慕课平台的精心设计也是其吸引学生的重要因素，通过直观友好的界面和用户体验，提高了学生的学习积极性和效率。

4. 优质性

慕课平台的优质性主要体现在其高质量的课程资源上，这些资源由全球各地的学校技术团队共同开发、筛选、编辑、加工和整理后，再经过严格的审核程序上传至平台。这样的合作模式不仅确保了课程内容的专业性和权威性，还保证了资源的多样性和丰富性。这些资源的开发过程涉及到大量的专家和学者，他们在各自的领域具有深厚的学术背景和实践经验。因此，慕课平台上的课程资源具有高度的代表性和质量，奠定了其作为优质教育资源平台的坚实基础。这种资源的优质性不仅体现在课程内容的科学性和系统性上，还体现在其教学方法的创新性和实用性上，为全球学习者提供了高水平的学习材料和良好的学习体验。

5. 大规模性

与传统课堂不同，慕课平台没有人数限制，同一课堂可以容纳数百万学习者。这种无限学习人数的特点，使得慕课能够覆盖更广泛的学习群体，满足更多人的学习需求。信息技术的广泛应用使得慕课成为一个真正的信息化学习平台，能够为全球学习者提供便利的学习机会。信息技术不仅提升了课程的互动性和参与度，还使得学习过程更加高效和个性化。慕课的大规模性是其他信息化平台无法比拟的，它通过整合全球优质教育资源，打破了时间和空间的限制，让更多的人能够享受到高质量的教育。

（二）体育教学中慕课的应用方式

1. 转换教学模式

（1）传统的办学模式通常由单一的独立主体进行管理和运营，这种模式在一定程度上限制了教育资源的共享和优化配置。然而，随着慕课的普及，多校联盟办学模式逐渐崭露头角。这一转变不仅有助于提升教育质量，还能推动教育资源的全球共享。在慕课平台的开发中，多个学校和教育专家的联合协作显得尤为重要。通过多方合作，学校可以共同开发和分享优质课程资源，从而为学生提供更多元化的学习选择。信息化时代的到来使得单一的办学模式显得愈发不适应，特别是在培养具有国际视野和全球竞争力的人才方面。为了满足信息化社会对高水平国际化人才的需求，学校需要吸收全球优秀的办学经验，并通过国际化联盟的形式开展教育。

（2）传统的学习模式往往强调学生的被动接受和单一化的发展，这种模式不仅限制了学生的主动性和创造性，也不利于团队学习和个性化发展的融合。随着慕课的融入，教学方法得到了创新，学习资源也变得更加丰富多样。慕课不仅为学生提供了海量的学习资源，还通过各种互动环节促进学生之间以及师生之间的交流与合作。在大规模集成化学习的环境下，学生可以通过在线讨论、团队项目等方式进行合作学习，从而培养团队合作精神。慕课平台也为个性化学习提供了可能。通过采用多种策略，如个性化推荐、灵活的学习进度安排等，慕课平台可以鼓励和引导学生根据自身兴趣和需要进行学习，实现个性发展与团队学习的有机结合。

2. 加大宣传力度

为了使慕课在教育领域得到更广泛的认可和使用，加大宣传力度显得至关重要。通过利用网络平台、学校资源、教师影响力以及慕课平台自身的营销策略，可以有效地提升慕课的曝光度和吸引力。网络平台作为信息传播的主要渠道，可以通过各大社交媒体、在线教育论坛和教育相关网站，广泛传播慕课的优势和特点，以吸引更多人的关注和参与。学校作为主要的教育场所，可以通过官方网站、公告栏和校园广播等渠道，向学生和教师介绍慕课的教育价值，促进慕课在教育实践中的应用。教师作为教育教学的重要实施者，其推广和应用慕课的态度和行为对学生具有示范作用，因此通过教师培训和研讨会等方式，可以加大教师对慕课的认知和推广力度。慕课平台自身也可以通过推出优惠活动、举办在线竞赛和提供免费试听课程等方式，增加用户的注册和使用率，从而扩大慕课的市场影响力。

然而，除了加大宣传力度外，共享优质的慕课资源同样至关重要。这意味着需要推广和分享那些具有高质量和高效率的慕课资源，让更多人能够根据自己的兴趣和学习需求选择适合自己的课程。通过这种方式，不仅可以提升慕课的整体质量，还能够满足不同学习者的多样化学习需求，促进教育资源的合理利用和共享。

3. 打造优质课程

在体育慕课教学中，学校应当充分认识到慕课在体育教学中的重要作用，努力打造和优化体育课程，以培养出更多具备全面素质的体育人才。

（1）学校要注重顶尖团队的培养。体育慕课的制作和运营需要一支专业、高效的团队来支持。这个团队应当包括体育领域的专家、教育技术专家、课程设计师等，他们共同协作，从课程设计、内容制作、技术支持等多个层面，打造出高质量的体育核心课程。这些课程应当紧密结合体育学科的发展动态，融入最新的体育科研成果，同时兼顾教学的趣味性和互动性，以吸引更多学习者参与。

（2）利用慕课平台实现体育资源的全球共享。通过互联网，全球的学习者可以轻松地接触到学校上传的优质体育课程资源，这不仅丰富了他们的学习内容，还提供了更多的学习选择。学校应积极将其优质体育课程上传至慕课平台，以吸引更多的国际学习者。此举不仅可以提升学校的国际影响力，还可以为其体育特色课程的推广创造良好的平台。通过慕课平台，学校能够展示其教育资源的优势，进而吸引全球各地的学习者参与到这些优质课程中，促进全球教育资源的共享与交流。

（3）注重体育非核心课程建设。现代社会对一专多能的人才需求不断增加，这种培养模式逐渐受到广泛认可。利用慕课平台，将全球优质体育课程资源融入校内平台，不仅拓展了学生的学习范围，还激发了他们的学习兴趣，提高了自主学习能力。这种多样化的课程设置，为学生提供了更多选择的同时，也为一专多能的人才培养奠定了坚实基础。通过慕课平台，学校能够引入更多优质资源，促进学生全面发展，培养出既具备专业能力，又拥有广泛知识和技能的综合型人才。

4. 制定质量标准

慕课的质量对教学效果具有显著影响，这一影响在当今教育领域日益受到重视。慕课的质量直接关系到学生的学习成果和教育体验，因此制定统一的质量标准显得尤为重要。这些标准不仅可以为慕课的开发者提供明确的方向，还能够帮助教育机构有效地评估和提升慕课的优质性和有效性。统一的质量标准确保了课程内容的科学性、教学方法的先进性以及技术实现的稳定性，从而使慕课能够更好地服务于广大学生的学习需求和教育目标。

教师在慕课的开发和应用中扮演着至关重要的角色。教师不仅需要引入和利用高质量的慕课资源，还应不断更新自己的知识体系，掌握慕课教学模式。为了制作出高质量的慕课视频，教师必须具备扎实的专业知识和良好的信息技术能力。这不仅要求教师在其专业领域内精通理论知识，还需具备相应的技术能力，以制作出内容丰富、形式多样的慕课视频，进而提升教学效果和学生的学习体验。

在教学实施过程中，教师应将慕课与传统体育教学相结合，以提高学生的学习积极性。传统教学与慕课的结合不仅能够丰富课堂内容，还可以增强学生的参与感和互动性。为确保慕课视频内容的准确性和有效性，教学实施过程中需建立完善的制作、审核和评价机制。这些机制能够帮助教师及时发现和纠正教学内容中的问题，确保课程质量达到预期标准。

个性化教学是慕课的一大优势。在制作慕课视频时，教师应充分考虑学生的不同需求，提供多层次的课程内容。这样能够满足不同学生的学习需求，使他们能够根据自身的实际情况选择最适合的学习路径。特别是在高水平学校中，引进国外优质教育资源，并结合本校实际情况进行本土化改编，可以形成具有特色的教育资源，进一步提升教学质量。对于少数民族地区的体育教学，慕课资源的倾斜和调整尤为重要。针对这些地区的特殊需求，教育部门和教师应加大对慕课资源的投入，确保其教学资源能够满足少数民族地区学生的学习需求，从而促进教育公平和教育质量的均衡发展。

5. 推广精品课程

在当前教育信息化飞速发展的背景下，体育类国家精品开放课程的开发与推广显得尤为关键。我国的体育类精品课程数量相对较少，且受众群体有限，导致其在线视频播放量不高的现象较为普遍。为了最大化体育类精品课程的影响力和利用率，学校、教师和学生都需要共同努力，通过多种渠道和手段来增加其在教育领域的曝光和应用。

体育类国家精品开放课程的开发与推广，直接关乎教育资源的有效利用和教育质量的提升。当前我国在这一领域的挑战在于，优质的体育教育资源尚未被充分挖掘和利用，导致精品课程的供给不足，学习者的覆盖面有限。随着信息技术的不断进步，传统教育模式已经无法满足多样化和个性化学习的需求，精品开放课程则呈现出了开放性、灵活性和普及性的优势，有助于提高学生的学习兴趣和参与度。

（1）学校、教师和学生应积极参与体育类国家精品开放课程的宣传与推广。通过举办各类宣传活动、利用社交媒体平台、在校内外公共场所张贴宣传海报等方式，提高公众对体育类精品课程的认识和兴趣。同时，鼓励教师将精品课程融入教学中，引导学生积极参与课程学习，从而提升课程的知名度和影响力。

（2）提升体育类国家精品资源共享课程的数量和质量。教育部门和各个学校应重视体育与其他学科的结合，开发出跨学科的课程。这类课程不仅能够拓展体育课程的内容，还能将体育教育融入其他学科的知识体系中。例如，通过将体育与生物学、心理学相结合，可以设计出既有科学理论支持又具实践性的课程，促进学生全面发展。各学校应积极发展慕课，并将其与传统的体育课程相结合，以便学生能够利用互联网平台随时随地进行学习。慕课的引入不仅能打破地域限制，还能通过互动性和资源共享提升课程的质量。各教育机构应鼓励教师申报精品课程建设项目，争取更多的资源支持。

（3）提升体育类国家精品课程的视频内容质量。视频内容应突出知识点，通过清晰的讲解和示范帮助学习者更好地理解课程内容。例如，在展示体育动作时，可以通过慢动作回放和多角度拍摄，让学生能够清晰地看到每一个动作的细节，从而在实际操作中更加准确。后期制作应注重强调重点内容，将关键知识点和技术动作通过图形、标注或解说等方式突出显示。这种方法不仅能够帮助学生在学习过程中迅速抓住核心要点，还能提高他们的学习效率。视频制作中应融入互动元素，如通过设置测验和反馈环节，促使学生在观看视频后进行自我检测和复习，从而加深对课程内容的理解和记忆。

（4）扩展体育类精品课程平台的功能。平台应增加答疑解惑模块，允许学生在学习过程中随时提出问题，并获得及时的解答。这不仅能够帮助学生解决学习中的疑惑，还能提升课程的实际应用价值。师生交流模块的引入可以促进教师与学生之间的互动，帮助教师了解学生的学习进度和问题，进而调整教学策略。这种互动不仅能提高教学的针对性，还能增强学生的参与感和学习动力。提交功能的设置可以让用户对课程内容和平台功能提出改进建议，推动平台的持续优化

三、大学体育翻转课堂教学模式

翻转课堂是指将原来需要在课堂上完成的知识传授提前到课前，再将原来需要在课后完成的知识内化放到课堂中完成。至于翻转课堂的教学资源、教学信息技术以及具体的教学组织方式等，都不属于翻转课堂的原始要求，它们都是在翻转课堂实践发展的过程中延伸、演化出来的部分。翻转课堂的本质是赋予学习者更多的自由，将传授知识的环节放在课前，是为了让学生自由选择适当的、舒适的学习方式；而将内化知识的环节放在课中，是为了让学生更多地、更有效地与教师及其他同学进行交流。

（一）翻转课堂的创新性

翻转课堂在许多方面都对传统课堂教学进行了革新，作为一种全新

的教学模式,它具有一些颠覆传统课堂的突出的特征,翻转课堂改变了传统的教学过程,对课堂的时间进行了重新规划与分配,在传授知识的方式方法上有所创新,并且促进了教师与学生身份角色的转变。

1. 师生角色的转变

在传统的课堂教学中,教师常常是主导者,担负着向学生传授知识的重要角色。随着教育理念和技术的不断发展,翻转课堂的出现彻底改变了这种传统的格局。在这种新的教学模式下,学生不再是被动接受者,而是课堂的核心。教师的角色也从传统的"主讲者"转变为学习资源的提供者和学习过程的引导者。

翻转课堂的核心特征之一是师生角色的转变。在这样的课堂中,学生扮演了积极的角色,他们不再依赖于教师的直接指导,而是通过自主学习和合作探究来获取知识。教师则更多地充当指导者和支持者的角色,他们需要为学生提供个性化的学习支持,鼓励学生主动思考和解决问题。因此,课堂的中心不再是教师,而是学生,他们通过自我学习的方式来建构知识,根据自身的学习进度和节奏进行学习内容的选择和消化。

这种角色转变对教师提出了新的挑战和要求。教师不仅需要具备传授知识的能力,还需要精通教学资源的收集整理、教学视频的录制以及教学活动的组织。教师需要根据学生的学习需求调整教学策略,提供有效的学习资源和指导,以支持学生在学习过程中的自主性和积极性。这种角色的转变也有助于教师与学生之间关系的拉近,促进了更多师生互动和合作,进而营造了良好的学习氛围。

同时,学生在翻转课堂中的角色转换也对其提出了新的要求。他们需要充分发挥自主性和主动性,不再被动地等待教师传授知识,而是通过自主学习和积极探究来获取深层次的理解和应用能力。学生们能够根据自身的学习节奏和能力选择学习内容和时间,灵活调整学习速度,从而更好地适应个性化的学习需求和节奏。

2. 教学过程的创新

"翻转课堂也称颠倒课堂,通过对知识传授和知识内化的颠倒安排,改变了传统教学中的师生角色并对课堂时间的使用进行了重新规划,实现了对传统教学模式的革新。"① 在传统模式中，知识的传递和内化通常线性进行：教师在课堂上讲授，学生在课后独立完成作业。然而，翻转课堂的出现重新定义了教学的时间分配和学习的方式。

在翻转课堂中，学习的第一阶段发生在课前。学生通过预习视频、阅读材料等自主获取新知识，这使得他们能够在课堂上有更多的时间和机会与教师及同学互动。教师则通过在线平台或讨论区了解学生的学习进度和困难，为课堂内的教学做好准备。

课堂内，翻转课堂将焦点转移到了知识的内化和深化理解阶段。学生可以在课堂上提出问题，与教师和同学讨论，共同探索和解决难题。这种互动不仅增强了学生对知识的理解，还培养了他们的批判性思维和合作能力，使得课堂成为一个充满探索和实践的场所。

课后阶段则成为知识巩固和反思的时间。教师提供额外的学习资源和练习，帮助学生巩固所学内容。学生被鼓励进行学习反思，总结学习经验，为进一步学习打下坚实基础。

3. 教学方式的创新

翻转课堂作为一种新型的教学模式，通过引入短小精悍的课程视频，显著改变了传统的教学方式。课程视频的使用使得学生能够在学习过程中自主控制节奏，这种方式与传统的面对面教学形成了鲜明的对比。传统教学模式通常由教师主导，学生只能被动接受知识。翻转课堂的课程视频允许学生根据个人需求选择学习的速度。学生可以根据自己的掌握情况调整学习进度，这种自主性提升了学生的主动学习意愿。学生在自由控制学习节奏的环境中，更容易保持专注，从而能够更有效地吸收和理解知识。视频的设计通常简洁明了，能够在短时间内传达关键信息，这样的精炼形式有助于学生在有限的时间内获得最大的信息量，避免了传统课堂中由于信息过载而导致的理解困难。

课程视频的另一个优势是提供了个性化学习的机会。视频播放过程中，学生可以利用暂停和回放功能，随时停下来思考或重温不理解的部

---

① 张金磊，王颖，张宝辉. 翻转课堂教学模式研究[J]. 远程教育杂志，2012，30（4）：46-51.

分。这样的功能使得学生能够在自己舒适的环境中进行学习，这种自主的学习方式不仅有助于提升学习效率，还能增强学生对知识的掌握程度。在轻松的学习氛围中，学生能够更加从容地进行知识的巩固和复习，从而使得知识的掌握更加稳固。这种个性化学习方式满足了不同学生的学习需求，提供了更加灵活的学习方式，进而推动了教学质量的提升。

4. 课堂时间重新规划

翻转课堂模式不仅在学习材料的呈现上进行了创新，还在课堂时间的安排上实现了优化。通过减少课堂上教师的讲授时间，将讲授环节放在课前，教师能够将更多的时间用于学生的互动和答疑。这种调整使得课堂上的讲授部分更加高效，而学生在课前通过视频学习基础知识后，可以在课堂上集中精力进行深入讨论和实践操作。在翻转课堂模式下，课堂上的互动时间得到了显著增加。教师可以利用课堂时间进行更多的师生互动和讨论，这不仅增强了课堂的活跃度，也提高了学生的参与感和学习效果。课堂讨论和即时答疑的机会，使得学生能够及时解决学习中的问题，这种即时反馈机制能够有效地帮助学生纠正错误，加深对知识的理解。

通过课堂互动和教师评价，学生能够及时反思自己的学习状况。翻转课堂模式鼓励学生在课堂上积极参与，教师通过观察和评价学生的表现，能够了解学生的学习进度和存在的问题。这种即时的学习反馈不仅能够帮助学生调整学习策略，还能提高他们的学习主动性。学生在不断的反馈和调整中，逐渐形成自主学习的能力，进而推动了整体学习效果的提升。

（二）体育教学中翻转课堂的应用

翻转课堂是一种颠覆传统教学方式的创新方法，通过将课堂内外的学习活动重新组织，使学生在课堂上更多地参与互动和实践。在体育教学中，翻转课堂同样能够取得显著效果，提高学生对体育知识和技能的掌握程度。

1. 课前准备阶段

在翻转课堂的模式中，课前准备阶段的重要性不言而喻。这个阶段的成功实施是确保整个教学模式有效运作的关键。教师在这一阶段的主要任务是对教学内容进行精心的设计和组织，将基础知识和理论内容转化为适合学生自主学习的资源，如教学视频、电子文档等。这些资源需要具备清晰的结构和易于理解的语言，以便学生能够有序地进行预习，为课堂学习打下坚实的基础。

教师应当明确指出学生需要完成的预习任务，这些任务可能包括阅读指定的材料、观看教学视频、完成相关的问题解决等。通过这些任务，学生可以在课前就接触到新知识，从而激发他们的学习兴趣，并培养他们独立思考和解决问题的能力。预习阶段的设计质量直接影响学生对课堂内容的理解和掌握程度，教师的角色不仅仅是内容的提供者，更是学习过程的设计者和引导者。

在准备阶段，建立一个有效的反馈机制至关重要。这个机制不仅仅是为了检查学生是否完成了任务，更重要的是帮助学生在预习过程中及时获得指导和帮助。通过及时的反馈，教师可以发现学生可能存在的理解偏差或困惑，及时进行引导和纠正，确保学生在课堂上能够更有效地参与讨论和学习。

2. 课堂互动阶段

翻转课堂的核心在于将课堂内的时间用于更深层次的学习活动。在体育教学中，这可以通过组织各种实践活动、小组讨论、问题解答等方式实现。教师应当在课堂上充当引导者的角色，引导学生运用之前预习的知识进行实际操作，强化他们的体育技能。

此外，课堂上还可以设置专题讨论环节，让学生分享他们在预习中的体会和问题，促使全班同学进行思想碰撞和交流。通过这种方式，学生可以更好地理解体育理论知识，并将其应用到实际情境中，提高学习效果。

3. 课后巩固阶段

在确保学生持久掌握课堂知识的过程中，教师的设计与反馈机制显得尤为关键。通过巩固性任务和作业，教师为学生提供了将理论知识转化为实践能力的平台。这些任务可能涵盖学习总结、实际项目的完成以及体育比赛的参与等多种形式，每一种都旨在通过实践巩固和加深学生对知识的理解与掌握。通过这样的安排，学生得以在应用中加深对知识的领悟，培养出更高水平的运用能力和体育素养。

同时，建立有效的反馈机制对于教学的成功至关重要。教师通过及时地了解学生在巩固阶段遇到的问题，能够为他们提供个性化的指导和支持。这种个性化的帮助不仅有助于学生更快地克服困难，还能有效调整教学策略，更好地满足学生个性化的学习需求。例如，对于不同程度的学生，教师可以根据其巩固任务的表现情况，调整难度和支持度，确保每位学生在学习过程中都能取得实质性的进步。

四、大学体育混合式教学模式

混合式教学模式在信息技术发展的背景下应运而生，它结合了线上与线下学习，实现了教学环境的网络化，为人机互动提供了基础。这种模式旨在通过优化教学过程中的各个要素，包括教学理念、方法、原则等，以达成更好的教学效果。学生可以自主选择适合自己的学习方式，而教师则扮演辅助角色，提供恰当的教学技术以优化教学效果。

混合式教学的实质在于多个维度的融合，包括在线学习环境与课堂学习环境的结合、在线教学活动与课堂教学活动的整合，以及在线教学资源与课堂教学资源的融合。这种整合不仅限于形式上的结合，而是深入到教学的核心内容，通过各种教学理论、方法、资源、媒介等的融合，实现学生主体作用的充分发挥。

（一）混合式教学的概念

1. 关联的动态系统

混合式教学作为一个关联的动态系统，其核心在于教师和学生作为教学活动的关键主体，相互作用、相互影响，共同构成了一个耦合的教学整体。在这个系统中，教师和学生分别扮演着组织者和执行者的角色，尽管在能力和角色定位上存在差异。教师通过精心设计和引导，与学生共同追求教学目标，同时为学生提供针对性的指导与支持；学生则在教师的引导下，清晰地认识到自己的学习目标，并通过有效的学习方法和策略去实现这些目标。

在混合式教学中，教师和学生尽管扮演不同的角色，但他们在学习过程中所面对的问题和挑战往往是相似的。这种一致性为教学过程的有序化提供了基础，教师能够更好地理解和响应学生的需求，进而调整教学策略以提供更为个性化的指导；学生也从中获得了更清晰的学习路线图，能够更有效地自主学习和实现学习目标。

混合式教学的动态性在于其灵活调整教学策略和方法的能力。教师通过不断收集和分析学生的反馈信息，及时调整教学内容和方式，以提升教学效果和学习成效。这种灵活性使得教学系统能够更好地适应多样化的学习需求和不断变化的教学环境，从而推动教学质量的持续提升。

2. 线上线下教学的融合

混合式教学是一种将在线教学与传统课堂教学有机结合的教育模式。在线教学作为传统教学的延伸和扩展，旨在通过现代技术手段提供灵活、多样的学习资源和形式，而传统课堂教学则注重面对面的互动和即时反馈。混合式教学通过将这两种教学方式整合，试图克服各自的缺点，实现教学效果的优化。

在线教学的主要优点在于其灵活性和资源的丰富性，但这种教学模式也存在一些不足之处。例如，由于缺乏面对面的互动，师生之间的沟通可能不够及时，学生的问题难以及时得到反馈，这可能影响学习效果。在线学习要求学生具备较强的自控能力和信息处理能力，对于部分学生来说，可能难以适应。

与此相对，传统课堂教学以教师讲授为主，虽然能够提供直接的互动和即时的反馈，但也存在局限性。传统课堂教学通常限制了学生自主学习、合作学习和探究学习的机会，使得学生的参与度和学习的主动性受到制约。这种教学方式往往无法充分满足学生个性化的学习需求，也不利于学生在学习过程中自主探索和创新。

混合式教学通过将在线教学与传统教学的优点结合起来，旨在弥补各自的缺陷，发挥两者的优势。在线教学提供了丰富的学习资源和灵活的学习方式，而传统课堂教学则能够通过面对面的互动及时解决学生的问题和疑惑。混合式教学模式通过综合这两种教学方式的优点，可以实现更加全面和高效的教学效果。例如，学生可以通过在线学习平台获取知识，进行自主学习和探究，而在课堂上则能够进行深入的讨论和互动，解决实际学习中遇到的问题。

成功的混合式教学依赖于有效地结合在线教学与传统教学，通过充分利用两者的优势，创造出一种既能提供灵活学习资源，又能保证及时互动的教学环境。教师在实施混合式教学时，需要更加关注学生的个体差异，鼓励自主探究和合作学习，帮助学生构建健全的知识体系，从而提高整体教学效果。这种模式不仅提高了教学的灵活性和效率，还能够更好地满足学生的学习需求，促进学生的全面发展。

（二）混合式教学模式的特征

1. 体现个性化学习

混合式教学模式的核心在于如何有效地体现个性化学习的理念。尽管教学内容本身具有一定的统一性，但每位学生在掌握这些内容时的重点和困难点却各不相同。这种差异性源自每个学生独特的学习需求和方式选择，以及他们追求的个性化学习目标。

在混合式教学中，教师通过网络教学平台收集和分析学生的个人学习数据，能够精确识别出每位学生的学习薄弱环节，并基于此制订个性化的学习计划。这种精细化的教学支持使得学生能够更有效地进行学习，针对性地克服困难，实现更为丰富和深入的学习成果。当学生在某个学习阶段达成预期目标后，他们更有动力和信心投入到下一个学习阶段，形成了持续进步的学习动力链条。

个性化学习方案的制定并非要求教师事无巨细地关注每一个学生的每一个学习细节。相反，教师可以有选择地对学生的薄弱点进行有针对性讲解和辅导，而对于已经掌握的知识点则可以进行简略处理。这种方式不仅有效地提高了教学效率，同时也使得学生在整体教学过程中获得了个性化的学习体验，接近于一对一的辅导效果。

2. 体现监督化学习

监督化学习是指在教育过程中通过系统化的方式对学生学习情况进行监控和分析,以提供针对性的辅助和改进措施。在这一过程中,混合式教学模式起着重要作用,通过结合在线学习与传统教学,能够实现对学生学习状态的全面监控。具体来说,新型监督化学习依托学生在线学习反馈的数据进行实时分析,这种方法能够全面呈现学生的学习状态,从而为教师提供详实的依据,用以调整教学策略和内容。

教师了解学生学习情况的方法有多种途径。教师可以通过批改作业来获取学生对知识掌握的直接反馈,作业的质量和完成情况可以揭示学生的理解程度和掌握情况。教师还可以查看学习反馈,包括学生在课堂上和在线学习平台上的互动情况,如提问、讨论等,这些反馈信息帮助教师了解学生的学习态度和实际困惑。统计讨论是另一种有效的方法,通过对学生参与讨论的情况进行统计,教师能够识别出学生对特定知识点的掌握程度和学习进展。这些方法结合使用,能够确保教师在学生掌握当前知识后,再进入下一阶段的教学内容,从而提高教学的针对性和有效性。

学习跟踪系统在监督化学习中扮演着重要角色,该系统通过统计学生对教学材料的访问次数,推断学生对这些材料的掌握程度和学习进度。这种统计数据不仅能够反映学生的学习投入情况,还能帮助教师了解哪些教学资源最受学生欢迎,哪些部分需要进一步改进。通过对访问数据的分析,教师可以及时调整教学策略,以更好地满足学生的学习需求。

自我评价系统是监督化学习中的另一个关键组成部分。学生通过对自己学习情况的评价,并将其上传至学习平台,教师可以借此了解学生在自我评价中所设定的学习目标的达成情况。这一系统不仅帮助教师了解学生对自身学习的认识,还为教师提供了调整教学行为的依据。此外,自我评价系统还可以实现对教师教学效果的监督。通过分析学生的自我评价数据,教师可以评估自己的教学方法和策略的有效性,并进行必要的改进。这种双向反馈机制促进了教学的不断优化,确保教学质量的持续提升。

3. 体现多方向混合式学习

（1）教学理论混合。在教学活动的复杂性面前，教育界对于通用教学理论的存在并不持肯定态度。通用教学理论是指一种在各种教学场景下都能通用、普遍有效的理论，然而现实中，教学的多样性使得这样的理论并不存在。因此，教师在教学实践中需要根据具体的教学情境选择并灵活运用不同的教学理论。

当前，被广泛认可为对教学效果积极作用显著的教学理论包括行为主义、认知主义和建构主义。行为主义理论强调通过奖惩机制来形成学习习惯和技能，对于知识的传授和基础技能的培养具有显著效果；而认知主义理论则注重学习者的思维过程和理解能力的提升，对于复杂概念的学习和知识的内化有显著促进作用；建构主义理论则强调学习者的建构过程和社会互动的重要性，对于创造性思维和问题解决能力的培养更为适用。

不同的教学理论各有其独特的特点和优势，它们在促进学生学习、教师教学以及教学环境构建等方面发挥着不同的作用。行为主义和认知主义理论在知识传授和学习成效方面表现突出，适合于需要大量信息传递和技能训练的教学任务；而建构主义理论则更适用于鼓励学生参与和互动，创造性地构建知识框架和解决问题的教学场景。

（2）教学模式混合。通过将线上教学与线下教学有机结合，突破了传统教学模式的界限，形成了一种全新的教学形式。线上教学利用网络平台，突破了地域限制，实现了随时随地的学习；而线下教学则在传统课堂上进行，提供了面对面的互动机会。这种混合方式不仅保留了传统课堂教学的优势，还引入了现代科技手段，从而打破了线下与线上的界限，将两者融为一体。

混合式教学的核心在于教学目标的一致性。无论采用何种教学形式，最终目标都是实现高效、有效的教学。教师通过精心设计的课程，既要在线上教学中保持学习的连贯性，也要在课堂上提供深度的互动，确保学生在两种模式中都能获得优质的教育体验。为此，混合式教学不仅仅是形式上的结合，更要求各教学要素，如师生互动、家长支持以及资源的利用，做到有机整合，避免流于形式。

充分利用技术手段是混合式教学的一大优势。互联网和多媒体的引入，使得传统课堂教学得到了显著的促进。通过在线平台，教师可以提供丰富的学习资源，进行实时反馈，从而提升学生的学习效果。同时，技术手段还为教师提供了更多的教学工具和方法，使得教学过程更加灵活、多样。

（3）教学资源混合。随着社会发展，综合型人才的需求日益凸显，学校在培养学生时面临着重要的任务。学生不能仅仅局限于单一学科的知识，而是需要广泛吸收多学科内容，构建系统的知识体系，以应对日益复杂的社会竞争环境。在教学资源的推动下，传统的课堂教学正逐渐向混合式学习资源转变，这些资源不再依赖于传统的书本形式，而是通过互联网和多媒体技术呈现，为学生提供了更为丰富和多样化的学习机会。

随着在线学习资源与传统课本资源的融合，学生可以获取到更广阔的学习资源库，满足其多样化的学习需求。然而，这种融合也带来了一些挑战，如学习资源的质量参差不齐。在庞大的学习资源中，存在着大量重复或分散的内容，这不利于学生高效地学习，甚至可能造成资源的浪费。因此，如何在混合式教学的基础上优化和整合教学资源，成为当前教育改革的重要课题。

优化教学资源不仅仅是将传统和新兴资源进行简单叠加，而是要通过智能化技术和教育平台的支持，实现资源的精准推送和个性化定制。这种方法可以帮助学生更快速地定位到符合其学习需求的内容，提升学习效率和质量。同时，教育者也需通过专业化的课程设计和教学方法，引导学生在多源头信息中进行有效筛选和应用，培养其自主学习和创新能力。

在教学资源优化与整合的过程中，教育机构和教师的角色至关重要。他们不仅要具备跨学科的教学能力，还需深入理解学生的学习需求和心理特点，通过精心设计的教学方案，引导学生跨越学科壁垒，形成更为完整和深入的知识体系。只有这样，学生才能在竞争激烈的社会中脱颖而出，为社会发展和进步贡献其所学和所长。

（三）体育混合式教学模式的创新

随着科技的迅猛发展，教育领域的变革亦日新月异。其中，体育混合式教学模式的兴起，以其独特的优势，为体育教育带来了前所未有的机遇与挑战。该模式不仅融合了传统教学的精髓，更借助现代科技手段，为体育教育的创新与发展注入了新的活力。

第一，体育混合式教学模式的创新显著体现在教学资源的多元化与个性化上。在传统体育教学中，教学资源往往局限于教师的讲解和教材的内容，而混合式教学模式则打破了这一局限。通过引入线上教育平台、多媒体教学资源以及实践性教学等多种手段，体育混合式教学模式为学生提供了更为丰富、多样的学习途径。这种多元化的教学资源不仅满足了不同学生的学习需求和风格，更能够激发学生的学习兴趣，培养他们的学科综合素养。

第二，体育混合式教学模式的创新强调实践性教学的重要性。传统体育教学往往侧重于理论知识的传授，而忽略了实践能力的培养。体育作为一门实践性极强的学科，其实践教学的重要性不言而喻。混合式教学模式通过结合线上理论学习和线下实践操作，实现了理论与实践的有机结合。学生可以在虚拟仿真环境中进行模拟训练，也可以在真实场景中进行实践操作，从而更加深入地理解体育知识，提高技能水平。这种实践教学的方式有助于培养学生的实际动手能力，使他们更好地适应未来职业和社会需求。

第三，体育混合式教学模式的创新注重学生参与度和自主学习能力的培养。在传统体育教学中，学生通常被动地接受教师的指导，缺乏积极参与和自主学习的机会。这种教学模式的局限性在于，学生难以充分发挥个人潜能，而且学习过程缺乏互动和合作的氛围。然而，随着混合式教学模式的出现，教育的方式和理念正在逐步转变。

混合式教学模式不仅仅是将传统的面对面教学与在线学习相结合，更重要的是它为学生创造了更多参与和合作的机会。通过在线讨论平台和小组合作项目，学生得以更活跃地参与到课堂学习中，不再是单向的接收者，而是学习过程中的积极主体。这种互动和合作不仅促进了知识的交流与共享,也培养了学生团队协作和沟通能力,这些能力在今后的学习和工作中都至关重要。

混合式教学模式还通过引导学生进行自主学习和自我探究,培养了他们的自主学习能力。学生在课堂外的在线学习环境中,可以根据自己的兴趣和学习节奏进行学习,这种个性化的学习方式有助于激发学生的学习兴趣和自我发展的动力。这种自主学习能力不仅有助于学生更好地掌握知识,还为他们未来在复杂多变的社会中具备了更强的适应能力和创新能力。

第四节 大学体育运动课程教学及改革创新研究

一、大学体育课程教学与实施

(一)高校健美操选项课教学模式

1. 健美操运动的特点与功能

健美操虽然是近年才兴起的体育项目,但是其影响力已经风靡全世界,产生这种现象的主要原因在于健美操具有区别于其他体育运动的特点。

(1)健美操运动的特点。

第一,健美操以其高度的全身运动性质而脱颖而出。通过动态的舞蹈步伐、手臂挥动和身体曲线,健美操能够涵盖身体各个部位的运动,实现全面的肌肉锻炼。这对学生来说尤为重要,因为在其日常学业压力和课外活动中,全身性的运动可以有效缓解身体紧张度,促进血液循环,增强身体的协调性。

第二,健美操运动与音乐紧密结合,形成独特的动感氛围。音乐不仅为运动提供了有趣的背景,还有助于学生保持良好的节奏感和协调性。

这样的设计不仅使运动更具吸引力，同时培养了学生对音乐的欣赏和理解，促进了全面的审美素养。

第三，健美操运动着重强调身体的柔韧性和灵活性。通过各种舞蹈动作和拉伸动作，学生可以提高关节的活动范围，增强肌肉的柔软性，降低运动中的受伤风险。这对于长时间坐在桌前学习的学生来说，具有显著的预防运动损伤的效果，有助于维持身体的良好状态。

第四，健美操运动还强调团队协作和社交性。在集体的音乐和动作中，学生们需要相互配合，保持一致的节奏和步伐，从而培养其集体荣誉感和协作精神。这种团队性质不仅促进了同学之间的友谊，还培养了他们在日后社会中的合作能力。

（2）健美操运动的功能。

第一，健身功能。具体表现在：①健美操运动推动运动系统的发展。健美操运动不仅能够提升关节的灵活度，还在一定程度上增加肌肉的力量，有效预防肌肉拉伤和韧带拉伤的发生。②健美操有助于加快心脑血管机能的循环。参与健美操锻炼可以使心脏容量变大，心肌增厚，对心脏有益。这种有氧运动进一步加快人体心血管循环，提高新陈代谢水平，对促进身体健康产生积极影响。这不仅有助于预防心血管疾病，还有助于维持身体的整体健康状态。③健美操运动提高人们的消化系统。在进行健美操运动时，人体髋部需要进行全方位的活动，通过骨盆肌和腰肌的用力促进肠胃的蠕动，加速新陈代谢。这样的生理反应有助于提高消化系统的功能，增强免疫力，从而远离疾病，对维护身心健康产生积极影响。

第二，益智功能。健美操运动在一定程度上对大脑的机能状况和物质结构产生积极影响，从而培养出超强的记忆力、敏锐的观察力、丰富的想象力以及创新的思维能力，推动了智力开发。锻炼时，大脑中的氧气和能源物质供应充足，促使大脑神经细胞更快地生长发育。健美操运动的多样性和丰富性使得大脑在接收信息时保持活跃状态。各种动作需要学习者灵活运用身体，这激发了大脑皮层细胞的活跃度，从而改善了大脑神经系统的功能。通过参与各种类型的健美操运动，人们不仅能塑造良好的身体形态，还能在智力上获得更多的发展和提升。这进一步强调了健美操运动对全面个体发展的积极影响。

第三，塑造形体。形体的塑造既涉及体形的外在表现，也包括姿态的展现。适当参与健美操运动能够更好地塑造人体形体。人体形体不仅受先天条件的影响，还受到后天条件的塑造，为了更好地掌控形体，适当的体育运动是必要的。健美操的动作相对简单，并且容易与日常生活保持一致，使学习者能够更快地适应。通过定期参与健美操运动，不仅可以改变身体素质，还有助于更好地塑造形体。健美操运动有助于消除体内脂肪，维持能量的平衡，更好地控制体重，保持健康的形体。积极参与健美操锻炼不仅能够有效调节心理平衡，还能增强自信心，这也是青少年喜欢健美操的原因之一。

第四，娱乐性功能。随着社会的不断进步与发展，人们的生活水平不断提高，但与此同时，精神压力也逐渐增大。积极参与体育锻炼成为缓解这种压力的有效途径。在体育运动中，健美操以其动作的优美和全面的身体锻炼受到了广泛关注。参与健美操运动时，人们随着音乐的旋律尽情展现动作，这不仅能够引起学生们的兴趣，使其忘却课业带来的压力，还能够在轻松的氛围中释放紧张情绪。

通过健美操运动，人们有机会结交到新朋友，从而扩大社交圈。通常，人们选择在健身房学习健美操，这里有专业的教练提供指导。在健身房锻炼的人群中，参与健美操的人们互相帮助，互相激励，形成了良好的团队氛围。这不仅使锻炼过程更加有趣，还促进了社交互动，为身心健康提供了全方位的支持。

第五，医疗保健功能。健美操运动作为有氧运动，具有低强度、适中运动量的特点，因此具备一定的医疗保健功能。这种运动不仅对一般人群有益，还在一定程度上成为一种有效的医疗手段。整体来看，健美操运动对人们的身心健康产生积极影响。由于健美操是一种相对温和的运动形式，适合各年龄段的人群参与。通过适度的运动，健美操可以增强身体的免疫系统，提高整体健康水平。对于一些特定疾病或康复阶段的患者，健美操的低强度运动也可以作为一种有效的辅助治疗手段，有助于促进康复和提升生活质量。因此，健美操不仅在健身领域有所贡献，同时在医疗保健方面也具备一定的价值。

2. 健美操运动教学的理念与发展

（1）健美操教学的理念指导。

第一，学生为本教学理念，推动改革发展。在改革中国高等教育过程中，一定要坚定不移地将以学生为本作为教学理念。坚持学生为本具有多重优点，一方面可以促使学生自身的优点、潜能得到发挥，促使自身的积极性得到极大程度的发挥；另一方面也可以促使学生个性化的需求得到满足，促使自己实践的主动性得到发掘。在具体开展健美操教学的过程，体育教师同样要注意考虑到学生的具体情况。即依据学生的心理以及生理发展程度有针对性地安排教学内容，逐步提高学生对于健美操这项体育科目的理解以及认识，从而进一步提升健美操教学的质量以及效率。

第二，培养学生终身体育精神的理念。任意一项体育运动无一不以培养学生形成终身体育的意识为目标。现如今，中国所提倡的全面健身便是终身体育的最好体现。在改革体育教学的实践过程中，坚持终身体育的指导理念，将进一步提升学生的身体以及心理素质作为教学目标，通过营造良好的学习氛围来刺激学生的学习激情。

（2）健美操教学的发展趋势。

第一，体育多样化发展的趋势愈发鲜明。在体育教学中，学生个体的体育需求变得更加多样化。为了满足不同学生对自身需求的差异，体育教学注重提供多元化的体育内容和方法。学生在不同阶段、不同背景下对体育的需求也有所不同，涵盖健身、心理调理、特长发展等方面。因此，健美操教学应当更加灵活，适应不同学生的需求，实现体育教学的多样性。

第二，对终身体育教育的关注度逐渐提高。现代健美操教学更加强调培养学生形成终身体育锻炼的意识和习惯。目标是使学生在毕业后能够自主进行体育锻炼，持续享受健康的生活。在体育教学改革中，关注学生健康和提升体质不是一蹴而就的任务，而是需要学生坚持参与体育锻炼。因此，未来健美操教学的趋势将更加关注近期效益和长远效益的结合，以期促使学生形成终身体育锻炼的习惯，实现全面协调的发展。

第三章　课程维度：大学体育教学改革的课程实践◎

第三，体育教学方法的现代化。随着社会的不断发展，体育教学方法也呈现出明显的现代化趋势，其中主要表现为教学设备的现代化。这一趋势对健美操教学产生了深远的影响，为提高教学效果和学生参与度提供了新的可能性。

现代体育教学倚仗多媒体设备的运用，通过图像、声音等多方位的信息呈现，可以拓宽学生的视野，使学生更全面地了解健美操的动作、技巧和锻炼效果。多媒体设备在健美操教学中的运用，使学生能够更直观地接触到课堂内难以学习和掌握的内容，从而提高学习效果。

此外，现代化的教学方法和手段，如虚拟现实技术、在线教学平台等，也能够更生动形象地传授健美操的相关知识和技能。通过实时互动、模拟训练等方式，教学内容更加贴近学生的生活和兴趣，激发学生学习的积极性。这种教学手段的应用不仅提高了教学的趣味性，还延长了学生的学习时长，使其更深入地参与到体育教学中。

3. 健美操运动教学模式的实施

（1）制订教学目标。健美操选项课总体培养内容包括：①通过健美操教学，学生提高自己的锻炼能力，并逐步养成自觉锻炼的习惯，具有一定的欣赏健美操运动的能力；②根据自己的能力确定健美操的学习目标，自觉通过健美操运动改善心理状态，增强自信心。能测试和评价体质健康状态，掌握有效提高身体素质，全面发展体能的知识方法，建立健康的生活方式，具有健康的体魄；③在健美操运动中表现良好的社会体育道德和互相尊重，正确处理竞争与合作的关系，成为学校和社区体育活动的积极参与者和组织者。

（2）优化教学内容。从当下学生对健美操的新元素需求出发，增添当前流行性课程内容。对传统的健美操课模式进行整合，删减部分陈旧内容，进而完善各章节教学内容。

（3）选择教学方法。通过不断改进教学方法，使之更符合教学的需要。所选择的具体教学方法包括：语言法：讲解法、讨论法、问题法、评价法；演示法：示范法、带领法、递加循环法、自主性练习法、比赛法、创编法。

（4）选择教学手段。由于学生多、场地条件的局限，可以采用由教师提供学习视频资料或信息，学生课下通过录像、电脑视频、图片等手段，提高教学信息量，避免过多地占用课堂时间，使学生在有限的教学时间内掌握更多内容，提高教学效果。

（5）改革考核内容及方法。为使考试达到上述目的，可以对考试内容及方法进行改革，增加能力考试的内容，通过能力考试，使学生分析问题和解决问题的能力得以提高，应用能力进一步加强，见表3-1。

表3-1　健美操选项课考核具体方法和内容

考核方法	成绩比例（%）	考核内容
实践部分	50	规定大众套路；分组队形变化套路；自编动作；课堂表现技评
身体素质部分	30	参考《国家学生体质健康标准》有针对性选择一项
课堂考勤部分	20	出勤情况（旷课1次5分，迟到、早退、请假等都酌情扣分）

（二）高校瑜伽课程及选修课程体系的构建

现在很多学校都开设了瑜伽选项课程，受到学生的欢迎。"瑜伽课的加入为大学生体育教育课程增添了新的元素，同时也促进了高校教学的多样化，使得大学生德智体美劳全面发展。"[①]

1. 瑜伽课程的基本类型

（1）理论课。理论课主要通过教师课堂组织形式、现代化教学等方式，向学生传达瑜伽的一些基本知识、瑜伽学习与练习方法等方面的系统理论。瑜伽理论教学具体内容根据本院校教学需要来确定。瑜伽理论课内容一般包括瑜伽概述、瑜伽专用术语、瑜伽基本动作、瑜伽动作绘图技法、音乐知识与选择、瑜伽教学法、瑜伽训练法及注意事项、瑜

---

① 尹淑桂. 高校瑜伽课程教学改革研究[J]. 牡丹江大学学报，2020，29（11）：106.

伽的科学理论基础、瑜伽的创编等。

（2）实践课。实践课是通过身体练习手段，使学生掌握瑜伽动作的方法与要领，通过瑜伽实践课程的学习，可以培养学生平衡的心理，发展学生对肌肉的控制能力，还可以塑造学生优美的形体，同时增强学生各种身体素质。在实践课教学中，同时贯穿相应理论知识的讲解，将理论与实践紧密结合，有利于学生对身体动作的理解与掌握。根据瑜伽课所完成的不同任务，可将课分为引导课、新授课、综合课、复习课和考核课。

第一，引导课。引导课一般是指开课的第一次课，主要讲授的内容是瑜伽的特点，对身体的锻炼价值，瑜伽课的教学目的、任务、内容，以及瑜伽课对学生的要求、考核标准及有关规章制度等。也可以讲述一些瑜伽练习基本内容。引导课教学时应注意两点：①备课要梳理、归纳，讲解要重点突出。在进行引导课之前，教师对所要讲授的内容要预先备课，进行梳理、归纳；在讲解时做到层次、条理清晰，重点突出，使学生易于学习与掌握。②形式灵活多样。采用的形式要灵活多样，教师教学方法要能激起学生对瑜伽课的学习兴趣。

第二，新授课。新授课是指学生在课堂上所学习的内容主要以新教学内容为主的课程。新授课教学时应注意四点：①遵循循序渐进的教学规律。学习新动作要遵循由简到繁、从低到高、由慢到快的规律。②选择合适的教学方法。教师要正确使用讲解、示范与练习中的各种教法方法。对于线路复杂与多关节参与的动作，教师通常将动作进行分解让学生来学习掌握要领，对于难度高的动作，教师采用助力的方法进行教学。③确定合适的运动负荷量。在学生基本掌握新动作技术要领后，要让他们进行反复练习，加大练习密度，使学生承受一定的运动负荷，但负荷量也不宜过大。④注重课堂组织效率。课前充分备课，对于每个教学环节进行周密布置，力争在有效的时间内达到最好的效果。

第三，综合课。综合课是瑜伽教学中常采用的一种课堂教学形式，它是指既要复习学过的内容，又要学习新的教学内容。综合课教学时要注意三点：①合理安排新旧内容的顺序。一般是先复习旧内容，然后学习新内容。②选用恰当的教学方法。在复习旧内容时，教师应采用提问、讨论、练习等手段引导学生对上次课所学内容进行复习，复习完旧内容后，立刻组织学生学习新的教学内容，新内容学习遵循循序渐进的教学规律。③采用合理的新旧内容时间分配，确定适当的运动负荷。一般学习新内容所占的时间多，复习旧内容所占时间比较少，而复习旧内容的运动负荷大于学习新内容的运动负荷。

第四，复习课。复习课一般是在学期末时候比较常见，对于一学期所学过的内容进行复习，随后进行考核。复习课主要任务是对所学习过的内容进行巩固与提高，达到自动化的程度。复习课教学时应注意四点：①有明确的目标。教师对于复习课一堂课达到的任务做出计划，采取相应方法达到较好的复习效果。②注意采用个别指导的原则。在进行复习时，对于基础差的同学要加强个别指导，帮助其快速提高，同时鼓励他们树立信心；对基础好的同学要提出更高的要求。③通常采用比较大的负荷练习。在复习课上要精讲多练，不能像新授课一样去细讲。要加大练习的密度，增加运动负荷，提高机体有氧代谢功能，达到增强体质的效果。④灵活采用课堂组织形式。在采用教师带领集体学生熟悉动作后，多采用分组的形式进行练习，也可以"一助一"帮助式进行练习，还可以采用表演、观摩的形式，等等。无论是哪种组织形式，都是在教师的巡视下进行。这样既可以调动学生练习的积极性，也便于纠正错误动作，同时还有利于教师实施个别指导，检查学生掌握动作情况。

第五，考核课。考核课实际上是一种教学反馈，同时也是对学生学习态度、学习成果的一种检验。在进行考核时应注意两点：①学生明确考核内容等。教师应提前让学生明确所考核的内容、时间和评分方法。②组织学生充分复习。考核前几节课，教师要组织学生对所考核内容进行充分复习；在考核课堂上，教师要留出时间让学生做好准备活动，对所考核内容进行复习，充分发挥水平。

2. 瑜伽课程教学的方法

瑜伽作为一门综合性的身心灵锻炼，其教学方法的选择对于学员的学习效果至关重要。在瑜伽课程的教学中，采用不同的方法能够更好地满足学员的学习需求，提高教学效果。

（1）示范法。示范法是瑜伽课程教学中常用的一种方法，通过教师亲自演示瑜伽动作，使学员能够直观地观察正确的动作形式。通过示范，学员可以更清晰地理解动作的执行方式、呼吸的配合以及姿势的调整。示范不仅能够提供视觉上的指导，还能够激发学员的兴趣和动力，帮助其更好地投入到练习中。

（2）图示法。图示法是通过图像、图表等可视化手段来传达瑜伽动作的执行步骤和要点。在瑜伽课程中，使用图示法可以提供更详细、系统的信息，使学员在课堂外也能够独立学习。图示法的优势在于它能够强调动作的流程和细节，让学员更好地理解每一个动作的关键要素。这种方法特别适用于初学者，帮助他们建立正确的动作记忆。

（3）练习法。练习法是通过实际动作的反复练习来巩固学员的技能和体验。在瑜伽课程中，练习法强调学员的亲身参与，通过不断的实践来提高动作的熟练度和灵活度。通过这种方法，学员能够更深入地体验瑜伽的益处，并逐渐提高自己的瑜伽水平。在练习法中，教师的及时指导和调整是至关重要的，以确保学员的动作执行准确、安全。

3. 瑜伽课程的有效教学

（1）瑜伽课准备。为提升瑜伽教学水平，"瑜伽教师应接受正规系统的瑜伽培训，不断提升教学水平，并从自身出发加强瑜伽理论学习，正确宣传瑜伽知识，适时调整教学内容，以更有针对性地开展瑜伽教学"①。课前准备是教师按照教学目的、任务对课的认真准备的过程，是保证课顺利完成的先决条件。课前准备主要有以下内容。

第一，钻研大纲、教材等教学文件与材料。教师在上瑜伽课之前，要提前认真钻研大纲和教材，同时了解掌握相关学科的更多学习资料。教师只有在钻研了大纲精神，熟悉了教材内容、教法等，学习掌握更多的相关材料，才能做到胸有成竹。

第二，了解学生的情况。教学的授课对象是学生，教学的最终目标是培养学生，学生是教学活动的主体。教师在授课之前，要通过各种途

---

① 徐娜娜. 国内高校瑜伽课程现存问题及改进研究[J]. 甘肃科技，2022，38（6）：74.

径了解学生的个性特点、喜好等，从而在采用集体方法的基础上，还要针对不同学生采用个性化的教学内容、方法与手段，从而做到有的放矢。

第三，准备音乐。课前准备阶段要提前反复筛选音乐，根据不同的练习内容选择相适宜的音乐。例如，冥想要选择空灵、深邃、缓慢的音乐，热身准备活动可以选择节奏稍快、活泼的音乐。结束放松阶段要选择舒缓、旋律优美的音乐。在应用音乐上，要避免长时间使用相同的音乐，要变换使用音乐。

第四，编写教案。编写教案是根据教学进度和单元教学计划来编写的，必须在了解学生情况和认真钻研教材和教法的基础上进行，这是教师课前准备的一项重要工作。

第五，准备场地、器材等。教师至少要提前十分钟到教学场地，检查教学场地状况和音响设施，准备上课所需要的器材等。

（2）瑜伽课的组织。瑜伽课的组织是为了更好完成课的任务所采用的教学组织方式。其组织形式是根据练习内容、学生特点和教学条件等，合理安排组织形式。课的组织是否合理、严谨，对于教学效果具有直接影响。科学严密的组织，不仅有利于学生高效掌握所学内容，而且也能保证课的安全性，避免伤害事故的发生。瑜伽课的组织内容包括课堂常规、练习队形、练习形式、队伍调动、骨干学生的使用、场地的布置与器材的使用。

第一，瑜伽课堂常规。课堂常规是上课之前教师对学生提出一系列要求和必须遵守的规章制度。课堂常规的制订不仅有利于教学任务的顺利实施，而且可以加强学生的组织纪律性，培养学生文明素养的养成。教师对学生要进行常规要求。学生因伤、病等原因不能正常上课时，学生要对教师说明情况，或者请教师准假；教师对于学生上课的着装要提出要求；对于场地的准备、器材的使用，教师要让学生参与整理场地，整齐摆放器材，养成爱护器材设备的好习惯。

第二，组织队形。在瑜伽课的各个环节合理组织队形，对于顺利完成课的任务非常重要。在课的各个时段，根据不同的练习内容，组织变换不同的队形，既有利于按计划完成课的密度与强度，同时也有利于调动课堂气氛，提高学生学习的积极性。教师在编写教案的时候，要充分考虑队形的组织形式，做到心中有数。

第三，组织练习形式。组织练习的形式应该根据安排练习的内容及任务来选择，一般所采用的形式有两种：①集体练习形式：全体学生同时进行练习的形式。在瑜伽课上大多采用这种形式。集体练习便于教师集体讲解、示范，节省时间，有利于加快教学进程。②分组练习形式：把学生分成两个或者两个以上的组，可以做相同练习也可以做不同练习。采用分组形式，主要根据教学任务、内容、学生人数与场地器材设备等情况的不同而定。采用分组形式时，教师要有目的、有计划进行指导。

第四，学生骨干的培养与选择。学生骨干的培养对于瑜伽课顺利进行非常重要。学生骨干可以帮助教师完成许多辅助工作，也有利于教师与学生、学生与学生之间沟通。对于学生骨干的选择要注意两个方面：①所选择的学生骨干一般担任体育委员的职务，所选择的学生需要具有比较强的身体协调性和运动能力，这样能够在学生中树立威信；②选择的学生骨干需要具有很强的责任心与协作能力。学生骨干是帮助教师完成一些与教学活动有关工作的学生，所以只有具有吃苦耐劳精神的学生才能担当。

第五，准备场地器材。在上瑜伽课前，准备好场地器材是尤为重要的。准备场地器材时要遵循便于教学紧密进行的原则，如准备好的瑜伽垫便于学生迅速取到、准备好的音箱设置便于教师随时播放等。

（3）瑜伽课的条件。

第一，教师发挥主导作用。教师在教学活动中是主导，教师主导作用的发挥依赖于教师的教学能力与教学素养。因为网络媒体信息量大，对于教师形成了巨大的挑战。作为网络时代的教师，对其理论知识、教育专业知识以及专业技能要求更加严格。

教师拥有瑜伽理论知识。瑜伽理论知识比以往任何一门体育运动项目的理论知识都要更为深奥，其从印度引入，需要投入更大的时间与精力才能掌握。瑜伽种类多，涉及身、心、灵各个层面，所以需要学习的知识非常广泛。

教师拥有人体解剖学与运动生理学知识。瑜伽与其他体育项目相同，也是针对人体进行的练习。教师只有掌握人体解剖学和运动生理学知识，在教授学生学习瑜伽体式时才能按照科学的方法进行，这样才会提高训练效果，同时减少损伤的发生。所以教师要学习和掌握人体解剖学与运动生理学知识。

教师拥有心理学知识。瑜伽与以往其他体育项目不同，它是将心理与心灵训练作为重点内容。教师只有学习与掌握一定的心理学知识，才能在瑜伽训练中，给予学生心理与心灵恰当、合适的指导。

教师拥有示范能力。对于网络高度发展的今天，对于教师的挑战无处不在，尤其对从事身体运动的教师而言，更具有挑战性。教师要潜心修炼瑜伽，提高示范能力，在学生中树立威信。

第二，学生发挥主观能动性。教师是教学活动的主导，学生是主体。在教学活动过程中，教师是学生学习的外因，学生是学习的内因。在教学活动中，要充分发挥学生学习的主观能动性。

4. 通识教育瑜伽选修课体系构建

百年大计，教育为本。不同年龄层的教育，对实现中国梦起着重要作用。高校教育会影响到大学生进入社会发展的前景，而身体素质的强弱对人生发展距离、空间有重要意义。通识教育选修课是高校为扩大学生知识面、提高学生综合素质、增进不同专业间相互了解、文理科相互渗透的课程。瑜伽课程自 2002 年正式进入高校体育教学，是在教育部印发的《全国普通高等学校体育课程教学纲要》下顺应时代发展特征的课程。目前，我国普通高校在通识教育瑜伽选修课程上没有统一的标准。运城学院的通识教育[①]瑜伽选修课程是在 2014 年开设的，在经历多年教学探索的过程中，形成了一套操作性、实用性、有效性较好的课程体系，教学内容、教学方式受到各年级学生的喜爱。下面以运城学院通识教育瑜伽选修课程体系构建为例，为其他高校提供参考。

（1）高校通识教育瑜伽选修课的指导思想。瑜伽作为一门健身课程在进入高校后，能得到认可与快速发展，是时代发展对新兴健身运动

---

① 王洋. 通识教育背景下普通高校瑜伽选修课程体系的构建 [J]. 体育科技, 2020, 41（04）: 108-109.

第三章 课程维度：大学体育教学改革的课程实践◎

的必然需求。瑜伽通过在体式、呼吸、冥想、饮食这四个方面，充分迎合现在大学生在生理、心理、情感和精神方面的需要，让大学生在身体素质、形态、机能等方面有了很大提高，为学生的终身体育锻炼方式多了一种选择。但在传统教学模式的影响下，学生的进步空间有限，"学时会学过忘"的现象明显突出。要寻找到问题根源、探讨并落实出一套适合高校通识教育瑜伽选修课的体系，从而让瑜伽课程在终身体育、德育思想、实践操作等方面有长足的发展与进步。

（2）高校通识教育瑜伽选修课体系构建的目标依据。近年来，学生对于学习瑜伽的目标还是停留在强身健体、塑形阶段，这极大影响了学生学习的动力。高校通识教育瑜伽选修课体系的构建，根据当前时代特征应具有目的性、前瞻性、格局性，以适应未来市场对人才需求、学生对终身体育锻炼观念的理解，对围绕健身的问题有清晰深刻的认识。目的性表现为：国家体质健康测试成绩的提高、所学瑜伽流派的确立等；前瞻性表现为：了解瑜伽体式动作原理、呼吸方式方法、冥想内涵，不同瑜伽流派、类型的本质等；格局性表现为：健身的目的是什么、健身的意义是什么，哪些行为方式能够影响人的身心健康等。

因此，结合运城学院办学理念特征及教学实际需求，确定通识教育瑜伽选修课的教学目标：以人为本，从学生实际需求出发，促进学生身心健康全面发展为核心，强调技术动作的理解掌握，培养学生对健身理念的理解，养成终身参加体育锻炼的习惯。

（3）高校通识教育瑜伽选修课体系的构建。高校通识教育课程存在课时数少、教学内容信息量大等特点，瑜伽教学体系繁多、形式类别多样。因此，高校通识教育瑜伽选修课体系的构建，决定着学生能否在短时间掌握这门课程，为今后学习瑜伽、练习瑜伽、理解瑜伽打下基础。

第一，课程内容构建体系。为更好地完成瑜伽课程的教学目标，在经历5年的教学实践中总结出将高校通识教育瑜伽选修课教学体系分为三个部分：理论部分、实践部分、考核部分。这三个部分是相互联系、相互统一的整体。

理论部分：瑜伽概述、动作原理、术语、呼吸方式、对瑜伽运动健身宏观上的理解。瑜伽理论教学对学生在练习瑜伽体式部分、对瑜伽运动的整体理解上有着深远的影响，它可以让学生在较短的时间内，更深入地了解瑜伽运动，尤其是在体式练习中，明白每个动作的发力位置、锻炼的肌群以及呼吸的技巧。同时，根据教学调查发现，不同班级在教学练习中的错误动作具有同一性，因此在每次课前进行有针对性的讲解或纠正动作非常有必要。

实践部分：呼吸、体式、冥想、休息术的练习。瑜伽运动的魅力在于体式的变化以及在练习完后给身体形态机能带来的变化。体式动作内容是健身瑜伽108式，每节课会在规定体式中加入一些变异体式，以增加学习兴趣；瑜伽实践核心部分在呼吸。瑜伽的类型较多，结合大学生运动需求，在类型上选择流瑜伽，流瑜伽是在哈他瑜伽的基础上，通过体式间的组合以行云流水般的过渡衔接体式与体式间动作，让学习者在较短时间内达到对体式动作名称、标准记忆、呼吸控制的目的，更侧重身体在力量、柔软、耐力、伸展性的全面锻炼。例如，体式1（正）+Vinyasa+体式1（反）；体式1、2（正）+Vinyasa+体式1、2（反）；体式1、2、……（正）+Vinyasa+体式1、2、……（反）。由于Vinyasa在流瑜伽中起到了正反动作的串联作用，让学生在练习时有了思考和记忆的空间，从而在短时间内能取得较好的练习效果。而Vinyasa本身就是多个体式的组合，因此在动作的串联上更加灵活多变。例如，Vinyasa组合可有斜板—上犬—下犬；斜板—八体投地—眼睛蛇—下犬；单腿下犬—上犬—下犬等。教师可根据教学的需要、学生的练习状态、练习目标，在实际教学中随时去调整体式的练习组合方式，以提高学生练习的积极性，使学生在体式变化中达到练习目的。在短时间内多练习达到对体式、呼吸节奏的掌握，无形中也是一种身体素质练习。

通过对运城学院600名通识教育瑜伽选修课学生的国家体质健康测试成绩跟踪调查发现，学生在经过一个学期的流瑜伽练习后，体测成绩有明显的提高。表3-2是2016-2019年通识教育瑜伽选修课的学生人数，每学年共计200人次，通过对在学习瑜伽前跟学习瑜伽后的体测成绩数据对比发现，在学习一个学期后学生的体测及格率在95%以上，其中良好占到45%以上，优秀达到18%以上。

第三章 课程维度：大学体育教学改革的课程实践◎

从表3-2对比得知，学生体测成绩的提高，得益于对体测内容的理解以及技巧的使用，也得益于流瑜伽本身的特点，短时间、多次数、低密度、精准化的练习，让学生体测成绩有大幅度的提高。练瑜伽在调整呼吸深度、增强肌肉耐力、提高身体柔韧等方面有很好效果，使学生身高数据、肺活量、体前屈、800或1000米成绩有显著提高。

表3-2 通识教育瑜伽选修课学生学习前后的体测成绩对比

学年	人数	等级	学习前（%）	学习后（%）
2018—2019	200	优秀	5	22
		良好	16	51
		及格	55	26
		不及格	24	1
2017—2018	200	优秀	7	20
		良好	18	45
		及格	50	31
		不及格	25	4
2016—2017	200	优秀	7	19
		良好	14	45
		及格	48	34
		不及格	31	2

考核部分：对理论与实践的综合性考查。通识教育课的目的是让不同专业的学生对其他专业或是项目有一定的了解，考核的形式多为考查课。通识教育瑜伽选修课的考查目的是让学生对瑜伽运动有基本的了解，能清楚认识到瑜伽运动本质，对运动健康有全新的理解，以促进学生在今后养成健康的生活习惯和运动方式。因此，在整个教学大纲计划、进度的制定上，应重视教学过程。考核是对教学成果的检验，应分为多方

面,包括:考勤 30%(到课率、课堂表现)、期中考试 10%(拜日式)、期末考试 60%(体式绘图、分组进行规定体式动作编排及考核)。通过这三个学年的教学调查发现,体式绘图是整个教学体系最重要部分之一,是能否完成体式编排的重要因素。学生通过课堂集中练习,学期末认真完成一次体式绘图,对体式名称的记忆及动作规范学习很有必要;分组规定体式动作编排会更加方便快捷。

第二,课程教学模式。教学模式,在时间上表现为教师教与学生学的活动,而不同的教学目标、教学现状、课时数量构成不同教学模式。因此,在选择教学模式上要综合考虑,以学生的学为根本出发点。

通识教育瑜伽选修课课时量少,共计 16 次课、师生见面机会少、练习时间少,教学模式采用瑜伽俱乐部会员模式,短时间低密度精准化地练习。从开始的培养学生学习兴趣与主动性,到侧重技术技能培养,到培训学生的自己参与。前期教学课教师教学全程干预,亲力亲为,从理论讲解—冥想准备—体式练习—休息放松—课后纠正总结。

以两个学时 90 分钟的课为例:课堂常规 5 分钟,理论 10 分钟(讲解课中体式重难点),实践教学 50 分钟(冥想、体式、休息术)、总结 25 分钟(集体纠错、重难点体式练习、小结)。教学过程的侧重点是理论部分的讲解及总结部分,根据调查了解到,教学过程中 5 次课,60% 以上学生在体式标准程度、肌肉力量、身体柔软上达不到要求,但会发现每次课都会有进步,在第五次课后学生能力有很大提高。因此,在课堂实践教学中出现学生难以完成时,教师要多通过鼓励言语激励大家坚持。

第三,课程教学形式与方法。学校的瑜伽教学形式与方法,跟俱乐部相比有本质上的区别;在教学条件环境、设施上有不同之处。采用俱乐部教学形式与方法,能让学生在短时间提高瑜伽运动能力。教学形式采用教师带领做,每个动作体式均是在教师带领下完成;教学方法采用镜面示范、背面示范、口令法,在课下采用推荐有影响力的瑜伽微信公众号,阅读查看瑜伽相关体式、冥想等方面的知识。在注重对学生实践教学的基础上,加强在思想上的引导,如瑜伽运动礼仪、健康的理解、思政教育等问题。

教师每次的教学设计决定着本次教学效果。教师应根据学生课堂的精神面貌及状态，时刻调整体式的难易程度。每次课在体式的设计上新旧要有交替，强调体式动作的变异延伸；明确考试内容与课堂教学内容的差异，充分调动学生学习的积极性，教学中重在强调较难体式的体验感。

第四，课程评价体系。

学生学习评价：教师对学生一学期的考勤、作业、体式套路等方面进行综合考察；学生在课后对学习瑜伽的自我评价、互评。

教师教学评价：选通识教育瑜伽课的人数；学生对瑜伽课的教学评价；学生在学习瑜伽前后的体测数据成绩对比；学生瑜伽体式动作的完成情况。

课程建设评价：结合课程建设系统内容，从教师、学生、教材、教学条件和教学评估五个方面进行综合评价。

通识教育瑜伽课的评价，应围绕学生学的效果出发，让学生在短时间内认识到瑜伽运动给他们身体、精神、心理带来的变化。

经过三个学期的教学，学生体测成绩有显著提高，反映在身体形态、机能上的进步。通识教育瑜伽选修课程体式的构建，在课程内容设计上要充分考虑不同专业学生在短时间内学的重要性；在每次课的体式编排上要新旧、难易交替。要根据学生实际课业需求，选择有针对性的瑜伽类型教学，充分调动学生学习的积极性，促进学生身心健康发展。

（三）体育课程思政要素构建与实施路径

1. 思政元素

大学体育课程的思政要素是指在体育教学中融入思想政治教育的元素，旨在培养学生的思想道德素质、社会责任感和爱国主义等核心价值观。大学体育课程思政要素的构建是为了在课程中融入思想政治教育的理念和内容，以培养学生的社会责任感、团队协作精神、爱国主义等核心价值观，引导他们正确树立世界观、人生观和价值观，促使学生在体育锻炼中更全面地发展个人素质。以下是一些可能融入大学体育课程的思政要素。

(1)爱国主义。

内容:引导学生热爱祖国、热爱人民,理解并珍视国家的独立、尊严和荣誉。

实施方式:通过体育活动中的国旗护卫队、爱国主题比赛等方式,激发学生爱国热情。培养学生面对困难时保持积极态度和坚持不懈的品质。

第二,集体主义。

内容:强调团队协作、集体荣誉感,培养学生的团队协作能力和集体主义观念。

实施方式:通过团队体育项目,如篮球、足球等,培养学生的团队协作精神,组织集体活动强化团队观念。强调体育竞技中的体育精神,如拼搏、团结、友谊第一等,培养学生的进取心、团结协作精神。

(3)社会责任感。

内容:引导学生关注社会问题,培养对社会责任的认识,激发参与社会公益事业的意愿。

实施方式:通过社会体育服务项目、义工活动等,让学生深切体验体育的社会责任感。

(4)民族精神。

内容:引导学生热爱中华民族,弘扬中华传统文化。

实施方式:通过传统体育项目、文化体育节目等,激发学生对民族文化的热爱和传承。

(5)劳动教育。

内容:培养学生劳动观念,强调通过辛勤努力实现个人价值,为社会作出贡献。

实施方式:通过户外体育运动、军事体育等方式,培养学生的勤劳精神和团结协作的劳动态度。引导学生将体育知识与实际生活相结合,培养他们在实际生活中运用体育知识的能力。

(6)科技意识。

内容:引导学生关注科技进步,培养科学文化素养,提高科技意识。

实施方式：结合现代科技手段，如运动科学、健身科技等，增强学生对科技在体育中的认识。

（7）创新精神。

内容：培养学生的创新意识，鼓励他们勇于尝试、不断创新。

实施方式：引入创新性体育项目、组织创意体育赛事等，激发学生的创新精神。

（8）法治观念。

内容：引导学生理解法治的重要性，培养对法治的敬畏和遵守法律意识。

实施方式：结合体育赛事，强调公平公正，培养学生对法治观念的认知。

（9）自我管理和自律。

内容：培养学生在体育锻炼中培养自我管理和自律的能力，包括时间管理、目标设定等方面，提高学生的自律性。

实施方式：结合体育赛事，强调时间、纪律的重要性。

（10）健康生活方式。

内容：强调体育锻炼对于保持身心健康的重要性，倡导学生形成良好的生活习惯和健康理念，远离不良的生活方式。

实施方式：按期进行体质健康测试。

在构建大学体育课程思政要素时，关键是将这些要素有机地融入体育教学的各个环节，通过丰富多彩的教学手段和活动，使学生在锻炼身体的同时，更全面地发展个人的思想和品德。

2. 课程思政体育人物案例

下面是一些大学体育课程思政教育的案例，这些案例涵盖了体育项目代表人物、体育赛事等方面。

（1）体育项目代表人物。

李宁，著名的体操运动员。人文精神：李宁以其在体操领域的杰出成就闻名；职业生涯和对中国体育事业的贡献，尤其是转型成为成功商人的经历，是创新精神和多元发展的典范。

刘翔，中国短跑障碍跑选手，中国短跑项目的代表人物之一。人文精神：刘翔以其坚韧不拔的毅力、对体育事业的热爱以及对国家荣誉的追求，展现了奋发向前的人文精神。

姚明，中国篮球运动员。人文精神：姚明不仅在篮球场上取得了巨大成功，更以其谦逊、智慧和对社会的贡献受到尊敬。

（2）体育赛事：北京奥运会，北京奥运会是中国举办的第29届夏季奥林匹克运动会，是一次具有国际影响力的体育盛事。人文精神：北京奥运会通过举办一系列文化活动、庆祝仪式等，弘扬了奥林匹克精神，彰显了中国的文明和包容。

（3）体育团队代表：女排精神，郎平领衔。中国女排是中国体育的传统优势项目之一，郎平是中国女排的传奇教练。人文精神：中国女排通过多次在国际比赛中取得的优异成绩，展现了坚持拼搏、顽强拼搏的体育精神，郎平的领导力更是凝聚了团队的力量。

这些案例旨在通过体育项目代表人物、体育赛事等方面，结合习近平体育思想的核心理念，向大学生传递积极向上的人文精神和价值范式，促使他们在体育课程中更深刻地理解思政要素。

3. 实施路径

（1）课程整合与设计。将思政元素融入体育课程的教学目标和教学内容中。在设计课程时，注重体育与思政教育的有机结合，如通过体育活动强化团队合作、公正竞争、自律等社会和道德价值观。

（2）师资培训与发展。对体育教师进行思政教育培训，增强他们在教学过程中融入思政元素的能力。强化教师的思政教育意识，使其能够在日常教学中自然而然地传达这些价值观。

（3）教学方法创新。利用体育课程中的具体活动，如球类运动、田径等，作为传递思政内容的平台。通过体育比赛和活动中的实际情境来讲述思政教育相关的主题，如公平竞争、遵守规则、团队精神等。

（4）学生参与互动。鼓励学生参与课程设计，以提高他们对思政教育内容的兴趣和参与度。在体育活动后设置讨论环节，让学生分享他们的体验和感悟，以此加深对思政教育内容的理解。

（5）评估与反馈。对体育课程中的思政教育成效进行定期评估，以确保教学目标的实现。收集学生和教师的反馈，不断调整和优化教学方法和内容。

（6）学科合作。与其他学科（如社会学、心理学）合作，共同开发融合思政教育的体育课程，丰富体育课程的思政内容，使学生从多角度接受教育。

通过这些操作方法，可以在大学体育课程中有效地实施思政教育，促进学生的全面发展。

二、短视频对大学体育教学改革路径的影响

大学体育课程已有120多年历史，随着时代的发展，大学体育在项目内容、教学形式、教学资源、学习方式等方面都有了很大转变。皆因现代社会网络的发展，面对面线下教学、面对面线上教学、专用平台教学、手机App软件等方式，让学生能快速接触到外面新知识、新观念、新项目。大学体育作为学生进入社会前掌握有效身体锻炼的最后教育阶段，应与时俱进，从最基本问题出发，让学生再次认识体育、了解体育、懂得健身常识，有效地将书本知识应用到实践中，因此借助网络发展，对体育的教学改革势在必行。

短视频一般是在互联网新媒体上传播的时间在5分钟以内的视频。由于智能手机的普及，短视频在短时间内得到了飞速传播。以抖音为例，抖音利用平台优势，为知识传播、文化记录、艺术展示、多样生活、了解非遗等方面作出巨大贡献，让人们可在足不出户情况下，快速了解多样人生、文化知识、产品买卖交易等，成为"视频版的百科全书"。下面以手机App抖音为例，从宏观角度分析大学体育教学存在的问题，探索抖音短视频对大学体育教学价值和意义、分析大学体育教学改革路径，并提出对应的解决措施。

健康是大学体育教学的根本内容。大学体育可在有效的教学期内，指导学生掌握一项或多项体育锻炼技能，并对所学技能有深入了解，以在今后的学习、生活、工作中进行有效的身体锻炼。世界卫生组织提出健康不仅是没有疾病和身体不虚弱，而且是保持身体上、精神上和社会

适应方面的良好状态，影响健康的因素是诸多的，如遗传、自然环境、教育、生活习惯、个性心理、营养、体育锻炼，还有社会文化环境等，其中体育锻炼是最积极促进健康的活动。

（一）抖音短视频在体育教学中的价值

1. 实现教学模式的融合

短视频已成为一种新的知识传播途径，对大学体育教学改革可起到促进作用。抖音 App 可作为大学体育教学线上教学展示，对线下教学进行有力补充。大学体育教学模式，可由基础部分（即教学热身活动）、专项练习、教学部分、放松结束部分组成。教师通过抖音短视频发布相应教学部分，以缩短线下教学时间，能更好指导学生练习，从而有更多时间加强师生间的交流。大学生在课堂练习技术的同时，教师应更为注重与学生在体育知识技能上的理解性交流。因此前期短视频对学生尤为重要，能从动作要求、标准上缩短面对面讲授时间。

2. 提升大学体育教学的效率

智能手机的普及使得体育教师可以借助抖音 App，在课前发布统一的基础部分，学生通过简短的视频观看，直观理解教师在基础部分内容上的要求，让学生能快速进入教学状态，包括：慢跑、徒手操（名称、节拍等），形成课堂模式化，学生到课堂后更为自觉；教师在教学中更为快捷，练习、纠错时间会增加，学生对动作的掌握运用会更好。

3. 为体育教学注入新内涵

传统的体育教学需要面授、看书查资料、上网搜索相关内容。现今大学体育课可根据课堂需要拍摄课堂基本部分短视频，使学生在热身活动中更为明确活动内容；同时对为什么这样做教师可做解答；再根据项目不同拍摄专项练习动作和本次课所讲授的重难点，学生课前通过短视频更为直观地了解所学内容。教学发展，科技助力。借助当前国民追捧的抖音 App，使学生快速掌握体育教学知识，缩短师生教学课前时长，将重心放在练习、纠正、领会技术要领、加强理解沟通上，让学生更好地理解体育课每个部分，以促进学生上课的积极性。同时高校体育通过抖音短视频，介绍有关运动损伤、康复训练、健康饮食等方面，提升学生对体育锻炼的专业认识。

（二）抖音短视频在体育教学中的改革路径

第一，体育教师转变理念，深化相互间分工合作。体育教学在组织上需要有一套完整的体系，项目技术、专项素质上的不同，不影响学生热身活动统一。体育教师应在认识上有统一标准，如慢跑圈数、徒手操名称、节拍、拉伸动作等；建立有效短视频动作库。这就需要教师们在备课前通过讨论，明确统一任务，学生能够清楚理解明确教师要求目的；在此基础上不同项目教师完成专项素质、技术教学制定。

第二，健全机构组织与内容定时更新机制。体育课教学是专业性较强的一门课程。智能手机各类 App 功能强大，一部手机可完成视频剪辑、合成、音乐配置、发布等，非专业人士通过视频讲解可完成学习操作。明确角色分工与职责，大学体育教学内容在抖音短视频的拍摄中，应建立健全相关组织人员，如内容设计、动作示范、拍摄制作剪辑、发布推广等；在固定课前对教学内容进行更新，保证学生在上课前能对本次课所学知识有清楚认识。

第三，加强师生间沟通，注重理论知识讲解。课前抖音短视频，时间宜短不宜长，以 1 分钟适中，突出示范讲解重难点。课后加强师生间沟通，对短视频拍摄内容进行解释说明，学生提出问题，以便进一步改进；注重理论知识讲解、课堂思政教育，如项目发展现状、市场受欢迎程度、在奥运会我国成绩如何、代表人物等。

第四，加快完善相关配套设施。抖音短视频拍摄对大学体育教学改革有促进作用，可满足学生对体育课学习拓展需求；好的教学、拍摄环境，能引起学生更大的学习观看兴趣。因此，完善公共体育场地设施、拍摄场景，可以更好服务于大学体育教学。

第五，组织不断学习，提升自身专业能力。教师教学过程就是自身再学习。为适应时代对教学的要求，近些年针对教师的各类培训不断增多，但很多是指导性思想内容，在专业特色上没有很好地区分开来。高校体育教师应不断学习，结合自身专业特点或是依据项群理论，有目的地解决课堂教学问题，以学生为本，提高学生的学习兴趣、自觉参与度；结合自身项目不断深化专业能力，学习相关跨专业知识，从专业角度录制短视频或现场解答学生对体育锻炼中常见的问题，如跑步会不会让大腿变粗、热身活动的意义（举例说明利害关系）、如何克服极点、运动中常见的损伤等问题，从拓展知识面上提升专业能力。

综上所述，教学知识短视频传播，已成为一种新的趋势，能更清晰直观地让学生快速了解所学内容。大学体育教学改革应结合当前时代发展趋势，在教学形式上推陈出新；拍摄有利于学生学习体育的抖音短视频，提升课程质量，充分调动和发挥学生的积极性；推广体育专项制，确保从大学到走向社会期间有一项较高水平的运动技能；不断深化教学内容方式方法，提高专业技能，做到"一生一目标，一生一标准"。

第四章 教师维度：体育教师在教学改革中的专业素养

本章分析了体育教师在推动教学改革中的作用，强调其在课程创新和教学方法应用中的重要性，并聚焦于体育教师的教学技能与职业技能的提升，探讨如何通过专业培训和实践经验提高教师的教学质量和学生互动能力。同时，探讨了教师专业发展对整体教学改革的影响，旨在为体育教育工作者提供全面的专业指导，促进其在教学改革中发挥更为重要和有效的作用。

第一节 教师在教学改革中的推动作用

教学改革作为提升教育质量和满足时代发展需求的关键手段，其成效在很大程度上依赖于教师的推动作用。教师不仅是教学改革的实践者，更是改革理念的传播者和创新教学方法的探索者。在教学改革中，教师的积极参与和有效推动至关重要。

一、教师作为教学改革实践者的作用

教师在教学改革中扮演着实践者的角色。具体而言，教师通过课堂教学的变革，将新的教学理念和方法付诸实践。传统的教学模式往往以教师为中心，而现代教学改革则强调以学生为中心，倡导探究式学习、合作学习和项目学习等创新教学模式。教师需要根据改革要求，调整教学计划，设计新的教学活动，实施多样化的教学策略，以促进学生全面发展。例如，在探究式学习中，教师引导学生通过提出问题、搜集资料、进行实验和讨论等方式，自主探究知识。而在合作学习中，教师通过分

组活动,鼓励学生相互协作,共同完成任务,培养团队合作精神和解决问题的能力。通过这些创新教学模式的实施,教师不仅提升了课堂教学的有效性,还为教学改革的深入推进提供了实践经验。

二、教师作为改革理念传播者的作用

教学改革的顺利推进需要广泛的理念认同和共识,而教师在传播改革理念中起到桥梁作用。教师通过专业培训、教研活动和教学反思等方式,不断学习和内化改革理念,并将其转化为具体的教学行为。教师在课堂中、学校内、教育界,通过各种途径传播改革理念,形成良好的教育氛围,推动教学改革的深入开展。例如,教师可以在教研活动中分享自己的教学改革经验,探讨改革中的问题和挑战,交流成功的教学案例,互相学习和借鉴。教师还可以通过撰写教学论文、出版教学专著、参加教育会议等方式,向更广泛的教育群体传播教学改革理念,推动教育理论与实践的双向互动。

三、教师作为创新教学方法探索者的作用

教学改革的实质是教学方法的创新,而教师是这一过程的主要探索者。教师通过不断反思和研究,尝试新的教学方法和手段,丰富教学内容,提升教学效果。教师在教学过程中,依据学生的学习特点和需求,设计并实施多样化的教学活动,探索有效的教学方法。例如,信息技术的迅猛发展为教学方法的创新提供了新的可能。教师可以利用多媒体技术、网络资源和智能设备,开展丰富多彩的教学活动,如线上线下结合的混合式教学、基于互联网的翻转课堂、虚拟现实技术辅助的实验教学等。通过这些创新教学方法的探索和应用,教师不仅提升了教学质量,也为教学改革注入了新的活力。

四、教师在教学评价中的作用

教学改革不仅涉及教学内容和方法的变革,还包括评价方式的创新。教师在教学评价中起着关键作用,影响着学生的学习态度和效果。传统的教学评价往往以考试成绩为主,而现代教学改革强调多元化评价,注重学生综合素质的培养。教师可以通过过程性评价、形成性评价和终结

性评价相结合的方式,全面评估学生的学习成果。例如,通过课堂观察、学生自评和互评、项目成果展示等方式,教师可以动态了解学生的学习进展,及时反馈和调整教学策略,促进学生全面发展。教师还可以设计多样化的评价工具,如学习日志、成长档案、电子作品集等,记录和展示学生的学习过程和成果。

五、教师在校本课程开发中的作用

校本课程开发是教学改革的重要内容之一,教师在其中扮演着重要角色。校本课程是指根据学校自身的教育资源和学生需求,开发的具有校本特色的课程。教师通过参与校本课程的开发,丰富学校课程体系,满足学生个性化发展的需要。例如,教师可以结合本校学生的兴趣和实际情况,设计和开发具有特色的选修课程,如地方文化课程、科技创新课程、环境教育课程等。通过这些课程的开发和实施,教师不仅拓宽了学生的知识面和视野,还增强了学生的学习兴趣和积极性,为教学改革注入新的活力。

六、教师在教育科研中的作用

教育科研是教学改革的重要支撑,教师在其中起着重要作用。通过教育科研,教师可以深入探讨教学改革中的问题,总结和推广成功经验,为教学改革提供理论依据和实践指导。教师可以通过参与教育科研课题,开展实证研究,分析教学改革中的难点和热点问题,提出解决方案。例如,教师可以研究探讨如何有效实施探究式学习,如何优化合作学习的组织与管理,如何利用信息技术提升教学效果等。通过教育科研,教师不仅提升了自身的专业水平,也为教学改革的深入推进提供了重要支持。

七、教师在教学团队建设中的作用

教学团队建设是教学改革的重要环节,教师在其中起着核心作用。通过组建和带领教学团队,教师可以发挥集体智慧,共同推进教学改革。例如,教师可以组织教学团队,开展教学研讨、课例研究、集体备课等活动,共同探讨教学改革中的问题和对策。通过团队合作,教师可以相互学习和借鉴,共同提升教学水平,推动教学改革的深入开展。

八、教师在学生发展中的作用

教学改革的最终目的是促进学生的全面发展，教师在其中起着重要作用。通过实施个性化教学，关注学生的个体差异，教师可以帮助学生发现和发展自身的潜能，促进学生的全面发展。例如，教师可以根据学生的兴趣和特长，设计和实施个性化的学习计划，提供有针对性的辅导和支持，帮助学生实现个性化发展。教师还可以通过丰富的课外活动，拓展学生的学习空间，促进学生的全面发展。

九、教师在家校合作中的作用

家校合作是教学改革的重要组成部分，教师在其中起着桥梁作用。通过建立良好的家校合作关系，教师可以争取家长的理解和支持，共同推动教学改革。例如，教师可以通过家长会、家长开放日、家校联系册等方式，向家长介绍教学改革的理念和方法，争取家长的理解和支持。教师还可以通过家访、电话、微信等方式，及时与家长沟通学生的学习情况，共同探讨学生的教育问题，形成教育合力。

十、教师在教育政策落实中的作用

教育政策的落实需要教师的积极参与和推动。教师通过理解和贯彻教育政策，将其转化为具体的教学行为，推动教育政策的落实和教学改革的深入开展。例如，教师可以通过学习和理解教育政策，结合实际情况，设计和实施符合政策要求的教学活动。教师还可以通过反映教学改革中的问题和建议，参与教育政策的制定和调整，推动教育政策的科学化和合理化发展。

第二节 体育教师的教学技能与职业技能的提升

一、体育教师的教学技能

（一）教师教学技能的含义

教师教学技能作为教师职业素质的核心要素，其内涵复杂且多样。不同的学者对教学技能的定义有着不同的理解和阐述，但无论哪种观点，都强调了教学技能在实现教学目标过程中的重要性。综合四种主要观点，可以得出以下共识：教师教学技能不仅包括外显的、可观察的行为表现，还包含教师内隐的认知过程和对教学情景的理解与把握。

第一，活动方式说认为教学技能是教师为达到特定教学目标而采用的一种常规且有效的教学活动方式。这一观点强调了教学技能的实用性和目标导向性，认为教师通过特定的教学活动方式，能够有效地促进学生的学习和发展。教学技能在这一视角下，被视为一种可操作性的、可重复使用的教学策略。

第二，行为说将教学技能定义为教师在课堂教学中运用专业知识和教学理论，促进学生学习的一系列教学行为。这种观点强调了教学技能的行为表现，认为教师的教学行为是具体可见的，并且这些行为在一定程度上决定了教学效果。教学技能在这里被视为一种行为模式，通过教师的专业知识和教学理论指导，能够直接影响学生的学习效果。

第三，结构说认为教学技能是教师教学行为与认知活动的结合体。这种观点强调了教学技能的复杂性和多层次性，认为教学技能不仅是外显的行为表现，还包括教师的认知活动和心理过程。教学技能在这一视角下，被视为一个动态的、相互作用的序列，教师的教学行为和认知活动相互影响，共同构成了有效的教学技能。

第四，知识说，将教学技能视为一系列用于具体教学情景的操作步骤。这一观点包括了教师在教学中表现出来的动作技能、智慧技能和认知策略，认为教学技能是教师在具体教学情境中运用专业知识和技能的表现。教学技能在这里被视为一个综合体，包含了多个层面的技能和知识。

尽管上述四种观点各有侧重，但都揭示了教学技能的两个基本方面：一是可观察的、可操作的行为表现，二是教师的认知活动和心理过程。教学技能既是一种外显的行为表现，又是教师内隐的认知活动的反映，是一个复杂的心理过程。

随着教育的不断发展，教学技能的定义也在不断演变。当前，普遍认为教学技能是教师在不同教育情境中，依据教学理论，运用专业知识和教学经验，促进学生学习，达到教学目标所采取的一系列特定教学行为方式。这种定义不仅强调了教学技能的实践性和可操作性，还强调了其理论基础和经验支持。教学技能包括智力技能和动作技能两个方面，既有教育教学理论作基础，又有实践的原则和要求。通过不断的训练和实践，教师可以掌握和巩固教学技能，并在此过程中不断发展和提升自身的专业素质。因此，教师教学技能不仅是教师职业能力的重要组成部分，更是教师实现教育目标和促进学生发展的关键。它既需要理论的指导，也需要实践的积累，通过不断的学习和反思，教师能够不断完善和提升自己的教学技能，从而更好地适应教育发展的需求和挑战。

（二）教师教学技能的实施内容

教师教学技能的内容涵盖了多个方面，其中对教材内容的分析和处理、课堂教学的设计与实施、课堂教学的导入、教具的使用与演示以及课堂教学气氛的形成与调控是最为关键的环节。

第一，教材内容的分析和处理。教师需要认真钻研教学大纲，这是各科教学的指导性文件，对教材的分析和组织起着重要的指导作用。通过深入研究教学大纲，教师能够明确教材的重点和难点，了解课程的性质、任务、目的及要求，从而有效地确定教学内容，合理安排教学方法。此外，全面掌握教材体系是优化知识结构、设计教学方案及进行课堂教学的核心问题。教师需要全面深入地掌握教材，对教材进行整体分析，理解各部分内容在整个教材中的地位及其前后联系，才能对教材进行恰当处理，使课堂教学更加精细化。通过对教材内容的深入分析，教师不仅可以使学生在有限的时间里尽量多地掌握知识的精华，还能强化学生的能力、陶冶情操，培养他们的创新能力和实践能力，促进德育内涵的挖掘与实施，实现科学文化知识传授与思想品德教育的统一。

第二，课堂教学的设计与实施。在教学过程中，"教"与"学"是不可分割的两个方面，课堂教学是一种目标明确、有计划、有组织的双边活动。教师在设计教学时，应以学生综合素质的全面发展和个性健全的全面培养为出发点，将培养扎实的科学文化基础和较强的创新实践能力作为落脚点。教学设计应充分考虑教育规律、素质教育要求及符合学生全面发展的教育思想和教育观念，贯穿于整个课堂教学活动中，以实现教育目标的最大化。

第三，课堂教学的导入。教师需要用贴切而精练的语言，巧妙地导入新课，调动学生的学习积极性，使其以高昂的探索精神和坚忍的学习毅力投入到学习中，从而提高课堂教学的效率。教师应创设富有引导性的导入环节，以启迪学生从不同角度对所学知识进行思考，逐步养成良好的创造性思维习惯。

第四，教具的使用与演示。为了使学生易于理解和掌握较为抽象、复杂的问题，教师可以通过直观教具或媒体传递的方式进行演示，使学生对所学对象的形态、特点、结构、性质或发展变化有更加清晰的认识。教学演示技能的运用要与讲课紧密结合，使学生对所学知识有明确的认识。通过生动的直观演示，学生能够从抽象思维回归到实践，使复杂的问题变得直观形象，从而有助于开发学生的思维活动。

第五，课堂教学气氛的形成与调控。课堂教学气氛是全体学生在课堂上的情绪和情感状态的表现，良好的课堂教学气氛能够激发学生的学习兴趣和积极性。教师在课堂教学过程中，应充分发挥主导作用，将学生视为真正的主体，了解他们的实际情况，设计出符合学生认知规律的教学程序，并进行有效组织、管理和引导，建立一个生动活泼、催人向上的和谐课堂氛围。

(三)教师教学技能与新课程的关系

教师教学技能与新课程之间的关系复杂而紧密,二者不仅相互影响,还具有内在的统一性。在新课程改革的背景下,教师教学技能的发展处于核心地位,新课程理念赋予了教师教学技能新的内涵,从而促进了教师教学技能的可持续发展。

第一,新课程理念为教师教学技能的发展注入了新的内容。新课程理念带来了全新的课程形态和教学方式,这要求教师在原有的教学技能基础上不断更新和提升。新的课程理念强调学生的主体地位、强调教学过程的互动性和创造性,这使得教师必须具备更高的教学技能来适应这些变化。因此,教师的教学技能不仅要涵盖传统的教学技巧,还需要融入新课程所倡导的教学观念和理论,以实现教学的创新和发展。

第二,教师教学技能的发展是新课程实施的重要支撑。新课程改革的核心在于教师这一主体的变革,教师的教学技能是新课程实施的关键因素。没有高水平的教学技能,新课程的理念和目标将无法真正落地。因此,教师必须在新课程的背景下,通过不断地学习和实践,发展出新的教学技能。这种"二次开发"过程,不仅能够帮助教师更好地理解和解释新课程,也能够促进学生的知识获取和能力培养。

第三,教师教学技能的发展对于新课程的落实至关重要。在新课程改革中,教师需要不断提升自己的教学行为意识和教育教学能力,转变传统的教学方式,深刻理解新课程的基本理念。这就要求教师在课程目标、结构和实施等方面有新的认识,从而更好地把握新课程的核心思想。通过不断提升教学技能,教师能够明确自身的角色定位,从传统的权威和监督者转变为积极的引导者、研究者和反思性的实践者。这一转变不仅有助于教师自身的发展,还能够促进新课程的有效落实。

第四,教师教学技能的提升可以加强教师之间的合作与交流,发展协同教学能力。新课程强调团队合作和共同进步,教师通过不断交流与合作,能够分享教学经验和技巧,互相学习,共同进步。这样,不仅可以提高教师的教学技能,还能够更好地落实新课程的各项要求,推进新课程的顺利实施。

（四）新课程理念对教师教学技能的要求

新课程理念对教师教学技能提出了全新的要求，强调通过多样化的教学方式和策略，促进学生的全面发展和素质提升。教师不仅要传授知识，更要培养学生的思维能力、合作能力和创新精神。具体如下。

第一，设计教学问题情境的技能。在传统的应试教育模式中，教学过程通常是教师按既定目标和方式向学生传授知识，学生依照教师的指示逐步接受。这种传递式的教学虽然在短期内能够使学生掌握大量知识，但却容易导致学生的学习过程枯燥乏味，缺乏主动性和创造力。而新课程改革强调通过学生的操作、思维和体验来获取知识，倡导活动式教学，以问题解决为中心展开教学。教师需要设计具有挑战性和吸引力的问题情境，激发学生的学习兴趣和思维活力，使他们在解决问题的过程中，主动参与、积极探索，从而提高学习效果。问题情境的设计是否成功，直接关系到学生情绪体验和思维活动的调动程度，是教学成功的关键因素。

第二，组织学生进行合作学习的技能。在应试教育中，教师讲学生听的单向信息交流方式，忽视了学生之间的合作互动，限制了学生的全面发展。而新课程改革重视学生的素质培养，强调社会性相互作用在学生认识和发展中的重要作用。教师需要将学生的交往活动纳入教学过程，使之成为一个统一的有机整体。通过合作学习，学生不仅可以互相学习，启发思维，重组和发展自己的观点，还能培养团队精神和合作能力，这些都是现代社会对人才的基本要求。教师在组织合作学习时，需要具备引导学生交流、分工合作、解决冲突等技能，使学生在合作中共同进步，提升学习效果。

第三，组织学生进行研究性学习的技能。应试教育重视系统的文化知识传授，而忽视学生解决实际问题和参与知识创新的能力培养。新课程改革强调在学科课程之外，增加研究性课程，通过学生获取直接经验，掌握科学研究方法，提高综合运用知识解决实际问题的能力。教师需要引导学生进行课题研究，培养他们的科学精神和态度，使学生在研究过程中学会独立思考、发现问题、提出假设、验证结论，从而提升综合素质。

研究性学习拓展了学生的学习方式，丰富了教学内容，对学生的全面发展具有重要意义。

第四，教学生学会学习的技能。传统应试教育强调教师的备课、教学方法的选择，而忽视了对学生学习方法和过程的指导。21世纪的教育不仅要求教师传授知识，更要求教师指导学生掌握学习方法，使学生学会学习。教师需要关注学生的学习过程，帮助他们养成良好的学习习惯，掌握科学的学习方法，提高自学能力。通过对学生学习方法的指导，教师可以帮助学生形成终身学习的意识和能力，这对于学生未来的发展至关重要。

二、体育教师的职业技能

（一）教师职业技能

科教兴国，教育是基础，教师是关键。因此，要加强教师队伍建设，提高教师业务水平；完善培养培训体系，做好培养培训规划，优化队伍结构，提高教师专业水平和教学能力。社会对教师寄予了崇高的期望，同时也对教师提出了新的要求。毋庸置疑，培养优秀教师必须走专业化的发展道路。专业化意味着对教师有一定的专业标准要求，即具有自己独特的职业要求和职业条件，有专门的培养制度和管理制度。教师首先是一个职业，只有当其职业中知识和技能达到其他行业的人员不经过艰苦的培训难以进入的水平时，才具备了成为专业的条件。教师职业技能是教师专业发展的基础，若忽视了对教师职业技能的培养，教师的专业发展就成了无源之水、无本之木。同时，教师职业技能也是教师业务素质的体现，是教师业务素质的重要组成部分。

1. 教师职业技能的本质

教师职业技能的本质在于其在教育教学实践中通过不断练习和训练，形成的一套能够迅速、准确、流畅且熟练地完成教育教学任务的行为和智力活动方式的总和。这些技能不仅是教师履行职责的基础，更是保障教育教学质量的重要因素。

教师作为教育者，肩负着传播知识、塑造人格、引导思想的重任。

第四章 教师维度：体育教师在教学改革中的专业素养◎

要成为一名合格的教师，不仅需要具备广博的知识和深厚的专业素养，还需要具备良好的职业技能。这些职业技能涵盖了多方面的能力，包括对教材的理解和运用能力，对学生心理和行为的洞察力，对课堂秩序的管理和组织能力等。现代社会中，随着科学技术的飞速发展和教育理念的不断更新，教师需要不断学习和适应，以掌握最新的教育教学方法和手段，从而更好地满足学生多样化的学习需求。

在实际教学过程中，教师的职业技能体现在多个层面。首先，教师需要具备良好的沟通能力和表达能力，能够将复杂的知识点以简单明了的方式传递给学生，使学生易于理解和掌握。其次，教师需要具备一定的课堂管理能力，能够有效地组织和调控课堂氛围，激发学生的学习兴趣和积极性。教师还需要具备一定的应变能力，能够灵活应对课堂上的突发情况和学生的各种问题，保持课堂教学的连续性和有效性。

教师职业技能的形成并非一蹴而就，而是一个长期积累和不断提升的过程。教师在教育教学实践中，通过不断反思和总结经验，逐步提高自己的教学能力和水平。教师也需要积极参加各种培训和学习活动，了解最新的教育理论和教学方法，不断丰富自己的知识储备和技能体系。

在培养教师职业技能的过程中，除了个人的努力和勤奋外，学校和教育主管部门也应提供必要的支持和帮助。例如，学校可以定期组织教师参加各类培训和学习活动，提供丰富的教学资源和设备，营造良好的教学氛围和环境。教育主管部门也应制定科学合理的教师评价和激励机制，鼓励教师不断提升自己的职业技能和教学水平。

2. 教师职业技能的特点

教师职业技能既是教师业务素质的体现，也是教师发挥教育教学功能的重要途径和手段。教师职业技能虽然与其他行业的职业技能具有许多一致的地方，但更主要的是教师在从事教书育人工作中的特殊性。

（1）社会性与时代性特点。教师职业技能的发展植根于社会的土壤，其形成和发展不仅受到社会其他行业职业技能的深刻影响，还对其他行业的职业技能产生了一定的影响。社会发展的水平和需求首先决定了教师职业技能的构成，社会主导的行为价值观也制约着教师职业技能的发展方向。教师的职业活动一方面要以社会公认的价值观来影响学生，另一方面，在运用先进教学手段促进学生发展时，要体现出鲜明的时代性，鼓励学生的上进心，促进其身心健康发展。这种社会性和时代性要求教师不断更新知识，紧跟时代步伐，以适应社会的发展和变化。

（2）职业性特点。教师的劳动对象是学生，其劳动手段是知识和教育方法，劳动目的是全面促进学生的发展。这些特点决定了教师的劳动具有复杂性、创造性、艰巨性、规范性、紧张性、长期性、群体性和个体性相结合的特点。为了有效完成教育教学任务，教师需要掌握一系列独特的职业技能。教师不仅要具备广博坚实的基础知识和较高的文化素养，还要善于开展教育教学活动，成为教育方面的"临床专家"，能够有效解决学生中出现的各种问题。教师的职业性要求其不断学习和提升自身职业技能，以适应教学工作的需求。

（3）示范性特点。教师职业技能的示范性特点源于学生的向师性和模仿性。青少年具有明显的向师性和模仿性，他们往往会模仿教师的行为、语言和态度。因此，教师的一言一行、一举一动，都在潜移默化中对学生产生示范作用。在思想教育过程中，学生的文明习惯、道德风貌以及人生观、世界观的形成，都离不开教师的言传身教。因此，教师应努力掌握和提升教育职业技能，以身作则，树立良好的榜样，不断提高教育教学水平，使学生在良好的氛围中健康成长。

（4）复杂性特点。教育现象的多样性和教学任务的全面性决定了教师职业技能的复杂性。教师的任务不仅是传授知识，还要促进学生在德、智、体、美、劳各方面的发展。教师既要关注学生的学习进步和智力发展，又要关心他们的思想政治进步和身体健康。这种多层次的教育目标要求教师具有高度的观察力和判断力，能够根据不同学生的具体情况，制订个性化的教育方案，并在教学过程中灵活调整。教师的教育教学过程实际上是一个综合处理各种矛盾的过程，需要教师在复杂的矛盾运动中，准确把握主要矛盾并及时解决，以促进学生的全面发展和健康成长。

3. 体育教师的基本职业技能

（1）应用专业知识的能力。无论是哪个学科，教师都需要深入理解并能够灵活运用所教授领域的理论知识。对于体育教师来说，了解人体生理机能的变化规律、生长发育规律，以及掌握运动科学和卫生保健理论，是确保体育教学科学性的重要前提。通过科学的指导，体育教师能够帮助学生在运动中保持身体健康，促进他们的全面发展。这种能力不仅要求教师具备扎实的专业知识，还需要他们能够根据实际情况，灵活应用这些知识，使每一节课都充满科学性和实效性。

（2）编写教案的能力。高质量的教案是有效教学的基础，教师需要在深入钻研教材、了解学生需求和特点的基础上，制订详细的教学计划。教案不仅是教学的指导纲要，也是教师自我提升的重要工具。通过编写教案，教师能够梳理教学思路，明确教学目标，选择合适的教学方法，从而提高课堂教学的效率和效果。高质量的教案能够帮助教师更好地组织教学活动，充分发挥其在课堂中的主导作用，激发学生的学习兴趣和积极性。

（3）语言表述能力。无论是课堂讲授还是日常交流，教师都需要具备良好的语言表达能力。对于体育教师来说，清晰、准确的讲解，富有节奏感的口令，以及充满感染力的无声语言，都是传递教学信息的重要手段。通过流畅的语言表达，教师能够帮助学生更好地理解和掌握教学内容。适当的表情、姿势和手势，也能增强教学的感染力，使学生在轻松愉快的氛围中学习，提高学习效果。

（4）讲解与示范技能。在教学过程中，教师不仅要讲解知识点，还需要通过示范来帮助学生更直观地理解和掌握所学内容。特别是在体育教学中，准确、规范的动作示范能够激发学生的学习兴趣，提高他们的参与度。教师需要通过生动的讲解和优美的动作示范，帮助学生掌握运动技能，理解运动原理，从而达到预期的教学效果。

（5）指挥技能。体育教师的指挥技能主要体现在口令和哨声的运用上。口令作为一种命令式的情感表达方式，具有强烈的感召力和凝聚力。严肃、果断的口令能够传递教师的权威性和威严性，帮助教师更好地组织和管理课堂。哨声则被称为体育教师的"第二语言",具有指示和命令的庄严性和权威性。通过合理运用哨声,教师能够有效地指挥学生的动作,维持课堂秩序,提高教学效率。

(6)保护与帮助的能力。教师在技术练习中需面对学生多样化的身体素质和心理状态,这决定了练习过程中可能出现的各种挑战和风险。学生有时会因为恐惧心理而产生退缩,或者在动作执行上出现错误,甚至可能引发意外伤害。因此,教师的正确保护与帮助能力直接影响到学生的学习积极性和安全性。通过恰当的指导和支持,教师能够帮助学生克服恐惧,建立自信心,从而更好地完成课堂上的教学任务,确保教学过程的顺利进行和学生的身心健康。

(7)组织管理的能力。在运动场上,教师面对的不仅是复杂多变的环境和多样化的教学内容,还包括大量学生的参与和不同形式的体育活动。学校的体育教学不仅仅限于课堂上的体育课程,还涵盖了早操、课间操、课外活动、课余训练以及各类体育竞赛等多方面内容。因此,教师必须具备良好的组织才能和管理能力,以保证各项体育活动的有序开展和有效实施。只有通过合理的组织安排,教师才能有效地调动学生的积极性和参与度,推动体育教学工作的全面发展。

(8)创编技能。随着教育理念的更新和社会需求的多样化,学校体育教学的内容也日益丰富多彩。教师需要根据不同的教学内容、练习对象、目的和效果,创造性地设计和编排各类体育锻炼方法,如徒手操、轻器械操、韵律操、健美操、团体操以及集体舞蹈和体育游戏等。这些创新的教学内容不仅有助于培养学生良好的身体姿态和体质素养,还能陶冶学生的审美情操,培养他们的集体主义精神,并在轻松愉快的体育活动中达到健身的目的。

(9)实际动手技能。由于学校体育经费紧张和器材设备匮乏的现状,尤其是农村中小学更是如此,教师需要具备自主设计和制作简易体育器材的能力。例如,自制水泥乒乓球台、实心球、木哑铃、体操棍、沙袋等轻型器械,这不仅能够有效地支持教学工作的开展,还能锻炼学生的动手能力和创造力,培养他们的勤俭节约精神。通过实际动手的操作,教师不仅能满足学校体育教学的需要，还能激发学生的学习兴趣和自主发展能力，促进全民健身事业的深入开展。

（10）组织竞赛的能力。教师作为体育竞赛的组织者，需具备组织编排、场地器材准备和临场裁判等方面的能力。体育竞赛不仅是对学生综合体育素质的检验，也是促进学生竞技精神和团队协作能力的重要途径。体育教师通过精心组织竞赛，能够有效激发学生的参与热情，提升他们的竞技水平和团队精神，进而推动学校体育事业的全面发展。

（11）电化教学的能力。在现代教育技术的发展下，电化教学手段如投影仪、数码摄像机和多媒体等已广泛应用于体育教学。体育教师需具备利用这些先进技术进行教学的能力，以增强课堂教学的吸引力和互动性，提高学生对体育知识和技能的理解和掌握。通过有效的电化教学，教师能够使学生更加集中注意力，促进教学效果的提升，符合现代学生学习习惯和需求，从而更好地完成教学计划。

（12）选择教学内容和形式的应变能力。由于体育教学通常在室外进行，受天气等自然条件的影响，教学计划常需灵活调整。教师需熟悉本学期的教学内容，能随时根据实际情况调整教学策略和方法，确保每节课的教学效果和学生的学习体验。

（13）科研创新的能力。体育教师应积极参与教育科研活动，结合教学实践探索和创新。通过自主学习能力、文献搜集整理、问题发现和提出能力，教师能够发现并解决教学实践中的问题，不断改进教学方法和策略。科研创新能力的培养不仅提升了教师的学术水平，还促进了教育教学质量的持续提升，为学生提供更加优质的教育服务。

（二）体育教师职业技能训练

1. 体育教师职业技能训练的目的

体育教师职业技能训练的主要目的是通过严格、规范、全面的职业技能训练，使体育教师或体育专业的学生较为熟练地掌握体育教学实践性环节的基本技能，提高他们的动手操作能力，培养创新精神。"新形势下，为了培养更多高素质的体育人才，学校要从体育教师队伍建设入手,提高体育教师的教学技能和专业素养,打造一支优秀的教学队伍。"①

(1)提高思想素质、科学文化素质和专业素质是体育教师职业技能训练的首要目标。通过系统的培训,体育教师应该在思想观念上不断更新,培养积极进取的职业态度,同时提高科学文化素质,以更好地适应时代的发展。建立和健全体育教师职业规范标准和行为准则是实现这一目标的关键,可以规范体育教师的行为,确保其在教学过程中能够胜任各项职责,为学生提供高水平的教育服务。

(2)体育教学要求体育教师不仅具备扎实的专业知识,还需要保持教学理念的更新。体育教育领域不断涌现新的理论和方法,体育教师应积极吸收本学科及相关学科的最新知识,拓宽自己的理论知识面。通过不断更新观念和方法,体育教师能够更好地应对学科发展的变化,提高自身文化素质和教学水平。

(3)加强教学研究是体育教师职业技能训练的重要内容。体育教师需要积极探索教学方法,创造一个探究型的教学氛围,使教师能够超越传统教学模式的限制。通过引导教师采用具有现代教学特征的新方法,如探究式学习、项目式学习等,体育教师能够更好地引导学生进行自主学习,提高学科教育的质量。

(4)通过优化教学内容,体现教师的个人特长,挖掘教师教学潜能,可以激励教师的创新能力。体育教师在职业技能训练中,应当被鼓励发挥个人专业特长,将独特的教学资源融入教学过程,使教学内容更加贴近学生的实际需求。这有助于提高教师的自信心和教学能力,同时也能够激发学生的学科兴趣,提升教学效果。

2. 体育教师职业技能训练的任务

(1)提高体育教师的职业素质。加强对体育教师的师德、师才、师学、师风等方面的建设。

第一,师德建设。师德是教师的道德素质,是体育教师的工作指南,是高质量地完成体育教学训练工作的重要影响因子。体育教师的师德主

---

① 杜彦志. 提升高校体育教师教学技能和职业素养的策略研究[J]. 当代教育实践与教学研究,2017(7):138.

要表现在以下三个方面。

品德修养：一个体育教师如果具备了良好的品德修养，他的精神风范和严谨态度将会成为学生学习的榜样。在体育教学的亲密互动中，教师的每一个行为举止都承载着教育的深层含义，不仅仅是知识技能的传递，更是为人处世的准则和学习方法的示范。因此，教师必须以身作则，通过自身的言行影响学生，使得非权力性的影响力在教学中发挥重要作用。

敬业精神：具有崇高敬业精神的教师不仅在教学上精益求精，钻研教材、科学选用教学方法、精心组织教学过程，还会不遗余力地完成教学任务。这种精神不仅体现在对工作的投入与付出上，更表现在对学生成长的期待和对教育事业的热爱上。只有这样的教师才能具备深厚的开拓意识和创造精神，为体育教育的发展贡献力量。

职业道德：作为教师，身为学生的表率是其职业道德的重要体现。具有高尚职业道德的教师，不仅在教学中精益求精，努力提高自身的专业水平，还在日常工作中展现出责任感和奉献精神。他们通过持续不断的自我修正和专业发展，不断适应和引领现代体育教育的改革，以先进的体育知识和技能武装自己，为学生提供高质量的教育服务。

第二，师才建设。师才是指体育教师的专业才能，主要包括丰富的相关科学文化知识和体育教学、训练的能力。

科学文化知识：科学文化知识对体育教师而言，不仅涉及社会科学领域如教育心理学的应用，还包括自然科学的生理学和运动医学等方面的知识应用。这些知识的深入学习与应用，对于体育教师有效地理解学生的心理特点、行为规律，以及科学地指导和管理体育训练过程具有重要意义。教师通过学习和运用教育心理学，能够更好地分析学生的心理状态和行为动机，从而有针对性地设计个性化的教学方案，促进学生的身心健康全面发展。在体育教学中，这种理解能力可以帮助教师更有效地激发学生对运动的兴趣和积极性，从而增强学生的参与度和学习效果。同时，体育教师对生理学和运动医学等自然科学的应用也至关重要。这些知识帮助教师科学地理解运动过程中身体的生理变化和可能的健康风险，能够有效预防和处理运动损伤，提高学生在体育锻炼中的安全性和效果。通过合理的运动生理学知识应用，教师能够更加精准地指导学生进行体育锻炼，达到健身和运动技能提升的双重目标。

专业技能：专业技能包括对各项体育运动项目的技术原理、教学方法和手段的全面掌握。具备高水平专业技能的教师能够在教学实践中熟练运用各种教学程序和方法，有力地支持学生的学习和发展。他们能够根据学生的实际情况和需求，灵活调整教学策略，确保教学的针对性和有效性，从而提高学生的学习动机和学习成效。

第三，师学建设。师学是体育教师的学术水平和治学态度。科学研究是体现教师学术水平的主要标志，体育科研是为体育教学训练服务的，其目的在于解决教学训练中出现的各种问题，进一步改进教学训练过程，不断提高体育教学的质量与效果和运动训练的水平与成绩。这就要求体育教师不仅要有丰富的体育理论知识和教学、训练的实际经验，而且要有较强的运用科学方法和手段探索体育客观规律，分析、解决体育教学训练实践中出现的各种问题的能力。体育教师能力与水平的具体体现在于，一位具有较高科研水平的教师，才有可能将学科的理论知识和体育教学训练的实际紧密联系起来，才能更好地服务于教学训练的实践活动。体育教师还必须要有严谨的治学态度和学而不厌的精神，只有具备做任何事情都一丝不苟、顽强拼搏的精神，用不断学习的新知识来充实自己，才能学问渊博、品德高尚、为人师表，才能取得教学和科研双丰收。

第四，师风建设。师风是体育教师的工作作风和风格，是体育教师心理素质、文化修养和道德品质的综合反映，也是师德、师学、师才的外部表现。

教师仪态：体育教师的仪态举止和言谈举止直接影响到学生的学习态度和行为习惯。教师应以健康的体魄和积极的精神面貌示人，通过流畅而幽默的语言，营造融洽愉快的教学氛围，激发学生参与体育活动的兴趣和热情。

直爽真诚：由于体育教学需要频繁地互动和实践，教师应真诚地与学生交流互动，建立起师生之间的信任和情感联系。这种真诚和开朗的性格不仅能够促进教学效果的提升,还能够有效地引导学生形成积极向上的学习态度和良好的行为习惯。

严格要求、平易近人:体育活动的特殊性决定了教师需要在严格管理的同时,注重与学生的亲和力和沟通能力。通过平易近人的态度,教师能够更好地理解和关注学生的个性和需求,为他们提供专业的指导和支持,有效预防和应对运动损伤,确保教学安全和效果。

(2)培养体育教师职业技能的创新能力。体育教育作为学校教育体系的重要组成部分,对于培养学生的身体素质、团队协作精神以及全面发展至关重要。而体育教师作为这一体系的关键角色,其职业技能尤为重要,其中创新能力的培养更是至关紧要。

首先,体育教师在日常工作中需要不断适应教育环境的变化,包括教学方法、教育理念等方面的创新。培养体育教师的创新能力,可以使其更好地运用新颖的教学手段,满足学生不断变化的需求。例如,通过引入现代科技手段,如虚拟现实技术、智能运动监测设备等,可以丰富体育教学内容,提高学生的学习兴趣和参与度。

其次,创新能力对于体育教师的教学设计和课程开发至关重要。体育教师需要不断思考如何更好地设计各类运动课程,激发学生对体育的兴趣,同时注重培养学生的团队协作和领导力。通过创新的教学设计,体育教师可以更好地引导学生发展全面的体育素养,使其在竞技、健康和团队协作等方面都能取得更好的表现。

最后,体育教师在组织体育活动和比赛时需要具备创新能力。通过创新的赛制设计、活动策划和规则制定,体育教师可以使体育活动更富有吸引力,激发学生的参与热情,同时培养他们的竞技精神和团队协作能力。

为了提高体育教师的创新能力,培训任务应包括多个方面:一是提供与时俱进的教育理念和方法培训,使体育教师能够及时了解并运用最新的教学理念和方法;二是组织创新能力培训课程,引导体育教师思考如何在教学中融入创新元素,提高其教学设计和实施中的创造力;三是通过实践教学、案例分析等方式,激发体育教师的创新潜力,帮助其更好地应对复杂多变的教育环境。

培养体育教师的创新能力是体育教育体系建设的重要一环。通过全面而有针对性的培训任务，可以不断提升体育教师的专业水平，推动体育教育的创新发展，最终实现学生身心全面发展的目标。

3. 体育教师职业技能训练的作用

体育教师职业技能训练的作用是非常重要的，它不仅可以促进对体育教师职前教育、教学行为比较系统的培训，还可以帮助在职体育教师在经验基础上实现职业行为的不断优化。体育教师职业技能的作用主要体现在以下方面。

（1）体育教师职业技能是有效教育的基础。教师在体育教学中不仅仅是知识的传授者，更是学生行为与品格的榜样和引导者。体育教师的职业技能包括教学方法的选择与运用、教学内容的设计与实施，这些都直接影响到学生的学习效果与成长。教师通过专业技能的运用，能够在教学中体现出对知识、技能、情感和思想的多方位引导，从而塑造学生积极向上的人格与行为准则。

（2）体育教师职业技能是影响体育教学成效的要素。教师所展示的教育教学技能水平，不仅是一种最直接的教育影响手段，也是塑造学生品格和意识形态的有效工具。通过教育教学技能的运用，体育教师能够有效地传达知识与技能，引导学生在体育锻炼中培养自律、坚韧和团队合作精神，从而达到教学目标，提升教育质量。

（3）体育教师职业技能是对学生进行运动技能训练的条件。在体育教学中，教师需确保学生掌握基本运动技能和技巧，这对于学生的全面发展至关重要。体育教师通过精准的指导和示范，帮助学生掌握正确的动作技能和运动规则，同时培养他们的运动技巧和智力能力。只有具备高水平的职业技能，教师才能有效地进行运动技能训练，为学生提供良好的体育教育服务。

4. 体育教师职业技能训练的原则

体育教师职业技能是一门以技能训练为主的实践性很强的课程，在教学与训练过程中，应遵循以下原则。

（1）直观性与示范性统一原则。直观指用感官直接感受或直接观察，

第四章 教师维度：体育教师在教学改革中的专业素养◎

这是人们获得感性知识的唯一途径。针对体育教师职业技能训练实践性与可操作性较为突出的特点，在教学与训练过程中，要特别强调直观性与示范性。教师的一言一行、一举一动都给学生最直观的感受，都应成为运用体育教师职业技能的典范。体育教师说话要准确标准，示范要秩序井然。在进行技能教学时，要提供电视录像示范，为学生提供形象直观的经验。在体育教师职业技能的教学和训练中，若能贯彻好直观性与示范性相统一的原则，增加直观性教学的内容，推出示范性的楷模，就能为学生提供更多的实践机会，使学生在直观的感知中轻松掌握教师应具备的职业技能。

（2）导练与自练一致原则。体育教师职业技能训练的导练与自练一致原则是确保学生能够在实践中全面发展、持续提升的关键原则之一。在体育教师的专业技能培养过程中，注重学生在教师引导下的自觉练习，是确保其实践能力得以充分发展的基石。这一原则的实施要求体现在锲而不舍、循序渐进、科学求实、持之以恒的教学理念中。

技能的掌握是通过反复地实践练习得来的，尤其在体育教学与训练领域更是如此。在这个过程中，坚持导练与自练相一致的原则至关重要，因为它突出了学生在自主练习中的主导地位，同时也凸显了教师的引导作用。

导练与自练相一致的原则体现了教师在培养学生体育技能时应该注重的核心理念。教师的导练不是简单地灌输知识或技能，而是提供一种引导和指导的框架，为学生搭建学习的舞台。这种引路作用有助于确保学生在学习过程中不偏离正确的方向，同时也促使其在实践中逐渐形成自主学习的能力。

（3）职业技能训练与课程相互配合原则。全面造就合格的体育教师是一项复杂的系统工程。体育各种门类课程的设置是一个科学严密的体系，既要各司其职，又要协同配合，体育教师职业技能课要与其他课程密切配合，才能较好地实现教学目的。密切结合本地经济建设实际水平、教育发展实际情况、教师实际能力、学生实际水平，有的放矢地进行各种技能的训练。其他各门课程也要与体育教师职业技能课密切配合，统筹安排，全面、系统地调整课程门类间的要素及其相互关系，组合成优化的体育教师职业技能结构体系。提高其整体功能，才能使体育师范院校学生的职业技能得到全面、充分、和谐的发展。

（4）职业技能训练与良好环境结合原则。在体育教学的过程中，创造良好的环境有助于学生的学习和成长，同时也为体育教师提供了更好的教学条件。以下是职业技能训练与良好环境结合的一些重要原则。

第一，营造积极向上的学习氛围是关键。良好的环境应该注重培养学生的学习兴趣和积极性，激发他们对体育的热情。体育教师在课堂上应该通过激发学生的兴趣、设计富有挑战性的教学内容，使学生在轻松愉快的氛围中感受到学习的乐趣，从而提高职业技能的学习积极性。

第二，提供良好的设施和装备是不可或缺的。良好的体育教学环境需要有先进的体育场地、设备和器材，这为学生提供了更好的学习条件。体育教师应该积极争取和利用校内外的资源，确保学生在进行职业技能训练时能够充分体验到专业化的教学环境，从而更好地提高技能水平。

第三，培养团队协作和竞争意识也是环境建设的重要目标。通过组织各类体育活动、竞赛和团队合作项目，体育教师可以促使学生在实际操作中提高职业技能，同时培养学生的团队协作和竞争意识。这种培养方式不仅有利于学生全面发展，也符合职业技能训练目标。

第四，建立健全的评估机制是确保职业技能训练与良好环境结合的关键。通过科学合理的评估体系，可以客观地评价学生的职业技能水平，并及时发现和解决问题。体育教师应该建立完善的评估标准，注重对学生综合素质的评估，以便更好地引导学生在良好环境中进行职业技能训练，实现个体和整体水平的提高。

职业技能训练与良好环境结合原则是体育教育中不可忽视的一环。只有在积极向上的学习氛围、先进的设施和装备、团队协作和竞争的氛围以及健全的评估机制共同作用下，体育教育才能更好地培养出具备高水平职业技能的专业人才。

5. 体育教师职业技能训练的优化

（1）增加技能类课程模块，完善体育专业课程结构。体育教师的职业技能训练是培养高素质体育专业人才的关键环节，而优化途径之一是通过增加技能类课程模块，完善体育专业课程结构。课程设置是直接服务于人才培养目标的具体表现，其结构则是各个课程相互分工和结合的核心。在体育专业领域，培养目标的实现主要通过专业教育来完成，而专业之间的差别体现在不同的课程结构上，以及由此决定的培养目标和规格。

为了更好地满足体育教师职业技能的需求，应当引入体育教师职业技能类课程，以构建一个学科类、术科类、技能类相结合的课程结构。学科类课程强调理论基础和学科知识，术科类课程注重实际操作和技能培养，而技能类课程则是专门针对体育教师所需的职业技能进行深入培训。通过这种结构的调整，体育教育专业将更加全面地涵盖理论知识、实践技能以及职业素养的培养。技能类课程的引入将使体育教育专业更贴近实际教学需求，帮助学生更好地适应未来教学和教练工作中的挑战。此外，还应当注重技能类课程的实际性和针对性，确保其内容紧密贴合体育教师职业的实际需求。通过与实际工作场景的结合，培养学生解决实际问题的能力，提高他们在实际工作中的适应性和创新能力。

（2）建构理论课与训练课相结合的职业技能训练课程。在职业定向、职业需求以及正在学习的各种教育理论知识和科学文化知识之间，建立一座沟通的桥梁是至关重要的。这座桥梁即为体育教师职业技能训练课程，其目的在于通过有机融合理论课和实践训练，使体育专业学生在接受系统教育的同时，具备实际工作所需的基本技能。

理论课程在这一框架中的作用主要是为体育教师提供必要的教育理论知识和科学文化背景。这些理论课程应当紧密围绕体育教育的核心理念、教学方法、学科知识等方面展开，以确保教师具备坚实的理论基础。同时，理论课程还应与实际工作场景相结合，引导教师将理论知识应用于实际教学和训练过程中。

训练课程则致力于培养学生的实际操作技能和职业素养。通过系统的实践训练，学生可以在模拟或真实的教学环境中应用所学的理论知识，提高他们的实际操作水平。这些训练课程应当具有实践性、针对性和系统性，涵盖体育教育中的各个方面，如教学设计、组织管理、沟通技巧等。

通过理论课和训练课的有机结合，体育专业学生将更好地理解和应用教育理论，同时能够在实际工作中熟练运用所学的技能。这种综合性的职业技能训练课程将为体育教师的未来职业发展奠定坚实基础，使他们能够更顺利地过渡到工作岗位，胜任各类教学和教练任务。这一优化途径有助于实现理论知识与实际技能的有机结合，提升体育教师的综合素质，从而推动整个体育教育领域的发展。

（3）建立体育教师职业技能训练的评价机制。建立体育教师职业技能训练的评价机制是确保培养高质量体育专业人才的关键一环。在教学管理中，评价机制的指导思想、具体指标、方式方法以及效用，直接影响着体育教师职业技能训练的全面推进。为了有效实施评价机制，应该重点把握以下四个方面。

首先，构建评估标准。根据体育教师职业技能课程的目标定位，建立明确的职业技能评价指标。这些指标应涵盖教育理论、实际训练水平、实践能力等多个方面，确保评价体系具有全面性和针对性。

其次，强调综合评价。在对体育教师职业技能训练的评价中，应综合考虑教育理论知识的掌握、训练水平的提高以及实践能力的应用。通过多维度的评价，可以更全面、客观地反映体育教师的综合素质，从而为其职业发展提供有力支持。

再次，加强教师队伍建设。评价机制的有效实施需要具备专业素养的评价者，因此必须加强对体育教师职业技能训练课程的教师队伍建设。这包括提高教师的专业水平、教育理论知识水平以及评价技能，以确保评价的客观性和科学性。

最后，完善课程管理制度建设。由于体育教师职业技能训练课程科目较多，有必要根据课程结构内容的划分，制定各部分的管理制度和教师职业技能培训方案。这有助于规范课程的实施过程，提高教学效果，并为评价机制的顺利实施提供制度支持。

建立完善的体育教师职业技能训练评价机制是确保培养出胜任体育教育工作的专业人才的必要手段。通过科学的评价体系，可以更好地引导体育教育专业学生在职业技能方面的提升，为其未来职业发展奠定坚实基础。

第三节　教师专业发展及其对教学改革的影响

一、体育教师的专业化发展

（一）体育教师专业化发展的关键

1. 专业理念

在教育改革的背景下，体育教师的专业理念发生了深刻的变化。一名合格的体育教师应当具备以下专业理念。

（1）体育教师的角色需要从传统的权威型教师转变为以学生为中心的引导者。这一转变要求教师在教学过程中更加关注学生的个体需求和兴趣，激发学生的主动学习热情。教师需要通过科学的教学方法和策略，引导学生积极参与体育活动，培养他们的运动兴趣和自我管理能力。为了适应这一角色转变，教师必须不断更新自身的教学理念，提升专业知识，并熟练掌握信息技术应用，以更好地支持和促进学生的学习与发展。

（2）确立正确的教学观念。体育教学不仅仅是技能的传授，更应该全面培养学生的体育观念和价值观。教师应注重学生运动意识的培养，使学生形成积极健康的生活方式和习惯，而不仅仅关注技能的掌握。通过体育教学，教师应帮助学生认识到体育活动对身心健康的重要性，树立正确的体育价值观。这样的教学观念不仅能够提高学生的运动参与度，还能促进其全面发展，使其在体育活动中获得更多的成长和收获。因此，体育教师在教学过程中应始终保持正确的教学观念，以全面的视角看待学生的发展需求，促进其在体育教育中的全面成长。

2. 专业知识与专业技能

教师作为教育教学的主导者，其专业知识与技能的水平直接影响着教学质量和学生的学习成效。在体育教学领域，教师不仅需要具备扎实的体育专业知识和技能，还应具备跨学科的知识结构和教育专业技能。以下是体育教师专业知识与技能的主要内容。

（1）科学文化知识。体育教师应具备广博的科学文化知识，这不仅包括体育学科本身的知识，还涉及教育学、心理学等相关学科。这种跨学科的知识结构有助于体育教师全面理解学生的发展需求，实现对学生的人文关怀。体育教师的任务不仅是提高学生的体质，更在于通过体育教学促进学生的全面发展。

（2）体育学科的专业知识与技能。体育教师的专业知识与技能是其教学工作的基础。理论知识的传授和运动技能的示范都是体育教师必备的能力。体育教师不仅要精通体育理论知识，还要具备优秀的运动技能，以便在教学中进行有效的示范和指导。

（3）教育专业知识。体育教师还需要掌握教育专业知识，这包括心理学、教育史、教学方法等。这些知识有助于体育教师更好地理解学生的学习反应，制订合理的教学计划，并在教学过程中有效地指导学生。教育专业知识使体育教师能够更科学地进行教学活动，提高教学效果。

（4）一般教育学知识。一般教育学知识包括教育基本理论、教育心理学、教育社会学、教育科学研究等。这些知识对于体育教师来说同样重要，因为它们为教师提供了教育活动的普遍规律和方法，有助于教师更好地进行教育教学工作。

（5）体育学科教学知识。体育学科知识具有很强的系统性和专业性。体育教师不仅需要教授体育基础理论知识，还要在实践中教授学生体育技能。这要求体育教师具备深厚的体育学科知识，能够在教学中灵活运用，满足学生的学习需求。

（二）体育教师专业化的发展路径

1. 职前教育

职前教育是体育教师专业化发展的关键阶段，其重要性不言而喻。有效的职前教育能够帮助教师建立起科学的教育理念，培养其实际操作

第四章 教师维度：体育教师在教学改革中的专业素养

能力，从而推动其在未来的工作中发挥更大的作用，提高体育教育的整体水平。

（1）改革职前教育课程体系是提升体育教师专业化水平的核心目标之一。在当前教育环境下，传统的学科与术科比例观念已经无法满足现代体育教育的需求。课程体系的改革应当以体育教学工作的专业性及教师的持续发展需求为导向，注重课程内容的实际应用性和教师职业发展的长远需求。新的课程体系应当包括理论课程和实践课程的有机结合，不仅要涵盖体育教学的基础理论，还需强化教学实践和实际操作能力的培养。此外，应当充分考虑体育教育的实际需求，构建具有体育教育专业特色的课程体系。

（2）体育教育学科体系的完善对于提升体育教育质量至关重要。基于坚实的学科基础构建体育教育课程，能够为教师提供系统的教育支持和理论指导。加强体育教育学学科建设，需要明确其研究范围和内容，形成系统化、专业化的研究体系。体育教育学的研究不仅包括教育现象的观察和分析，还涵盖了教育发展的规律和趋势。当前，体育教育学的研究范围尚未明确，内容、目的、手段及评价等均为研究重点。体育理论与学校体育学的研究任务主要集中在总结学校体育工作的基本规律和论述原理与方法，而体育教材教法则侧重于具体运动项目的教法分析。然而，这些研究内容已难以满足时代发展的需求。学者们开始重新审视体育教育的本质，认为体育教育研究应纳入健康教育的视角，并将体育课程改革作为研究重点。鉴于此，建立并完善体育教育学科已迫在眉睫，以适应时代发展和体育教学的新要求。

2. 入职教育

（1）构建完善的体育教师入职教育体系。体育教师入职教育是教师专业发展的重要环节，它位于职前培养与职后教育之间，起到了承前启后的关键作用。为了确保体育教师能够顺利适应教育教学工作，有必要建立和完善入职教育的相关制度。

第一，建立体育教师入职教育的法律法规是确保其有效实施的基础。通过立法，可以明确入职教育的目标、内容、标准和要求，为教师提供明确的指导和保障。制定相应的配套政策，确保入职教育制度的有效执行，通过监督与评价机制，确保教育质量。

第二，将入职教育与教师资格认证、聘任制度等紧密联系起来，可以增强教师对入职教育的重视程度。如果入职教育的结果直接影响到教师资格的获取和职位的稳定，教师将更加积极地参与到入职教育中来，从而提高入职教育的实效性。

第三，地方政府、教育行政部门和学校应当根据国家政策和实际情况，构建一套科学、合理的体育教师入职教育管理体系。这一体系应当能够将培训与考核有效结合，确保教师在入职教育中得到充分的实践机会和专业指导。通过将入职教育的参与情况与教师的职业发展（如定级、晋升工资或职称评定）相结合，可以进一步激励体育教师积极参与入职教育，提升其专业素养。

（2）完善体育教师入职教育的内容。教育部门应深入研究体育教育领域的新动向，如体育课程改革、运动训练方法的创新以及学生体育素养的提升要求，以此为基础设计入职教育内容。这不仅能够确保培训内容与时俱进，还能使新教师在进入教学岗位时具备与当前教育标准相符的专业知识和技能。入职教育需要重视师德修养、新知识的更新、教育理念的引导以及教学技术能力的提升。师德修养作为教师职业道德的核心，其培养对于体育教师尤为重要，因为体育教学不仅涉及学科知识，还与学生的身体发展和心理健康息息相关。新知识的更新则要求教师掌握最新的运动科学和教育理论，以便更好地服务于学生的成长。教育理念的引导帮助教师树立正确的教育观，使其能够将先进的教学理念融入实际教学中。而教学技术能力的培训则确保教师能够运用现代技术手段提升教学效果。培训内容需要符合体育学科的特点，强调科学性与先进性，确保新教师能够在教学中灵活运用所学知识，并有效促进学生的体育发展。

（3）丰富体育教师入职教育的形式。

第一，入职教育应引入多样化的形式，如注册课程和网络支持等，这不仅能拓宽培训的途径，还能借鉴其他学科的成功经验。例如，注册

第四章　教师维度：体育教师在教学改革中的专业素养◎

课程可以通过设定学习目标和评估标准，帮助教师系统性地掌握专业知识和教学技巧；网络支持则能够提供灵活的学习时间和丰富的教学资源，适应教师的不同学习需求。鼓励反思是提升教师自我发展和教学质量的重要途径。通过教学讨论、研讨会等形式，教师可以进行经验交流，分享教学中的成功经验和遇到的问题，从而促进自我认识的提升。教学讨论可以促进教师之间的互动和学习，研讨会则提供了一个系统性分析和解决教学问题的机会。支持措施的落实有助于增强教师的反思效果。例如，通过教学日志记录教学过程中的观察和反思，课后小结总结教学经验和改进点，这些方法能够帮助教师及时调整教学策略，提高教学水平。

第二，实践中应不断完善指导教师制度。指导教师制度是一种普遍适用的教师培养方法，可以由经验丰富的校内名师以个人或小组形式执行。这种制度能够为初任体育教师提供宝贵的指导，帮助他们解决问题、开拓教学思路。指导教师制的效果取决于学校的具体情况和执行质量，因此学校在实施指导教师制时，应关注其质量和效果，避免流于形式。在选择指导教师时，应明确其职责范围和指导时间，考虑到每位初任教师的个体差异，合理规划指导期限。通常，指导时间控制在 1~2 年较为适宜，之后可根据初任教师的工作表现和考核结果决定是否继续指导。

（4）增强体育教师入职教育的管理与考核评价。入职教育是教师专业成长的关键阶段，对于初任体育教师而言，它不仅是职前教育与职后教育之间的桥梁，更是其职业生涯的重要起点。为了确保体育教师入职教育的有效性，必须加强其组织管理与考核评价机制。

第一，建立一个多方参与、协调一致的入职教育组织管理体系至关重要。这需要初任体育教师的任职学校、毕业院校、培训机构以及地方教育行政管理机构等多方共同参与。通过构建这样一个体系，可以确保各部门及人员之间的有效沟通与协作，从而最大化入职教育的效益。

第二，高校、地方教育行政部门和职前培养机构应建立联动机制，共同组建专门负责体育教师入职教育的组织，如"初任教师指导委员会"。该组织负责统一协调和监督入职教育的实施，确保教育活动的质量和效果。

考核评价不仅能够提高培训质量，还能够激发教师的参与热情，使他们更加积极地投入到培训中。考核评价的方式应当多元化，包括但不限于指导教师的评价、学校的常规检查、学生的教学反馈等。具体的评价方式应由指导教师和学校管理者共同商定，通常需要综合运用多种评价手段，以确保评价的全面性和有效性。

3. 职后教育

职后教育是教师持续专业发展的重要组成部分，对于体育教师而言，职后教育的前瞻性和多样性尤为重要。职后教育的前瞻性意味着教育活动应具备超前意识和发展性，以适应教育面向未来的属性。体育教师的职后教育应注重需求导向，使教师能够及时了解和应用新的教学动向和技术，同时关注人才和技术的需求变化，不断更新教育观念、知识结构和教学手段，以实现对实际工作的超前指导。

职后教育的灵活和多元化是提升教育质量和教师专业素养的重要途径。传统的面对面培训方式虽然有效，但单一的模式难以满足不同职业群体的需求。因此，职后教育需要结合在线学习、研讨会、工作坊等多种形式，为教师提供更多元的学习方式，从而适应不断变化的教育环境和个人需求。

职后教育目标的细化则显得尤为重要。在岗位培训方面，应帮助教师形成正确的教育观念，完善其知识结构，并提升其道德素质，从而增强教学质量和教育效果。学历再提高培训也是不可或缺的，通过提升教师的学历水平，不仅可以增强其专业能力，还能进一步提高教学水平。

完善体育教师职后教育机制对于提升教育效果和质量至关重要。应制定相关政策和法规，为职后教育提供保障，建立激励机制，鼓励教师尽职尽责，并采用多样化的组织形式。建立必要的考核机制，确保教师专业发展的每个环节都能得到有效实施，实现教师专业发展的融会贯通，从而促进体育教师整体素质的提升。

二、体育教师专业化发展对教学改革的影响

教师的专业发展是教学改革的重要推动力量。在现代教育理念和实践中，教师不再仅仅是传授知识的角色，而是面临着不断适应和引领教

育变革的挑战。他们的专业发展不仅涵盖学科知识和教学技能的提升，更包括教育思想的更新、教育技术的应用以及教育实践的创新。这些方面共同作用，直接影响和推动着教学改革的深化和进步。

第一，教师的专业发展通过提升教育水平和教学质量，为教学改革注入了新的活力和动力。随着社会科技的发展和知识的更新换代，传统的教学方法已经不能完全适应当今学生的学习需求和社会发展的要求。教师通过不断学习和专业技能的提升，能够更好地运用现代教育技术、教育理论和方法，创新教学内容和形式，实现个性化教育，提升学生的学习效果和成就感。

第二，教师的专业发展推动了教育观念和理念的更新与转变。教育改革需要教师具备先进的教育理念和科学的教育观念，以更好地引导学生适应未来社会的挑战和需求。教师的专业发展不仅包括学科知识的深造，还需关注教育心理学、教育社会学等跨学科的知识领域，从而更好地理解学生的成长特点和心理发展规律，有效调整教学策略和方法，提高教学的针对性和实效性。

第三，教师的专业发展促进了教育体制和管理的创新与完善。在教育改革过程中，教师不仅仅是教学者，更是改革的参与者和推动者。他们通过参与教育政策制定、课程改革、教学评估等工作，为教育体制的灵活性和适应性提供了重要支持。教师的专业发展不仅仅是个人层面的提升，更是整个教育系统不断进步和发展的重要保障。

第四，教师的专业发展对学生的影响不可忽视。教师是学生学习和成长的重要引导者，他们的专业发展直接关系到学生的学习态度、学习成绩以及未来的发展方向。教师通过专业发展，能够提高教学质量和教学效果，激发学生的学习兴趣和学习动力，帮助学生树立正确的人生观和价值观，培养具有创新精神和实践能力的未来公民。

第五章 学生维度：学生参与与体验的优化实践

本章首先探讨了学生参与体育学习的动机和兴趣培养，探索如何激发学生的学习热情和自我驱动力，并着眼于优化大学生体育参与的路径，关注大学生体育社团的管理与运行，探讨如何通过有效的组织和领导，促进学生团队合作与领导能力的培养。

第一节 学生参与体育学习的动机与兴趣培养

学生参与体育学习的动机与兴趣培养是教育过程中的重要课题，直接关系到学生身心健康的全面发展和学校体育教育的效果。通过深入探讨学生参与体育学习的动机来源及兴趣培养的策略，可以有效提升学生的学习积极性和参与度，推动体育教育质量的持续提升。

一、理解学生参与体育学习的动机

学生参与体育学习的动机是体育教育中至关重要的因素，直接影响着他们的学习效果和长期发展。这一过程涉及多方面的因素，包括学生个体的内在驱动力和外在环境的影响。理解并有效激发学生参与体育学习的动机，不仅有助于提升其学习兴趣和积极性，还能促进其全面发展和身心健康。

首先，学生参与体育学习的动机来源多样。内在驱动力是指学生自身的兴趣和渴望，他们可能喜爱某项运动、追求个人成就感或挑战自我能力。这种内在动机是学生持续参与体育活动的根本动力，因为它与个体的兴趣和个性密切相关。外在因素包括家庭环境、社会认可和同伴压力等。家庭对体育的重视和支持、社会对体育参与者的认可以及同伴间的竞争与合作，都会影响学生对体育学习的态度和参与度。教育者和家长在激发学生体育学习动机时，首先需要深入理解学生的个体差异和发展阶段特点。不同年龄段的学生对体育学习的动机和兴趣有着不同的需求和反应。因此，合理设计体育课程和活动，考虑到学生的心理发展特点和身体状况，是确保学生参与度和学习效果的重要保证。例如，针对青少年期的学生，可以通过设立团队比赛和挑战赛，激发他们的竞争意识和团队精神，从而增强他们对体育学习的兴趣和投入。

其次，教育者和家长应重视和培养学生的内在学习动机和自我驱动力。内在动机不仅仅是完成任务的动力来源，更是学习和成长的持久动力。通过激发学生的个人兴趣和自我挑战意识，教育者可以帮助他们树立积极的学习态度和自我管理能力。例如，引导学生设定个人学习目标和挑战，鼓励他们克服困难和挑战，培养其在体育学习中的成就感和自信心。

最后，教育者和家长在激发学生体育学习动机时，还应注意平衡内在动机与外在激励的关系。外在激励如奖励制度和社会认可，能够在一定程度上增强学生的学习动机和参与度。然而，过度依赖外在激励可能会削弱学生的内在动机和自我驱动力，从而影响其长期的学习动机和持续参与。因此，教育者应当在教学实践中，合理运用外在激励的同时，注重培养学生的内在学习动机，从而实现学生自主学习和全面发展的目标。

二、促进学生学习兴趣的培养

学习兴趣作为学习的内在动力，能够显著提升学生的学习效果和参与度。在体育教育中，这一点尤为重要，因为体育教学不仅仅是传授运动技能，更是培养学生终身体育素养和健康生活方式的关键。

第一，体育教师应通过多样化的教学方法和活动设计来激发学生的学习兴趣。传统的体育教学往往侧重于技术性的训练和规定的运动项目，但这种单一的教学方式往往难以引起学生的兴趣。因此,教师可以结合学生的喜好和特长,设计丰富多彩的体育课程内容和项目。例如,可以在课堂上增加一些具有挑战性和趣味性的体育活动,如小组竞赛、游戏化的训练项目等,这不仅能够增加学生的参与度,还能让学生在轻松愉快的氛围中提升运动技能。

第二,教师在教学过程中应尊重学生的兴趣特点和个性需求。每个学生的兴趣爱好和体育天赋都有所不同,教师需要根据学生的实际情况,量身定制教学内容和方法。通过了解学生的兴趣爱好,教师可以针对性地设计教学计划,引导学生在体育运动中找到乐趣和成就感。例如,对于对某项运动特别感兴趣的学生,教师可以提供更多的个性化指导和挑战性训练,帮助他们进一步发展自己的潜力。

第三,创设积极向上的学习氛围是培养学生学习兴趣的关键。学习环境和氛围对学生的学习动机和情感体验具有重要影响。体育教育中,教师不仅仅是知识的传递者,更是学生学习过程中的引导者和激励者。教师可以通过营造积极向上的学习氛围,如鼓励学生相互合作、分享成功经验和挑战自己的极限,来激发学生的学习动力和成就感。例如,组织学生进行团队比赛或者挑战赛,不仅能够培养学生的团队精神和合作意识,还能提升他们在运动中的自信心和胜负意识。

第四,体验式学习和小组合作是培养学生学习兴趣的有效途径。体验式学习强调学生通过实际参与和亲身体验来掌握知识和技能,这种学习方式能够增强学生的参与感和自主性,激发他们的学习兴趣。教师可以设计各种体验式的学习活动,如户外探险、运动会等,让学生在实践中感受体育运动的乐趣和挑战,从而增强他们对体育学习的积极性。同时,小组合作也能促进学生之间的互动和交流,培养他们的团队协作精神和社交能力,进一步提升学习的效果和质量。

三、跨学科知识的综合运用

在现代体育教育中,跨学科知识的综合运用对于促进学生的身心发展和全面素质培养起着至关重要的作用。体育学习不再局限于单一的技能训练,而是需要教育者结合心理学、教育学、运动科学等多个学科的知识，深入分析和解决学生在参与体育学习过程中可能遇到的各种问题和挑战。

第一，跨学科知识的综合运用使教育者能够全面理解学生的身心特点和行为规律。通过心理学的视角，教育者可以更加深入地了解学生在体育学习中可能存在的心理障碍或情绪问题，如学习焦虑、自信心不足等。这种了解为教育者制定针对性的教学策略和心理干预措施提供了基础，帮助学生克服困难，建立积极的学习态度。

第二，教育学的知识能够为教育者提供有效的教学方法和策略。体育教育不仅仅是技术的传授，更是一种教育过程，需要教育者通过科学的教学设计和组织，激发学生的学习兴趣和参与热情。教育学研究为教育者提供了丰富的教学理论和实践经验，例如，如何在体育课堂上引导学生自主学习、如何有效管理课堂秩序等，这些都是促进学生学习效果的重要因素。

第三，运动科学的知识则为教育者提供了对身体运动的深入理解和科学依据。在体育学习中，教育者需要了解学生的生理特点和运动技能发展规律，从而科学地设计和调整体育训练方案。运动科学的应用不仅可以帮助教育者有效预防和管理运动损伤，还能提高学生的运动技能和训练效果，确保体育教学的安全性和有效性。

综合运用跨学科知识的重要性还体现在个性化教育方面。每位学生都有其独特的学习特点和发展需求，教育者需要根据学生的实际情况进行科学的评估和个性化的诊断，制定针对性的干预措施和教育计划。例如，对于身体素质较差的学生，教育者可以结合运动科学和心理学的知识，设计渐进式的训练方案，逐步提升其身体素质和自信心；对于学习动机不足的学生，教育者可以通过教育心理学的方法，调动其学习的内在动力和积极性。

第二节　大学生体育参与的优化路径

一、构建大学体育教育文化环境

在当今社会，文化被视为国家和民族的灵魂，其繁荣不仅是实现中华民族伟大复兴的关键因素，也对各个领域的发展具有深远影响。特别是在大学教育中，体育文化作为一种重要的文化形式，不仅融合了宏观的体育文化与校园文化，还对体育教育模式、师生的体育价值观以及体育技能和素质的提升起着重要作用。构建一个积极向上的大学体育教育文化环境，旨在促进大学生的体育参与，培养体育生活化的习惯，并有效解决体质健康问题。

（一）物质文化建设：奠定体育参与基础

物质文化作为大学体育文化建设的基础，主要包括教学设施和校园环境。物质文化不仅体现了大学的人文精神，还在实际操作中起到了促进体育参与的重要作用。教学设施的完善和校园环境的优化，能够为学生提供良好的体育活动条件，从而激发他们的运动兴趣和参与热情。设施的现代化、环境的宜人化不仅提升了体育活动的舒适度，也增强了学生对体育活动的积极性。

1. 课堂文化

课堂文化是物质文化建设中的一个重要方面。课堂不仅是知识和价值观的传授场所，更对学生的行为规范和社会责任感形成具有深远影响。在课堂上，体育课程的设置和教学内容不仅要传授必要的体育知识，还要通过生动的互动和有效的教学策略，激发学生的学习欲望和参与热情。通过互动的方式，可以推动教学内容的有效转变，使课堂文化更加富有内涵，并规范学生的行为，从而提高课堂文化的整体意蕴。

（1）特征体现。课堂文化的外显性主要体现在师生互动和教学活动中显而易见的行为模式和教学组织形式上。

第五章 学生维度：学生参与与体验的优化实践

课堂文化的情景性体现了课堂文化在不同情境下的适应性和灵活性，不同的教学内容和教学目标会影响课堂文化的具体表现。

课堂文化的聚合性反映了课堂文化将不同的个体和群体凝聚成一个有机整体，形成共同的价值观和行为规范。

体育课堂的竞赛和游戏规则不仅体现了体育教学的规范性和社会性文化，还反映了体育课堂的竞争性和团队合作精神。体育教师的培养和体育场地器材的配置机制，进一步强化了体育课堂的主导性和专业性。

（2）指导思想。体育教学的指导思想应以教学为核心，形成正确的思想观念和价值体系。通过明确教学目标和方向，教师能够构建科学合理的教学框架，确保教学内容的系统性和针对性。建立优良的校风和班风是实现教学目标的重要基础。良好的校风和班风能够为体育教学创造积极的氛围，使学生在轻松愉快的环境中学习和锻炼。制定严谨的规章制度，能够规范学生的行为，提升课堂管理的有效性。确保教师、场地器材等要素的保障，是优化课堂教学效果的关键。教师的专业素养和教学能力直接影响课堂教学的质量，而场地和器材的配置则决定了教学活动的顺利进行。通过协调教师主导作用和学生主体地位，实现课堂创新性和规范性的协同运作，从而提高课堂教学的整体效果。

（3）实施路径。实施体育教学的路径应包括认知、行为和体验三维目标链，以确保学生的多维度收获。认知目标涉及学生对体育知识和技能的理解，行为目标关注学生在体育活动中的表现，而体验目标则关注学生在体育活动中的主观感受。通过构建三维目标链，教师能够全面提升学生的综合素质，使他们在体育教学中获得全方位的成长。这种目标链的设置，有助于实现教学内容的全面覆盖和学生能力的多方面提升。

教学设计需要尊重学生的个体差异，提高教学敏感度，从单向传输转向集体思维。在实际教学中，教师应根据学生的不同背景和能力水平，制定差异化的教学方案，以满足不同学生的需求。通过调整教学方法和内容，教师能够提高课堂教学的适应性和针对性，使每个学生都能在适合自己的环境中获得成长。这种以学生为中心的教学设计，有助于促进学生的积极参与和自主学习，提升教学效果。

课堂互动应以学生为本，强调自主、合作和探究文化特色。通过鼓励学生自主参与课堂活动，教师能够激发他们的学习兴趣和积极性。同时，合作和探究的教学方法，有助于培养学生的团队合作能力和创新思维。通过组织各种形式的互动活动，教师能够增强学生的课堂体验，促进他们在实际操作中理解和应用体育知识。此外，调整竞技与娱乐的平衡，发挥性别差异的积极意义，能够进一步提升学生的综合能力和自主发展。

2. 课外文化

课外体育在学校体育教育体系中扮演着至关重要的角色。它不仅延续了学校体育课的内容，而且提供了丰富多样的运动形式，以满足不同技能水平的学生需求。课外体育活动的广泛开展，可以有效激发学生的运动兴趣，拓展他们的运动技能，形成良好的运动习惯。

（1）指导思想。课外体育的指导思想应以健康促进为核心目标，贯穿于不同的运动项目、群体和教育阶段。设计课外体育活动时应考虑到学生的年龄、体质以及兴趣，提供个性化的运动方案，以培养学生的终身体育习惯。教师和管理者需要在活动设计和实施过程中发挥重要作用，通过科学的运动规划和组织，确保活动的有效性和安全性。社会资源的引入，如社区体育设施和运动专家的参与，也为课外体育活动的开展提供了有力支持。

（2）实施途径。实现课外体育的目标需要通过多种途径，确保其健身与育人的双重特征得到体现。教育主体应发挥核心作用，通过制订详细的活动计划和实施方案，确保课外体育活动的高效开展。在此基础上，开发新兴项目和"校本优势"课程是满足学生多元化需求的重要途径。新兴项目可以引入最新的运动趋势和技术，增加活动的吸引力，而"校本优势"课程则根据学校的资源和特色进行量身定制。通过合理配置资源和激励措施，可以构建一个高效的课外体育网络。例如，设立奖励机制鼓励学生积极参与，增加运动设施的投入，提高活动的组织水平。组织多层次的竞赛也有助于培养学生的精神素养和团队合作能力，同时优化健身效果。

（3）实施保障。建立完善的评估指标体系是关键，通过定期评估活动的效果和学生的参与情况，可以及时发现问题并进行改进。评估指标应涵盖活动的参与度、学生的满意度以及健康改善情况等方面。平衡自主锻炼与学校组织活动也是保障实施的一个重要方面。学校应明确个人与部门的责任，制订详细的活动计划，并确保活动的顺利进行。同时，营造关注学生身心健康的校园体育文化氛围，可以激发学生的主动参与精神，使他们在轻松愉快的环境中进行体育锻炼。

（二）精神文化建设：引领体育参与方向

大学精神文化涵盖知识文化、心理文化、审美文化和观念文化，体现在学校的文化传统、教风学风、人际关系和群体价值观等方面。大学体育文化是大学体育活动的抽象升华，包括体育精神、教育精神和健康精神，存在于体育参与主体的实践活动中。体育精神文化的塑造首先是体育价值认同，构建体育价值观念，培养共同体意识及审美情趣；诚信塑造，凝聚思想；再次是通过礼仪教化，实现学校体育思想引领；通过精神文化塑造与体育交往实践，提升学生的社会适应能力。大学的精神文化对学校的文化氛围和办学宗旨有深刻影响。大学体育文化不仅体现于体育活动，更是精神层面的升华。通过认同体育价值、塑造诚信和进行礼仪教育，大学体育精神文化能够有效提升学生的社会适应能力和整体素质。

1. 文化认同，共享文化

在学校体育文化中，文化认同是个体受群体文化影响的意向性反应，对主体行为有重要影响。通过培育共同的价值认同，学校体育文化能够增强学生的文化共识和心理基础。共享的体育记忆通过体育教学、训练、活动和竞赛得以建立，形成统一的体育文化形式。这种价值共识构建了共同遵循的价值观，为大学生参与体育活动奠定了坚实基础。

（1）价值导向。体育价值导向是学校体育文化的核心，需要不断强化，使其符合体育文化多样性和参与形式多样性的教育目的。正确的体育价值导向不仅指导着学校体育制度设计和工作措施的制定，还在促进大学生体育文化归属感和认同感方面发挥着重要作用。通过科学合理的价值引导，学校能够有效地培养学生对体育文化的认同，从而提升他们参与体育活动的积极性和主动性。

（2）激励机制。通过正向激励机制，如激励和褒扬，可以增强学生在体育参与过程中的信任感和荣耀感。通过负向激励机制，如强制和惩戒，可以明确学生对自身体育参与不足的危机感和紧迫感。正负激励机制的有效结合，不仅能够激发学生对体育活动的热情，还能促使他们在体育活动中不断提升自我，实现全面发展。

（3）平台建设。平台建设需遵循体育教育和文化传播规律，正确价值导向至关重要。高校体育文化平台应具备传播教育、感染熏陶、约束规范和沟通整合等功能。充分发挥体育制度文化的规范效用，提升学校体育法规制度的生命力，并规范大学生的体育参与行为。通过遵循体育教育和文化传播规律，构建功能齐全的高校体育文化平台，并加强规范管理和制度建设，可以提升学校体育法规制度的生命力，规范大学生的体育参与行为，实现体育文化的长效发展。

2. 诚信塑造，服务社会

通过构建体现体育公平与竞争统一的精神文化，规范学生体育参与行为，塑造诚实守信的价值追求，并树立吃苦耐劳、团结协作、顽强拼搏的精神，能够形成正确的体育价值观，规范学生的学习和生活。

在体育测试和评价中，时常出现弄虚作假、找人代替、以各种理由推脱逃避等不诚信行为，这些行为反映了体育诚信文化塑造的缺失。为此，学校应加强体育诚信文化建设，培养学生的诚信意识，使他们在体育活动中自觉遵守规则，诚实面对挑战。在具体实施过程中，学校可以通过多种形式的教育活动，如讲座、研讨会、案例分析等，帮助学生理解和内化诚信的价值观；建立健全相关制度，对不诚信行为进行严格惩戒，以起到警示和教育的作用。

3. 礼仪教化，尊重他人

体育礼仪文化由服饰和器物等物质方面，语言和举止等精神方面，以及礼制和礼法等制度方面组成。它规范了体育活动中的敬重和友善行为，强调外在行为的约束和内在品格的培养。通过礼仪教育，学生学会尊重他人，增强团队合作精神，并提升文化素质。

（1）教育宣传。学校应根据学生的实际需求和社会文化背景，积极宣传体育规则和礼仪，以提升学生的文化素养和礼仪认知。在新时代的背景下，构建符合现代社会要求的体育参与文化体系显得尤为重要。通过系统的教育宣传，学校不仅可以帮助学生明确体育活动中的基本规则，还能强化他们对体育礼仪的自觉遵守，展现良好的精神风貌。这样的宣传有助于提升学生的体育素养，还能在校园中形成一种积极向上的体育文化氛围，为学生的全面发展打下坚实基础。

（2）行为规范。为了树立正确的体育价值观，学校应通过完善体育参与文化体系，融入儒家"礼"与"仁"的思想，从而规范体育竞赛中的礼仪行为。这样的做法能够有效避免功利主义的负面影响，维护赛场的良好秩序和运动员的良好形象。通过对体育行为的规范，学校能提升赛事的公正性，还能促进运动员在赛场上展现出应有的风度与尊重，增强体育活动的文化内涵和社会价值。

（3）人际关系协调。在体育活动中，关注人性和情感的平衡至关重要。学校应构建一个关怀与秩序相融合的体育礼仪文化，平衡义与利，促进传统体育文化与现代竞技、娱乐文化的有机融合。通过这种融合，学生不仅能够提升自己的情操和人格，还能在参与体育活动的过程中，学会更好地协调人际关系。这种综合性的文化建设不仅有助于提升学生的综合素质，还能为他们的未来社会交往和个人发展提供宝贵的经验。

4. 社会适应，促进个体发展

社会适应能力是指个体在与外界环境中实现平衡与和谐的能力。这种能力可以分为环境适应取向、人际适应取向和个体发展取向三个方面。具体体现为学习交往、挫折承受、竞争合作和行为约束等综合素质。社会适应能力综合反映了个体在多方面的综合素质。

（1）环境适应。优化教师队伍、改革教学模式以及加强社会规范教育，是提升学生环境适应能力的关键措施。通过培养教师的专业素养和教学技能，创新课堂教学方式，可以有效帮助学生更好地适应不断变化的学习环境和外部挑战。通过社会规范教育，引导学生树立积极心态，增强其面对困难和逆境时的心理韧性和应对能力，使他们在变化的环境中能够保持积极的态度并有效应对各种挑战。

（2）人际适应。在体育参与过程中，通过同伴引领和行为规范的实施，有助于学生建立健康的价值观和行为目标。同伴引领能够通过榜样的力量，促使学生学习到尊重、理解和合作的重要性，从而促进和谐的人际关系。明确的行为规范和规则能够帮助学生在体育活动中形成良好的社交习惯，增强团队合作精神和人际交往能力，使他们在互动中学会尊重他人和维持和谐关系。

（3）个体发展。体育技能学习和竞技交流在提升学生自我管理能力和整体素质方面发挥了重要作用。通过参与体育活动，学生不仅能够掌握规则和技能，还能够在竞技过程中培养自律性和自强精神。规则的制约和德礼的规范有助于学生在学习和竞赛中形成良好的行为习惯，提升其自我管理能力，实现全面发展。这种过程中的经验积累不仅增强了学生的个人素养，还促进了其在各方面的全面成长。

（三）制度文化建设：规范体育参与行为

大学体育制度文化涵盖了学校规章制度、师生行为准则及习惯，具有导向、调控和纪律训导功能。这些制度和文化不仅体现了学校的管理思想和教育理念，还对大学生体育参与行为的规范和引导起到了至关重要的作用。《学校体育工作条例》的颁布进一步促进了大学体育制度建设的完善，为体育活动提供了制度保障和明确的规范。完善大学体育制度文化是调控学生体育参与行为的关键。通过法规和政策，学校能够有效管理和调控学生的体育活动，确保学生在享受体育乐趣的同时，增强体质，培养健全的人格和坚强的意志。

1. 制度制定

体育制度文化建设应以实践探索为基础，结合制度的刚性约束和文化的内在推动，增强制度的价值引导功能。文化赋予制度灵魂与活力，使其更具吸引力。通过这一结合，大学生的体育参与思想认同和行为践行能够得到有效促进，最终实现全面发展。

（1）价值导向。大学体育制度应以群体意志与价值取向为基础，体现服务学生的宗旨和办学目标。体育制度的设计和实施必须引导学生树立正确的体育观念,强调体育活动的积极意义,增强学生的集体意识和责任感。这种价值导向不仅提升学生对体育的兴趣,还能帮助他们在团队合作中增加更强的社会责任感。

(2)机制建设。大学体育文化机制的建设应遵循师生为本、导向正确、求实创新的原则。有效的体育机制需要完善领导组织、参与、保障和评价机制,以确保体育活动的有序开展和有效支持。领导组织应设立专门的体育管理部门,制定清晰的工作职责和运行程序。参与机制应广泛动员师生的积极性,鼓励他们参与到体育活动的规划和实施中。保障机制则包括提供必要的资源和条件,而评价机制则需定期检查体育活动的效果,并根据反馈进行调整,以不断提升体育文化的建设质量。

(3)实践运用。大学体育文化系统的实践运用应结合大学特色,通过设施和景观建设,促进体育教育效果。设施的建设包括运动场馆和健身设备,还应考虑到校园环境的整体规划,创造有利于体育活动的氛围。通过对体育设施的合理布局和景观设计,可以提高学生参与体育活动的积极性,促进他们的体能提升和竞技思维发展。体育政策的实施和优化将直接影响学生的实践效果,确保体育活动的持续性和有效性,为学生提供全面的体育教育体验。

2. 制度执行

执行文化在大学体育制度的建设中发挥着重要作用,它不仅能够提升人的精神境界,还促进意义系统和价值系统的全面发展。在构建大学体育制度的执行文化时,应遵循文化发展规律,兼顾先进性与纯洁性、继承性与创新性、科学性与时代性的统一,其目标在于确保体育制度在执行过程中发挥最大效力和作用。大学体育制度的执行文化建设需要平衡各方面的发展特点,以提升制度的实施效果和作用。

(1)目标任务。大学体育制度执行文化的核心目标在于落实大学体育责任,旨在通过多维度的方式提升文化认同、强化价值导向与完善激励机制,来增强制度的统一性和权威性。提升文化认同要求将体育教育的价值观深植于师生心中,鼓励学生主动参与并尊重体育制度。通过强化价值导向，引导学生理解体育教育的长远意义，并将其内化为个人行为规范。完善激励机制则是通过设立明确的奖惩措施，激发学生参与体育活动的积极性，实现全面发展和制度的有效执行。

（2）实施措施。大学在推进体育制度执行过程中，应以人为本，创造良好的沟通氛围，增强制度执行的透明度与接受度。通过建立开放的反馈渠道，确保学生和教职工能够有效表达意见，促进制度的适应性调整。强化高校体育协会的执行力是另一个关键措施，协会应利用学生体育骨干的影响力和执行文化平台，推动制度的落实。合理运用执行工具，确保制度的可操作性和长期实施，能够使体育制度得以顺畅实施，避免形式化和流于表面。

（3）具体情形。在保障弱势群体体育参与权利方面，大学应采取措施降低项目参与门槛，确保所有学生平等享有体育资源。这包括为残疾学生提供专门的设施和培训机会，促进他们的积极参与。构建国家、社会、学校、学生多方共治的模式，将有助于提升体育政策制度的有效性。通过法治形式保障体育设施的投入和资源供给，确保大学体育政策能够得到有效调节，并充分发挥其促进学生全面发展的作用。

（四）行为文化建设：体现体育参与实践

行为文化是通过实际行为展现的文化形态，包括教师的教学行为和学生的学习行为。其核心在于"知行合一"，即将知识理解和接受转化为实际行动的能力。在大学体育教育中，行为文化的建设尤为重要，它不仅是教育手段，也是促进学生全面发展的关键途径。行为文化通过实际行为体现了知识的理解与应用，成为实现学生全面发展的有效途径。

1. 行为感知

感知是行为的先导，感知直接影响着个体的决策行为，反映了心理与行为之间的内在逻辑关系。大学生在体育参与中的感知分为外部感知和内部感知。外部感知包括体育环境设施的可达性、可入性及适停性，而内部感知则涉及体育公共服务水平和参与情感的激发。当个体的运动需求出现时，会通过刺激驱动或暗示启动行为决策，这一过程涉及对体育文化环境信息的积累和调整。体育行为感知与体育行为之间存在正相关关系，提高大学生的体育行为文化感知，对于促进其体育参与具有重要作用。

2. 行为过程

大学体育文化环境在引导学生形成健康生活方式的过程中发挥了重要作用。大学体育文化环境通过内化和外化两个环节来塑造学生的品格并促进其社会性发展。在内化过程中，师生共同努力，教师通过增强学生对体育文化的认同感，并利用校园的体育氛围，引导学生接受并融入这一文化。校园体育规章制度作为有形的约束，激励学生积极参与体育活动，形成良好的体育习惯。外化则是将内化的体育文化标准转化为实际行动的过程，这一过程在体育课堂教学和各种体育活动中得以体现。通过这些环节，大学体育文化环境不仅帮助学生认同体育文化，还促进了其在实际生活中的实践，有效构建了健康的生活方式。

3. 行为收获

行为收获是大学体育教育的核心目标之一。通过系统的体育教育和训练，大学生能够在身心健康、精神自由和文化素养等方面获得显著的提升。大学体育不仅承担着提高学生身体素质和竞技水平的责任，还肩负着传承和发扬体育文化的重要使命。

（1）国家设计。国家应通过宏观政策的制定和实施，确保学校体育健康体系的全面覆盖。通过有效的政策干预和社会联动，可以诊断、管理和评价学校体育健康状况，调整并引导大学生对体育与健康的正确认知和价值观。国家设计不仅促进了体育文化资本在校园中的积累和传递，也确保了代际之间的体育文化传承和发展。

（2）权利保障。国家、社会、社区、学校和家庭应携手合作，建立完善的法律保障和问责机制，以确保学生的体育健康权得到有效保障。这种协作机制不仅能够促进体育平等权的实现，还能够增强体育文化的自信心，形成良好的体育文化氛围。通过这种多方协作，可以为体育文化的传播和发展提供坚实的基础，使体育教育成为全面素质教育的重要组成部分，提升社会对体育活动的重视程度和参与积极性。

（3）监测干预。为了有效改善大学生的体育参与体验，必须加强健康干预研究，构建系统化的体质健康管理体系，这一体系应包括体质测试、增进计划、绩效监测及效果反馈等环节。通过全面监测与及时干预，能够提升大学生的体育参与积极性和整体健康水平，在日常生活中促进其健康行为的形成和持续。这样的管理体系有助于改善大学生的体质，也为制定更有效的健康干预策略提供了科学依据。

二、注重大学生体育参与过程的强化性

（一）激发体育参与前的动力，促进大学生体育参与的倾向性

在促进大学生体育参与的过程中，激发参与前的动力至关重要。这种动力不仅来源于个体的内在因素，如能力感知、自我效能感以及对体育参与结果的预期价值情感体验，还受到外部环境的影响，如学校和同伴的支持鼓励等。为了有效地推动大学生体育参与，需要在思想、行为和环境上创造有利条件，形成有效的动力机制。

第一，树立体育参与前的目标意识，并做好准备。在大学生体育参与的推动中，树立明确的参与目标意识不仅仅是为了提升学生的身体健康水平，更是为了在心理和社会层面上激发他们的积极性和动力。通过清晰地定义参与体育活动所能带来的种种好处，如获得信息、解决问题、掌握技能以及体验运动成就，可以有效地帮助学生理解和内化参与体育的意义和目标。①明确的目标意识有助于学生认识到体育参与不仅仅是运动和锻炼的简单行为，而是一个复杂的过程，涉及到个人成长和发展的多个方面。例如，通过参与团队运动，学生可以学会协作和领导技能，这些技能在今后的职业生涯中同样至关重要。明确的目标意识还能帮助学生认识到体育活动可以为他们提供心理上的放松和情感上的满足，从而提升他们的整体生活质量。②将体育参与与社会生活紧密联系是进一步促进学生参与的关键因素之一。现代大学生活不仅仅局限于课堂和书本知识，社会活动的丰富性和多样性使得体育活动成为学生全面发展的一个重要组成部分。通过参与体育活动，学生能够建立起良好的社交网络，培养出色的团队合作精神，并在比赛和训练中学会应对挑战和压力。

这种社会化的体验不仅增强了学生的社交能力，还能够为他们今后在职场和社会中的角色扮演提供宝贵的经验和信心。③体育参与也有助于学生在道德和伦理上的发展。参与体育活动要求学生遵守规则、尊重对手和裁判，这些行为培养了学生的道德意识和责任感。通过体育活动，学生能够体验到公平竞争的重要性，学会接受胜利和失败，并从中吸取教训和成长。

第二，利用好大学生群体体育参与呈现的媒介化趋势，发挥移动互联网对大学生体育参与的正向效应。通过运动APP、校园乐跑等数字化平台，大学生可以更为便捷地参与各类体育活动。这些平台不仅仅是工具，它们更是一种媒介化趋势的体现，对大学生体育参与产生了深远的正向影响。①运动App和类似平台通过其便捷性，极大地降低了大学生参与体育活动的门槛。传统的体育活动往往需要大量的组织和时间安排，而现在，通过手机或其他智能设备，大学生可以随时随地查找、加入各种体育项目。无论是校内的篮球赛、足球联赛，还是健身房的团体课程，这些平台为学生提供了丰富多样的选择，让他们能够根据自己的兴趣和时间安排自由参与。②这些数字化平台通过记录和分享运动数据的功能，为大学生参与体育活动增添了一层新的仪式感和社交性。学生们可以记录自己的运动成绩、时长、消耗的卡路里等数据，并将这些数据分享到平台上与他人进行比较和交流。这种互动不仅激励了个体的持续参与，也构建了一个社交化的体育圈子，让参与体育活动成为一种更具有共享和交流意义的体验。③数字化平台还常常设立挑战和奖励机制，进一步激发了大学生参与体育的积极性。通过设定每月里程挑战、打卡任务等，这些平台不仅帮助学生树立了长期坚持锻炼的目标，还通过奖励形式如积分、勋章等，增加了参与者的成就感和归属感。这种正向激励机制有效地促进了大学生的健康生活方式，使体育活动成为他们日常生活中的一部分。

第三，可穿戴运动设备和智能运动装备的普及与应用，为大学生参与体育活动注入了新的活力和动力。这些先进的设备不仅能够实时监测个体的运动数据，帮助学生全面了解自己的运动状态和进展，还通过个性化的数据反馈和专业的运动建议，有效激发了他们的运动积极性和参与热情。在大学校园中，这些设备不仅仅是科技产品，更是推动校园体育文化多元化和时尚化发展的重要工具。①可穿戴运动设备的实时监测功能使学生可以精确地了解自己每一次运动的数据表现，包括心率、步数、距离等多项指标。这种即时的反馈不仅帮助他们更好地调节自己的运动强度和频率，还能增强他们对运动效果的认知和控制能力。通过持续监测和分析，学生能够建立起更科学的运动计划，进一步提升运动效果和成就感。②智能运动装备的个性化数据反馈和专业运动建议，针对每位使用者的身体状况和运动需求进行定制化。这种个性化的服务不仅使学生感受到运动的个性化关怀，还能够根据他们的反馈和数据调整运动计划，使参与体育活动更加科学和有效。这种定制化的体验不仅提升了运动的满意度，也增加了学生长期坚持运动的动力和信心。③这些运动设备和装备的普及还促进了校园体育文化的时尚化发展。在大学生群体中，这些高科技的运动装备不仅仅是运动的工具，更成了时尚和个性的象征。学生们通过使用这些设备，展示出他们对健康生活和运动方式的关注和热爱，形成了一种健康时尚的新潮流。这种时尚化的体育文化氛围不仅吸引了更多学生参与体育活动，也促进了校园体育的多元化和发展。

（二）注重体育参与过程体验，推进大学生体育参与的促成性

大学体育在促进大学生体质健康和身体活动水平的同时，也应强调体育参与过程中的体验性，推动大学生体育参与的促成性。体育活动不仅是锻炼身体的方式，更是培养个体品质和社会情感的重要途径。在体育课堂和课外体育参与中，如何通过体验、互动和文化内化来丰富大学生的体育参与体验，是实现这一目标的关键。

首先，在体育课堂教学中，应注重培养学生的知识与技能、情感态度与价值观的综合素养。通过自主、合作和探究式的学习方法，激发学生的主体建构能力，使他们在学习体育知识和技能的同时，也能体验到体育带来的情感满足和社会交往的重要性。体育教学不仅仅是传授技术，更要关注学生在运动中的心理体验和对规则、尊重的理解与实践。通过

反思和情感体验的引导,使学生在体育课堂中获得流畅愉悦的互动体验,从而深化其对体育参与的认同和持续性的参与动机。

其次,在课外体育参与中,应强调体育参与的本质和过程,不仅注重达成体育目标,更要关注个体在参与过程中的感知和体验。通过组织原则和价值内化,培养大学生对体育参与的认同和价值共识,使其形成健康、积极的体育生活方式。课外体育活动不仅为学生提供了多样化的体育体验和交流机会,还能够满足个性化和社会化的体育参与需求,从而促进个体的全面发展和社会文化的传承。

(三)综合体育参与后的测量评价,调控大学生体育参与的强化性

为了提升大学生体育参与的质量和持续性,需要从综合体育参与后的测量评价和调控机制入手。体育参与的评价不应仅限于结果导向,而应更加关注体育活动的过程性表现、个体体验和成长效果,以及对个体身心发展的综合影响。

首先,在体育参与的评价目标上,应该转变传统的以生物效应和素质指标为主的评价方式,而是注重体育参与过程中的主动性、合作性和个体价值实现。评价内容应该涵盖运动技能的发展、体育情感品格的培养以及健康知识的掌握等方面,以全面理解和评估大学生在体育参与中的表现和成长。通过综合评价,不仅可以鼓励学生持续参与体育活动,还能够反映出他们在体育实践中获得的满足感和成就感,从而增强其体育锻炼的积极性和意愿。

其次,在体育参与的监督管理方面,应建立健全的大学生体育参与治理与干预机制。这包括明确决策主体、规范决策程序、细化决策内容,构建起有效的运行体系。通过多方协同,如学校、社会和家庭的合作,强化对大学生体育生活化发展的支持和管理,确保体育参与活动能够真正融入学生的日常生活,从而形成持久的体育生活习惯和健康生活方式。

在实施体育生活化的过程中,应以人本价值为核心,促进个体的全面发展和生命质量的提升。通过服务社会发展和推动学科发展等多重角度,确立大学体育在教育和社会中的重要地位,并为学生提供更多元化

的体育参与选择。通过与学校文化的配合,将大学生的个体需求与身心发展评价相结合,推动体育参与的深度和广度,确保其在大学生活中的持续性和积极性。

三、基于供给侧改革促需求、系统优化促协同

(一)基于供给侧改革促需求的大学生体育参与促进

时代特征的政策供给和价值定位对大学生体育参与产生深远影响。体育政策的制定与执行、体育价值的认同与实现,以及体育参与的促进与需求的供需矛盾,都是关键关注点。为了推动大学生体育参与并优化大学体育系统,必须从政策制度、价值理念和参与促进等方面进行供给侧改革。这些措施将改善内外部环境支持,促进大学生更加积极地参与体育活动。

1. 政策制度供给改革

政策制定在决策过程中占据核心地位,而制度保障则是创新大学体育机制的基石。在制定过程中,需要注重系统性,涵盖信息获取、矛盾处理和可行性调研。然而,目前的政策法规对学校体育的责任认定尚不明确,这一缺陷导致一些学校取消了"高危"项目,甚至在体测前要求学生签订免责协议。为提高学校体育政策的科学性和有效性,必须完善政策制度,明确责任认定,避免因政策缺失而影响体育活动的正常开展。

《国际体育运动宪章》强调了体育教育在社会中的核心地位,特别关注体育参与权、风险管理、终身体育及其社会作用。该宪章明确了公平参与体育的机会,并指出政府有责任保障体育作为基本人权的重要性。《"健康中国2030"规划纲要》将全民健康提升至国家战略的高度,推动了"花钱买健康"的观念,并鼓励自我体育活动的兴起。大学在政策体系创新中拥有自主灵活性,可以通过课程设置、教学方法、评价体系等方面推动体育发展目标和参与促进计划的实施。《国际体育运动宪章》和《"健康中国2030"规划纲要》为我国体育政策制度的制定和完善提供了重要的借鉴,而大学体育政策体系的创新和自主性为提升大学体育的发展奠定了坚实的基础。

第五章　学生维度：学生参与与体验的优化实践◎

必须加强对学校体育政策执行的监督，进行系统性研究以发挥监督的预防功能，及时纠正实际运行与预期结果的偏差，并协调多层面政策执行主体的优势。这些措施将确保学校体育政策的有效执行。

第一，各级学校体育主管部门应及时介入，通过充分论证政策和完善机制建设，理顺国家与地方在资源配置中的地位，以确保政策对学生体育参与的实际作用，并进行及时反馈。这些措施将有助于提升学生体育参与的效果，确保政策实施的有效性。

第二，在实施和监督政策的过程中，重点在于评价和适时监督，以确保政策的有效执行。必须明确执行责任，并发挥反馈环节的调控作用，以保障政策在实际操作中的顺利推进。评价政策时应综合考虑其水平、成本、可持续性以及对学生的支持度，全面评估政策的成效。为了提升政策质量和优化执行过程，需要建立健全的评价体系和问责机制。应将学生体质健康作为考核指标，推动相关政策制度的改革。确保决策的民主化和资源配置的合理化也是关键，这有助于提高政策的认识度和公信力。通过建立完善的评价体系和问责机制，可以有效提升政策执行的效果，推动学校体育政策的优化和发展，形成社会重视和学校创新的良好局面。

第三，政策供给侧改革应注重三个方面的系统创新：①完善政策体系，注重从宏观到微观的全链条设计，确保政策的科学性和操作性；②强化政策的执行力度和监督管理，建立健全的反馈机制，确保政策的落地和效果；③激发社会力量的参与，通过政策引导和激励，鼓励社会各界共同参与大学生体育的推广和普及，形成多元化的体育参与生态。通过这些措施的实施，可以有效促进大学生体育参与的持续发展，提升大学生的体育素养和身体素质，推动形成健康、积极的校园体育文化，为大学生的全面发展和终身体育奠定坚实的基础。

2. 价值理念供给改革

体育作为身体的教育、教育的组成部分，其在教育体系中的价值定位不仅仅是理论上的问题，更是实践中需求满足与教育目标实现的重要体现。针对当前大学体育领域存在的挑战和问题，需要从文化、教育、理性和资源等多方面进行价值理念的供给改革，为大学生体育提供合理性和权威性的道德和法律依据，从而引领大学体育走向更加健康、多元、包容的发展方向。

（1）在体育文化的价值供给方面，学校体育的改革不仅仅是对体育文化的价值判断和选择，更是对体育文化的实际践行和完善过程。通过体育文化的价值引领，可以有效解决原有价值观念的差异所带来的矛盾影响，确保学校体育文化在健康育人的道路上持续前行。例如，对于竞技体育色彩过重的学校体育文化，需要注重健康内涵的文化认同，使学生在参与体育活动中不仅仅关注成绩和胜负，更注重身心健康的全面发展。

（2）在体育回归教育的价值供给方面，学校体育教育的价值体系应当反映其教育的本质和目标。建立规约道德自由尺度的诚信监管机制，是培养大学生维系诚信道德的重要举措，有助于约束各类不端行为，从而保障体育教育的公平性和正义性。体育教育应面向全体学生，尊重每个人的人性和平等的权利，推动学生在体育活动中发展品格、培养精神，实现个人与社会的和谐共生。

（3）在价值理性引导工具理性的价值供给方面，应当超越简单的功利主义和工具理性的膨胀。体育活动不仅仅是达成某种目的的手段，更是学生在身体和精神层面的双重超越和实现。通过价值理性的引导，管理人员、体育教师和学生等体育参与者可以在关怀和支持的氛围中共同成长，实现个体和集体的和谐发展。

（4）在资源分配公平均衡的价值供给方面，体育资源的公正分配是学校体育发展的重要保障。将正义价值和教育正义作为体育实践的伦理尺度，有助于推动资源在城乡和学校之间的公平供给，确保每位学生在体育场地设施的平等利用权利。同时，也应加强对体育教师的收入公正性和地位平等的保障，使其能够在良好的工作环境中为学生提供优质的体育教育服务。

3. 体育参与促进供给改革

在推动大学生体育参与的过程中，体育参与促进供给改革扮演着关键角色。从国家、学校、教师以及学生自身层面加强体育参与的供给，旨在确立大学生体育参与的全面发展目标，包括促进体质健康水平提高、掌握运动技能、培养健全人格等方面。本文将围绕如何在不同层面加强体育参与的供给进行探讨，以期为推动大学生体育参与提供理论指导和实践建议。

在国家层面，加强学校体育立法保障的实施是推动体育参与的关键一环。国家应该在尊重人格平等和公众意志的基础上建立合理的学校体育政策制度，以确保体育锻炼计划和政策能够有效地满足学生体育参与的需求。这包括对体育教育的系统检测与评估，确保政策能够实现预期的效果，从而推动全民健康战略的落实。

在学校层面，加强大学体育的物质保障和制度支持至关重要。学校应该全方位地营造体育参与的氛围，并为学生提供便利条件，如完善的体育场馆设施和合理的体育活动安排。学校还需关注体育教师的职业发展，避免过度强调学历而忽视教学技能的重要性，以提升体育教育的实效性和吸引力。

在教师层面，具备全身心投入体育教育的事业心和适应多方需求的业务能力是至关重要的。教师在体育课程设计和实施中应当明确体育知识和技能的特殊规律性，结合学生的实际情况，采用多样化的教学方法和评价标准，确保体育教学的质量和效果。这不仅包括技能教学和理论传授，还包括个体体验和竞技观念的培养，以激发学生对体育参与的积极性和持续性。

在学生层面，体育参与应当被视作个人的一项权利和责任。学生应当重视提升自身的体育素养，将体育参与视作个人发展的重要组成部分。通过体验体育参与的愉悦过程，获取积极的内外部动力，从而促进身心健康和主观幸福的全面提升。学生也需要意识到健康中国建设的重要战略意义，将个人的体育参与行为与国家的整体发展目标相结合，培养良好的体育习惯和社会责任感。

（二）基于系统优化促协同的大学生体育参与促进

优化的大学体育生态系统是一个动态整体，各因素相互联系，并稳定有序运行,对大学体育产生持续性、阶段性和周期性影响。研究表明,社会文化和运动环境在促进积极体育生活方式方面的作用大于个体内部干预。需要深入理解大学生体育参与环境的结构、层次、特征及内涵,并通过环境构建、参与促进和收获共享进行系统优化。形成大学体育主管部门、学校、教师及大学生的协同运行机制,实现利益一致性价值目标,能够产生合力效应。通过系统优化大学体育生态系统,强化社会文化和运动环境的作用,建立多方协同机制,能够有效促进大学生的体育参与,形成积极的合力效应。

1. 大学体育生态系统优化模型

自然界的循环体系通过营养链和食物链维持生态系统的发展,大学体育系统与之类似。大学体育决策者、推行者和实践者通过制度流、物质流和文化流形成类似食物链的网状结构,其中包括体育人才、物质和制度文化三大横向链子系统。影响学生体育参与的链条包括环境链、参与链和收获链。大学体育生态系统优化模型由不同因素的交互作用构成。

(1)环境链子系统。环境链子系统是大学体育生态系统中的重要组成部分,它涵盖了体育人才资源、物质设施的质量和数量,以及制度文化的空间布局和服务。这些因素直接影响着大学生的体育参与动机和体育价值认同。优化环境链子系统意味着通过提供优质的体育资源和服务,构建一个有利于学生体育参与的内外部环境,从而激发他们的积极参与意愿和体育活动的持续性。

(2)参与链子系统。参与链子系统涉及大学体育的管理决策者、教师推行者和学生实践者在体育参与过程中的角色和功能。通过制度调控和文化构建,参与链子系统的良性循环确保了各个子系统之间的协同作用。例如,体育管理者通过合理的体育场地和器材设计来支持学生的体育实践,教师则通过多样化的教学方法和课外活动的组织,引导学生参与体育锻炼,并在过程中传递体育价值观念。

(3)收获链子系统。收获链子系统反映了学生根据体育参与的动机和需求,通过环境链子系统获取体育参与的动力,并从中获得实际的体育收获。这种收获不仅仅包括身体上的健康提升和技能的掌握,还涉及到心理上的成就感和社会互动的积极影响。通过优化收获链子系统，可以更好地激励学生持续参与体育活动，并从中获得全面的发展和成长。

2. 大学体育生态系统优化路径

大学体育生态系统环境体现出整体系统性和发展运行的动态规律性。在此基础上，为促进大学生体育参与及提升质量，需结合生态系统的平衡机理和失衡成因进行分析。优化原则应遵循系统性、规律性、动态性和以人为本的原则，通过环境链、参与链和收获链的整体、层级和共赢优化，挖掘参与主体价值，并构建促进大学体育创新发展的制度体系。通过提升资源配置效益，实现大学体育生态系统的整体优化。

（1）环境链整体优化。大学体育的环境链包括了人才、物质、制度和文化等多个方面。这些因素相互作用，直接影响到学生体育参与的积极性和效果。例如，优质的体育教育目标和完善的教学内容是激发学生参与体育活动的内在动力。在这一过程中，主管部门的政策引导起到了关键作用，通过制度规范和资源配置，调整和优化大学体育的发展方向和教学质量，确保体育环境的良性发展。体育设施的建设和管理也是保障体育参与的重要环节，必须确保所有学生能够享有平等的体育参与权利，不受到物质条件的限制。

（2）参与链层级优化。参与链涉及到不同体育参与主体之间的互动和关系，如主管部门、高校管理者、教师和学生等。在优化参与链的过程中，需要强化信息沟通和反馈机制，确保各级主体之间的协调和合作。例如，通过建立良好的体育课程设置和教学模式，提升学生的体育素养和技能水平。倡导学生参与体育社团和俱乐部活动，激发他们在体育领域的个人潜力和兴趣。

（3）收获链共赢优化。通过共赢优化，可以实现体育主体的利益均衡和体育收获的共享。这一过程不仅仅局限于体育成绩的提升，还包括了身心健康、团队合作能力和社会责任感等多方面的收获。例如，通过体育教育的深化，培养学生的领导能力和创新精神，促进他们在竞技中体验到成功和成就感；关注到不同学生群体之间的差异性和需求，通过差异化的体育课程设置和个性化的指导，满足学生多样化的发展需求。

第三节 大学生体育社团的管理及运行

一、大学生体育社团的管理因素

（一）社团规模与资金

社团规模的大小通常取决于多种因素，其中时间和成员忠诚度是关键因素之一。一些成立时间较早的社团，由于积累了稳定的成员群体和丰富的社团经验，往往能够在同类社团中脱颖而出，拥有较强的吸引力和竞争力。这些社团通过长期的发展和成员的持续参与，逐步壮大，成为学校体育社团的佼佼者。另一个影响社团规模的因素是男女比例的分配。在某些类型的学校中，如师范类、农业类院校，女生人数较男生多，这可能会限制体育社团的规模和发展。相比之下，在理工类、财经类和综合类院校，由于男生人数较多，以及男生对体育活动的普遍兴趣，这些院校的体育社团通常能够更为突出地发展壮大，成为校内体育竞争的主要力量。

关于经费管理，大部分体育社团主要依靠内部活动筹集会费或者依赖上级拨款。不同的管理和运作方式对于资金的有效利用具有显著影响。一些社团设立了专门的财务管理职位，负责监督和记录社团的财务情况，并向上级管理层报告。这种方式有助于确保经费的透明和合理使用。相反，另一些社团可能没有专职财务人员，管理者则直接向上级管理层申请资金，并由社团负责人负责审批和管理。在这种模式下，需要社团管理者具备较强的财务管理能力和责任感，以保证经费的安全和有效使用。

（二）社团联合会的功能

社团联合会作为大学管理体系中的重要组成部分，承担着管理和协调校内社团活动的职责。它不仅仅是一个联系院校和各社团之间的桥梁，更是一个监督和支持社团正常运作的重要机构。社团联合会通过制定规章制度、传达院校管理安排、接受和反馈社团信息等方式，有效地管理和推动了体育社团的运行。

第一，社团联合会通过管理规章制度，为体育社团的成立和日常运行提供了必要的法律和制度依据。这些规章制度涵盖了社团的组织架构、活动安排、成员管理等方面的规定，为社团提供了明确的运作框架和指导原则。通过规章制度的制定和执行，社团联合会能够保证体育社团的运作稳定和有序，同时也为社团成员提供了必要的法律保障和管理支持。

第二，社团联合会作为社团活动的管理中心，负责向体育社团传达院校的安排和指示，确保社团活动与学校整体管理目标保持一致。社团联合会通过与学校管理部门的沟通和协调，有效地传递重要信息和政策指导，帮助体育社团理解和遵循学校管理要求，同时在必要时调整和优化社团活动方案，以适应学校整体发展和管理需要。

第三，社团联合会在体育社团的管理模式上通常可以分为放任型和集权型两种形式。放任型的管理模式主要依靠社团内部自主管理，社团联合会主要负责提供必要的支持和协调服务；而集权型的管理模式则更加强调社团联合会对社团活动的直接管理和监督，如财务管理、重大活动审批等需要通过社团联合会统一决策和管理。不同的管理模式在实践中体现了社团联合会对体育社团管理的灵活应对和个性化支持，以满足不同社团的需求和特点

（三）社团内部管理有效性

体育社团内部管理的有效性直接关系到社团的组织运作和发展。一般来说，体育社团的管理层结构包括主要的社团负责人、部长、副部长、财务部长、宣传部长等，他们共同承担着管理和运营社团的责任。不同学校和社团的管理模式存在一定的差异，有些体育社团的管理人员与社团联合会的职能负责人相对应，协同工作；另一些社团则由单一的负责人领导，并依赖于社团联合会的支持和协助。

管理人员的选拔通常通过社团内部的民主投票进行，这种方式不需要向社团联合会进行反馈。大多数情况下，社团的主要负责人由社团联

合会委派，他们是直接参与社团管理的核心成员。在社团内部，各职能部门合作分工，协同努力，以确保社团活动的顺利开展和长期有效性。

有效的内部管理对于体育社团的发展至关重要。管理人员需要具备良好的组织和领导能力，能够有效地分配任务、监督执行并解决问题。他们不仅要关注社团活动的策划与组织，还需处理好成员间的关系，鼓励团队合作与共享精神。通过制定清晰的管理政策和流程，管理人员能够更好地规划和执行社团的活动计划，提升社团的影响力和凝聚力。此外，管理人员的绩效评估和持续发展也是管理有效性的重要衡量标准。定期的评估可以帮助管理人员识别问题和机会，及时调整策略和措施，以提高社团运作的效率和效果。管理人员的专业能力和团队领导能力的提升，对于社团的长期发展具有深远的影响，能够推动社团在校园中的持续发展和壮大。

（四）社团管理者的能力

作为直接参与管理的核心人员，他们不仅仅担任着多重角色，如人际角色、信息角色和决策角色，还需要具备广泛的素质和技能来有效地组织和推动社团的活动和发展。

第一，良好的品德和道德素质。这包括诚实、正直、责任感和团队意识等品质，以确保在管理过程中能够以身作则，维护社团的正常秩序和成员的利益。良好的心理素质也是必不可少的，能够在压力和挑战面前保持冷静和理性，有效应对各种复杂情况。

第二，知识素质。他们需要具备广泛的专业知识和管理技能，包括社团运作的法律法规、财务管理、活动策划与执行等方面的知识。这些知识不仅帮助他们更好地规划和执行社团活动，还能提升其在管理过程中的决策效率和准确性。

第三，能力素质。创造力、应变能力、决策能力、指挥能力和组织能力等，都是他们必须具备的核心素质。管理者需要能够在快速变化的环境中灵活应对各种挑战，同时具备良好的领导力和团队协作能力，以促进社团成员的团结合作和活动的顺利进行。

第四，良好的人际关系技能、技术技能和概念技能。良好的人际关系技能能够帮助他们有效地与社团成员、学校管理部门及外部合作伙伴进行沟通和协调。技术技能则包括掌握现代管理工具和信息技术，以提升管理效率和信息处理能力。而概念技能则需要具备对社团发展趋势和管理理论的深刻理解，能够为社团的长远发展制定战略和规划。

（五）社团成员的认可度

作为社团的核心主体，成员们对社团活动设置、内容质量、开展频率以及对管理者的信任和认可，持有不同程度的看法和评价。这些因素共同构成了体育社团的内部环境，对社团发展和稳定具有深远影响。

第一，社团活动的设置对成员的认可度至关重要。通过多样化和有吸引力的活动设置，社团能够满足不同成员的兴趣和需求，吸引更多成员积极参与到社团活动中来。成员参与的兴趣和愿望直接影响他们对社团管理者和活动策划的认可程度，进而影响社团的凝聚力和发展动力。

第二，社团活动的内容质量直接决定了成员参与的意愿和社团活动的效果。高质量的活动内容不仅能够吸引成员参与，还能够增强社团的影响力和吸引力。活动内容的精彩程度和创新性，能够有效地提升成员的满意度和对社团管理者的信任感，促进社团的长期发展和稳定。

第三，社团活动的频率对成员的参与积极性起到重要的推动作用。适当的活动频率能够保持成员的活跃度和参与度，增强成员之间的交流和联系，有助于社团内部的团结和凝聚力的形成。频繁而有质量的活动安排，不仅满足了成员的参与需求，还能够增加社团的能见度和社团活动的影响力。

第四，成员对社团管理者的信任和认可是维持社团稳定和持续发展的关键因素之一。管理者的领导能力、决策效果和与成员之间的沟通交流，会直接影响到成员对社团未来发展的信心和期待。成员对管理者的认可度高，有利于形成良好的管理氛围和积极的工作态度，推动社团管理工作的顺利进行和社团整体效能的提升。

二、大学生体育社团管理的运行策略

（一）体育社团管理理念的转变

管理理念的转变不仅仅是理论层面的变革，更是在实践中深化学校教育体系，促进学生全面发展和健康成长的关键路径。在高校校园文化建设中，体育社团作为重要组成部分，其管理理念的优化和转变直接影响到社团的内部运行和成员的参与积极性。

首先，体育社团管理必须坚持以学生为本的指导思想。这意味着将学生的全面发展和健康放在社团管理的首要位置。通过党委的领导和党团结合，体育社团能够在思想政治和文化教育方面得到有效的引导和支持，推动社团成员的思想道德水平提升。管理者应当重视社团活动对成员个体成长的积极影响，鼓励多学科、不同年级和性别的交流与合作，以丰富社团活动的内涵和多样性，为成员提供广泛的成长空间和学习机会。

其次，体育社团管理的优化需注重在管理实践中体现党委的指导作用。党委作为学校治理的核心，应当通过社团联合会等渠道，为体育社团提供明确的指导方向和政策支持。这不仅有助于规范社团的内部管理流程，还能够促进社团活动的科学性和系统性发展。专业指导教师的介入也是关键，他们可以为社团管理者提供专业指导和个性化支持，帮助社团更好地发挥其在校园文化建设中的作用。

（二）体育社团管理制度的完善

在制度完善的基础上，社团能够更加有序地运作，有效地发挥其在校园体育文化中的重要作用。社团管理的规范化和透明化不仅有利于提升社团的整体管理效率，还能够有效预防和解决管理中可能出现的问题，保证社团活动的持续健康发展。

第一，社团联合会作为管理的核心机构，应当严格审查新社团的申请，并设立考察期和不合格撤销制度，以确保新成立的社团符合校内管理规定和社团宗旨，避免管理漏洞和运行不规范的情况发生。这种审查制度不仅保证了社团的质量和稳定性，也为新社团的发展提供了清晰的方向和标准。

第二，对于社团管理者的选拔和换届选举，应基于民主原则，并在此基础上进行协商、考核和监督，确保管理者具备必要的能力和素质。同时，定期对管理者进行工作考核和评估，及时发现问题并采取有效措施进行纠正和改进，以确保社团的日常运行和活动安排能够高效顺畅地进行。

第三，通过公正公开的选举程序任用管理者，同时对管理者和成员的工作表现进行评价和奖惩，激励优秀表现，纠正不当行为，保持社团内部的秩序和团结。经费管理、内部奖励和惩罚等方面也应有详细的规定和执行机制，确保社团资金使用合法透明，内部活动合理有序。

（三）体育社团管理体系的保障

体育社团管理体系的保障是确保社团顺利运行和持续发展的关键因素。这一管理体系不仅仅涉及到物质层面的保障，更涉及到组织结构、管理理念和文化建设的全面支持，从而为体育社团的各项活动和成员的成长提供坚实的基础。

第一，政策、人员、经费的保障。政策保障为社团提供了法律和政策依据，使得管理者能够在规定范围内合理运作和决策。人员保障则是指有能力和热情的成员组成的团队，他们在实施管理方案和组织活动中发挥着关键作用。经费保障是社团活动的后盾，它不仅确保了活动的顺利进行，还能够促进社团内部资源的合理配置和活动质量的提升。设施保障则保证了体育社团活动的场地和设备充足，使得各项运动和训练能够按照计划顺利进行，从而保障了社团成员的活动体验和健康发展。

第二，内部环境的营造。社团管理者应当通过加强自我服务能力，即社团自主组织和策划活动，提升活动内容的吸引力和质量，从而增强社团的影响力和凝聚力。在培养学生综合素质和个性发展的同时，体育社团还应当通过丰富多彩的活动内容，如体育竞赛、训练营和座谈会等，为成员提供广泛的成长平台和交流机会。专业指导教师的参与能够提供指导和支持，帮助社团管理者更好地规划和执行社团活动，从而推动体育社团文化的建设和品牌形象的塑造。

第三，构建有效的交流平台。社团管理者应当重视成员之间的交流互动，以及与其他院校社团和社会团体的沟通合作，共享资源和互补优势，推动管理者在实践中不断创新和学习。通过建立和拓展交流平台，体育社团能够更好地适应社会发展的变化和挑战，提升成员的实践能力和综合素质，从而增强社团的影响力和可持续发展能力。

第六章 技术维度：新技术在大学体育教学改革中的实践应用

本章分析了信息技术在体育教学中的必要性，聚焦于虚拟现实技术在大学体育教学中的实践应用，讨论大数据技术在大学体育教学中的智慧应用，旨在为教育工作者和技术研究者提供体育教育创新思路，推动教育体系向数字化和智能化转型，提升教学效果和学生参与度。

第一节 信息技术在体育教学中应用的必要性

一、使高校体育课堂教学效率得到有效提升

在当今信息化时代，高校体育课堂如何有效利用信息技术提升教学效率成为了教育改革的重要课题。信息技术的广泛应用不仅改变了教学方式和手段，也为体育教育注入了新的活力和可能性。高校体育教师在面对信息化的挑战和机遇时，需要不断提升自身信息素养，灵活运用信息技术工具，以确保体育课程教学水平和学生学习效果的整体提升。

第一，信息技术在高校体育课堂中的应用能够将抽象的体育理论知识转化为生动的图像、动画或视频，从而使得学生能够更加直观地理解和掌握知识内容。这种生动形象的呈现方式不仅能够增加学生的学习兴趣，还能够加深他们对体育技能和理论的理解和记忆。例如，通过多媒体展示体育动作的执行过程和技术要点，学生可以清晰地看到每个动作的关键步骤和要领，从而更有效地学习和掌握体育技能。

第二，信息技术的利用能够丰富体育课堂的教学手段和方法。教师可以利用网络资源和电子教材，为学生提供更多元化、更新颖的学习内

容和案例分析。通过在线学习平台和虚拟实验室，学生可以进行实时的体育技能模拟和实战演练，不受时间和空间的限制，大大提高了课堂教学的实效性和操作性。这种教学模式不仅能够激发学生的学习兴趣，还能够促进他们的自主学习和探索精神，培养出更具创新能力和实践能力的优秀体育人才。

第三，信息技术的运用还能够增强高校体育教学的互动性和个性化。通过在线讨论和实时反馈系统，教师能够及时了解学生的学习进度和困惑，有针对性地进行个性化辅导和指导。学生在参与课堂讨论和互动过程中，不仅能够增强团队合作意识和沟通能力，还能够从多方面、多角度思考和分析问题，提升综合素质和解决问题的能力。

第四，信息技术的高效利用对于体育教师的教学方法和教学效果评估具有重要意义。教师可以通过电子化的学生成绩和学习档案管理系统，实时跟踪学生的学习情况和成绩变化，及时调整教学策略和方法，保证教学的针对性和有效性。通过数据分析和教学评估，还能够为教师提供科学依据和决策支持，推动体育课堂教学模式的持续优化和改进。

二、使高校体育教学模式得到全面转变

在当前高校体育教学模式的转变过程中，信息技术的应用正在成为推动教学质量和效果提升的重要力量。传统的应试教育模式长期以来影响了体育教学的进步，导致部分教师在教学中依然沿用传统模式，未能有效激发学生的学习兴趣和体育技能的全面发展。通过充分整合现代信息技术，高校体育教学模式可以得到全面转变，从而实现教学目标的更高效率和更广泛影响。

第一，信息技术的广泛应用为体育教学注入新的教学手段和资源。传统的教师主导式教学模式过于侧重教师的灌输和指导，缺乏对学生个体差异和兴趣特点的充分理解和尊重。而通过信息技术，教师可以利用多媒体技术、虚拟实验室和在线资源，为学生提供更加丰富多样的学习内容和学习方式。例如，通过动画、视频等形式展示体育动作的执行过程和技术要领，不仅能够增加学生的学习兴趣，还能够使学生更直观地理解和掌握体育运动的技能和策略。

第二,信息技术的运用促进体育教学模式向学生主体地位转变。现代信息技术使得教学可以更加个性化和差异化,教师可以根据学生的学习进度和需求,调整教学内容和方法,提供个性化的学习支持和反馈。通过在线学习平台和虚拟实验室,学生可以自主选择学习路径和时间,进行实时的模拟训练和实验,不受时间和空间的限制,从而提升学生的学习自主性和积极性。这种个性化的教学模式能够更好地激发学生的学习动机和创新精神,培养学生的独立思考能力和问题解决能力。

第三,信息技术的整合加强教师与学生之间的互动和沟通。通过在线平台和社交媒体,教师可以与学生进行实时互动和交流,及时了解学生的学习进展和困难,提供针对性的帮助和指导。学生在参与课堂互动和讨论过程中,不仅能够加深对体育知识和技能的理解,还能够培养团队合作精神和沟通能力,提升整体的学习效果和成就感。

第四,信息技术的普及和应用为体育教育的评估和管理提供科学依据和数据支持。通过电子化的成绩管理和学生档案系统,教师和管理者可以实时监测和评估教学效果,进行数据分析和课程评估,及时调整和优化教学策略,确保教学质量和效果的持续改进。

三、使高校体育教师与学生建立良好的师生关系

信息技术的引入使得高校体育教师能够更加精确地理解和满足学生的学习需求,同时也为教师与学生之间的互动和沟通提供了新的平台和方法。

第一,信息技术赋予了教师更全面、深入地了解学生的学习情况和个性化需求的能力。通过数据分析和信息化管理系统,教师可以实时掌握每位学生的学习进展、兴趣爱好和体育运动能力等方面的信息。这种精准的了解不仅有助于教师根据学生的实际情况调整教学内容和方法,更能够提升教学的针对性和效果,使每一堂体育课都能够更好地满足学生的学习需求,进而增强师生之间的信任和互动。

第二,信息技术为体育教学创造了更加丰富和互动的学习环境。现代化的信息技术平台如虚拟实验室、在线课堂和学习管理系统,不仅能够使体育课堂内容更生动和具体化,还能够激发学生的学习兴趣和参与

度。通过互动式的学习内容和实时反馈,学生能够更加积极地参与到体育教学中,与教师和同学们建立起更紧密的互动关系,共同探讨和解决体育学习中的问题,从而促进师生之间的良好关系的形成和发展。

第三,信息技术的应用使得体育教学不再局限于课堂内外的时间和空间限制。教师可以利用在线资源和虚拟实验室,随时随地与学生进行互动和教学活动,通过互联网技术和多媒体手段,打破了传统教学的束缚,使得教学更具灵活性和个性化。这种开放式和多样化的教学方式不仅能够增强学生的学习动机和效果,还能够帮助教师更好地关注和支持学生的个性发展,从而在互动中建立起更为紧密的师生关系。

第二节 虚拟现实技术在大学体育教学改革中的实践应用

一、虚拟现实技术及其系统组成

虚拟现实技术是 20 世纪末逐渐兴起的一门综合性技术,它涉及计算机图形学、多媒体技术、传感技术、人机交互、显示技术、人工智能等多个领域,交叉性非常强。虚拟现实技术在教育、医疗、娱乐、军事等众多领域有着非常广泛的应用前景。由于改变了传统的人与计算机之间被动、单一的交互模式,使用户和系统的交互变得主动化、多样化、自然化,因此虚拟现实技术被认为是 21 世纪发展较迅速,对人们的工作、生活有着重要影响的技术之一。

(一)虚拟环境的主要形式

虚拟现实系统中的虚拟环境,包括以下形式。

第一,模拟真实世界中的环境。这类环境可以复制现实世界中的地理景观、建筑场所以及文化遗产,不论是已存在的、计划中的还是已经消失的场景。通过精确的建模和视觉呈现,虚拟现实系统能够为用户提供高度逼真的体验,使其仿佛置身于实际存在的地点和时刻。

第二，人类主观构造的环境。这些环境通常出现在影视制作的特效场景和电子游戏的虚拟世界中，完全是设计师和创作者的想象成果。用户可以在这些虚构环境中自由探索和互动，享受超越现实的体验和沉浸感。

第三，模仿真实世界中人类不可见的环境。例如，分子结构的可视化、空气中温度和压力的分布等。这些环境存在于真实世界中，但人类的感知器官无法直接捕捉和理解。通过虚拟现实技术，科学家和研究人员可以直观的方式展示这些抽象概念，帮助人们更好地理解和研究自然界的复杂性。

总体而言，虚拟现实技术的发展不仅仅局限于仿真技术本身，它还融合了计算机图形学、人机接口技术、多媒体技术、传感技术以及网络技术等多种前沿技术。这种跨学科的融合使得虚拟现实成为一门极具挑战性和创新性的研究领域。未来，随着技术的进步和应用领域的扩展，虚拟现实技术有望在教育、医疗、工业设计、娱乐等多个领域发挥重要作用，为人类创造更加丰富和多样化的体验和解决方案。

（二）虚拟现实技术的特性

虚拟现实基于动态环境建模技术、立体显示和传感器技术、系统开发工具应用技术、实时三维图形生成技术、系统集成技术等多项核心技术，主要围绕虚拟环境表示的准确性、虚拟环境感知信息合成的真实性、人与虚拟环境交互的自然性，通过实时显示、图形生成、智能技术等问题的解决，使得用户能够身临其境地感知虚拟环境，从而达到探索、认识客观事物的目的。

1. 沉浸感

沉浸感作为虚拟现实技术的核心特征，是指用户在使用虚拟现实系统时，感觉自己仿佛完全置身于一个由计算机模拟的虚拟世界之中，从而由被动的观察者转变为积极的参与者，并与虚拟世界中的环境、对象进行互动。这种感受的实现依赖于多种技术手段，包括视觉、听觉和触觉等多重感知功能的高度仿真。

(1) 视觉沉浸是通过高清晰度的三维立体图像和逼真的场景设计实现的。用户通过头戴式显示器等设备，能够感受到自己身处于一个真实存在的虚拟环境中，这种视觉沉浸能够让用户感受到身临其境的体验。系统还可以通过动态跟踪用户的头部运动，实时更新视角，使用户在虚拟世界中看到的一切都能够与其真实的运动行为同步变化。

(2) 听觉沉浸技术在虚拟现实中的应用也非常关键。通过精确的音响效果仿真，虚拟现实系统能够使用户听到来自不同方向的声音，从而增强虚拟环境的真实感和沉浸感。这种技术不仅仅是简单的声音播放，而是通过空间音频处理，使得用户可以感知到音源的方向和距离，进一步提升了虚拟环境的逼真度。

(3) 触觉沉浸技术则通过数据手套等交互设备实现，使用户能够在虚拟环境中触摸和操作物体。这种技术不仅仅局限于静态的触感反馈，还包括动态的物体运动响应，即当用户在虚拟环境中进行动作时，系统能够模拟相应的触感体验，增强了用户的互动体验和沉浸感。

2. 交互性

虚拟现实技术的核心之一是其高度发达的交互性，这使得用户能够以一种接近自然的方式与虚拟环境进行沟通和互动。交互性的实现依赖于虚拟现实系统中特殊的硬件设备，如数据手套、力反馈装置等，这些设备不仅提供了操作物体的自然感觉，还能及时反馈用户的动作，从而增强用户的沉浸感和参与感。

首先，交互性体现在用户能够对虚拟环境内物体进行操作的自然程度上。通过数据手套等设备，用户可以模拟在现实世界中的各种动作，如抓取、推拉、旋转等，同时能够感受到物体的重量和形状，使得交互过程更加真实和生动。

其次，交互性也体现在系统对用户行为的实时反馈能力上。例如，在虚拟驾驶模拟系统中，用户不仅可以操作方向盘和控制面板，还能感受到车辆行驶时的震动和转向力反馈，这些反馈信息是根据用户操作的即时变化而产生的，从而增强了驾驶体验的真实感和沉浸感。

虚拟现实系统中的交互性不仅限于手部操作，还包括头部、眼部及身体的其他运动。用户可以通过移动头部改变视角，或者通过眼部注视物体来触发系统的相应反应。这种多感官交互的设计，使得用户能够更加自然地探索和操作虚拟环境，提高了用户对虚拟体验的参与度和投入感。

总体来看，交互性的优良程度直接影响着虚拟现实系统的使用体验和效果。良好的交互性不仅使得用户能够更加直观地理解和参与虚拟环境中的活动，还能增强用户对虚拟体验的信任和满意度。未来随着技术的不断进步，虚拟现实系统在交互性方面的创新将更加多样化和智能化，为用户带来更加丰富和深入的虚拟体验。

3. 构想性

构想性是虚拟现实技术的一个关键特征，是指通过虚拟环境的创造性构想和设计，实现超越现实的想象和目标。虚拟现实技术虽然以现实世界为基础进行模拟，但其模拟对象本身是虚拟的，这使得设计者能够利用自身的思维和创造力，创造出超越现实的情景和体验。

在虚拟现实系统中，设计者能够通过高度的定性和定量思维，结合多种综合集成的技术手段，来实现理念和形式的创新。这种创新不仅仅是技术上的突破，更是对人类认知和探索能力的一种挑战和发展。通过虚拟现实，人们可以全新的方式理解和体验世界，超越日常生活的局限，进入到既有的、未来的甚至是不可能的场景中。

虚拟现实系统不仅仅是媒体或高级用户界面的扩展，更是应用于解决工程、医学、军事等领域问题的一种重要工具。例如，在工程领域，虚拟现实技术可以模拟复杂的设计和制造过程，帮助工程师预测和解决潜在的问题；在医学领域，它可以用于手术模拟和医学培训，提升医生的技能和准确性；在军事应用中，虚拟现实技术可以用于战场模拟和训练，增强士兵的应对能力和战术意识。

此外，虚拟现实技术还能让人类超越传统的生理限制，进入到宏观或微观世界进行探索和研究。例如，通过虚拟现实系统，科学家可以模拟天体运行的复杂过程，或者是分子结构的微观世界，从而加深对自然界的认识和理解。这种能力使得虚拟现实不仅仅是技术的应用，更是人类认知能力和科学进步的推动者。

（三）虚拟现实系统的组成

虚拟现实系统作为一种复杂的技术体系，由多个关键组成部分构成，这些部分相互配合，共同实现用户与虚拟环境之间的沉浸式体验。通过深入探讨虚拟现实系统的组成和各部件的功能，可以更好地理解其在现代科技中的重要作用和未来发展的潜力。

首先，虚拟现实系统的基础部分是三维虚拟环境产生器及其显示部分。这一部分通过分析操作者的位置和观察角度，结合计算机内部建立的虚拟环境模型，快速生成并显示图形。它是虚拟现实体验的视觉核心，能够呈现给用户高度逼真的虚拟场景和物体，从而营造出身临其境的感觉。

其次，虚拟现实系统的感知部分由各种传感器构成，包括力传感器、温度传感器、位置传感器、速度传感器以及声音传感器等。这些传感器能够感知操作者的各种动作和环境变化，如操作者的移动、动作的方向、力度的大小以及周围环境的声音。传感器产生的信号被传输至计算机系统，帮助系统准确地确定操作者的状态和行为，进而调整虚拟环境的呈现，增强用户的交互体验和参与感。

最后，虚拟现实系统的信息输出部分由各种外部设备构成，主要包括声音输出、触觉反馈、动觉反馈和风感模拟，甚至可以包括嗅觉和味觉的模拟。这些设备通过传递声音效果、物体触感、运动感知和风的模拟等感官信息，使得用户能够全面地感知和体验虚拟环境中的各种情境和事件，从而进一步增强了虚拟现实的沉浸感和真实感。

总体来说，虚拟现实系统通过其复杂而精密的组成部分，为用户提供了一种与现实世界不同的全新体验方式。从视觉、听觉到触觉、动觉，甚至到更高级的感觉模拟，这些技术要素共同作用，使得用户能够在虚拟环境中自由探索、互动并且沉浸其中。随着技术的进步和应用场景的扩展，虚拟现实系统在教育、医疗、娱乐等领域的潜力将进一步释放，为人类带来更加丰富和多样化的体验和解决方案。

二、基于虚拟现实技术的大学体育教学改革

(一)基于虚拟现实技术的教学方法与策略

虚拟现实技术在大学体育教学中的应用,不仅仅是简单地替代传统的体育场地和器材,更重要的是提供了全新的教学方法和策略。传统的体育教学往往受限于场地和器材的条件,虚拟现实技术则能够打破这些局限,为学生提供更加丰富和多样化的学习体验。

第一,模拟体育运动场景和比赛环境。通过虚拟现实技术,可以实现各种体育运动的真实模拟,如足球比赛、篮球比赛等。学生可以在虚拟场地中进行技术训练和战术演练,无需受限于真实场地的条件,从而提升其运动技能和比赛策略的实战能力。

第二,个性化教学和定制化学习体验。虚拟现实技术能够根据学生的个体差异和学习需求,提供定制化的教学内容和学习路径。例如,针对不同水平和兴趣的学生,可以设计不同难度和挑战性的虚拟训练任务,帮助他们在安全控制的环境中逐步提升技能和自信心。

第三,增强学习的互动性和参与度。传统的体育教学往往缺乏足够的互动性和参与度,学生的学习兴趣和积极性难以持久。而虚拟现实技术通过其高度沉浸和互动的特性,能够激发学生的学习兴趣,增强他们的学习动机和自主学习能力。学生可以通过虚拟现实系统与教师和同学进行实时互动和合作,共同探讨和解决体育训练中的各种问题和挑战。

(二)虚拟现实技术效果评估与成果展示

第一,教学效果的评估。通过比较使用虚拟现实技术和传统教学方法的学习成绩和技能提升情况,可以客观评估虚拟现实技术在提升学生体育技能、战术意识和团队协作能力方面的效果。例如,教师可以利用虚拟现实系统记录学生在模拟比赛中的表现数据,分析其动作技能和战术决策的准确性和效果。

第二,学习体验的反馈和改进。学生和教师的反馈是评估虚拟现实技术应用效果的重要依据。通过定期的问卷调查、焦点小组讨论和个案分析,收集学生和教师对虚拟现实教学体验的看法和建议,从而及时调整和改进教学内容和技术应用。

第三，成果的展示与推广。成功的虚拟现实教学案例可以通过学术会议、教育展览和技术论坛等平台进行展示和推广，分享实践经验和教学成果。这不仅能够提升学校在教育创新和技术应用方面的影响力，还能够吸引更多的教育者和学校采用虚拟现实技术进行体育教学改革和创新实践。

第三节　大数据技术在大学体育教学中的智慧应用

一、大数据及其分析挖掘技术

随着时代的发展、科技的进步，人们的生活逐渐被计算机、互联网等一些数据化、信息化的技术所改变，而且其所带来的爆炸性的信息增长方式不仅引发了时代性的变革，同时也彻底影响了我们的生活。进入21世纪后，互联网的边界和应用范围在移动互联、社交网络及电子商务的推动下不断扩大，物联网、车联网、医学影像、金融财政及电信通话等产生的大量数据使信息呈现出爆炸性增长的趋势，数据信息迎来了大发展的时代，并由此诞生了大数据这一概念。随着信息技术的不断深入，几乎扩展到了所有的人类智力与发展领域，并逐渐成为大数据时代的象征。大数据可以归结为超过传统数据库软件获取、存储、管理和分析能力的大规模数据集。

（一）大数据的产生背景

第三次信息化浪潮涌动，大数据时代全面开启。人类社会信息科技的发展为大数据时代的到来提供了技术支撑，而数据产生方式的变革是促进大数据时代到来至关重要的因素。

1. 信息科技为大数据时代的发展提供技术

（1）存储设备容量不断增加。数据被存储在磁盘、磁带、光盘、

第六章　技术维度：新技术在大学体育教学改革中的实践应用◎

闪存等各种类型的存储介质中，随着科学技术的不断进步，存储设备的制造工艺不断升级，容量大幅增加，速度不断提升，价格却在不断下降。

早期的存储设备容量小、价格高、体积大，如今的存储设备容量大、价格低、体积小，不仅提供了海量的存储空间，同时大大降低了数据存储成本。数据量和存储设备容量二者之间是相辅相成、互相促进的。一方面，随着数据的不断产生，需要存储的数据量不断增加，对存储设备的容量提出了更高的要求，促使存储设备生产商制造更大容量的产品满足市场需求；另一方面，更大容量的存储设备进一步加快了数据量增长的速度，在存储设备价格高企的年代，由于考虑到成本问题，一些不必要或当前不能明显体现价值的数据往往会被丢弃。但是，随着单位存储空间价格的不断降低，人们开始倾向于把更多的数据保存起来，以期在未来某个时刻可以用更先进的数据分析工具从中挖掘价值。

（2）CPU处理能力大幅提升。CPU处理速度的不断提升也是促使数据量不断增加的重要因素。性能不断提升的CPU，大大提高了处理数据的能力，使得人们可以更快地处理不断累积的海量数据。从20世纪80年代至今，CPU的制造工艺不断提升，晶体管数量不断增加，运行频率不断提高，核心数量逐渐增多，而同等价格所能获得的CPU处理能力也呈几何级数上升。

（3）网络带宽不断增加。进入21世纪，世界各国更是纷纷加大宽带网络建设力度，不断加快网络覆盖范围和传输速度。移动通信宽带网络迅速发展，4G网络基本普及，5G网络覆盖范围不断加大，各种终端设备可以随时随地传输数据。"5G技术作为目前信息基础设施领域中最为先进的技术之一，给许多行业的发展带来了机遇，实现了经济和社会的再次飞跃。"[①]大数据时代，信息传输不再遭遇网络发展初期的瓶颈和制约。

2. 数据产生方式的革新促成大数据时代的来临

数据是人们通过观察、实验或计算得出的结果。数据和信息是两个

[①] 朱梦雨,黄海燕.5G技术在体育场馆智慧化建设中的应用研究[J].体育科研, 2020, 41（5）: 2.

不同的概念。信息是较为宏观的概念，它由数据的有序排列组合而成，传达给读者某个概念方法等；而数据则是构成信息的基本单位，离散的数据没有任何实用价值。数据有很多种，如数字、文字、图像和声音等。随着人类社会信息化进程的加快，在日常生产和生活中每天都会产生大量的数据，如商业网站、政务系统、零售系统、办公系统、自动化生产系统等，每时每刻都在不断产生数据。

数据已经渗透到当今每一个行业和业务职能领域，成为重要的生产因素，从创新到所有决策，数据推动着企业的发展，并使得各级组织的运营更为高效，可以这样说，数据将成为每个企业获取核心竞争力的关键要素。数据资源已经和物质资源、人力资源一样成为国家的重要战略资源，影响着国家和社会的安全、稳定与发展。

数据产生方式的变革，是促成大数据时代来临的重要因素。总体而言，人类社会的数据产生方式大致经历了以下三个阶段。

（1）运营式系统阶段。人类社会最早大规模管理和使用数据，是从数据库的诞生开始的。大型零售超市销售系统、银行交易系统、股市交易系统、医院医疗系统、企业客户管理系统等大量运营式系统，都是建立在数据库基础之上的，数据库中保存了大量结构化的企业关键信息，用来满足企业各种业务需求。在这个阶段，数据的产生方式是被动的，只有当实际的企业业务发生时，才会产生新的记录并存入数据库。

（2）用户原创内容阶段。互联网的出现使得数据传播更加快捷，不需要借助于磁盘、磁带等物理存储介质传播数据，网页的出现进一步加速了大量网络内容的产生，从而使得人类社会数据量开始呈现"井喷式"增长。大量上网用户本身就是内容的生成者，尤其是随着移动互联网和智能手机终端的普及，人们更是可以随时随地使用手机发微博、传照片，数据量开始急剧增加。

（3）感知式系统阶段。物联网的发展最终导致了人类社会数据量的第三次跃升。物联网中包含大量传感器，如温度传感器、湿度传感器、压力传感器、位移传感器、光电传感器等。此外，视频监控摄像头也是物联网的重要组成部分。物联网中的这些设备，每时每刻都在自动产生大量数据，物联网中的自动数据产生方式，将在短时间内生成更密集、更大量的数据，使得人类社会迅速步入大数据时代。

（二）大数据的基本构成

大数据从最初的ERP/CRM数据，到互联网数据，再到物联网数据，不仅体现了大数据在信息量方面的激增，还反映了大数据在复杂性方面的提升，从这个层面来说，大数据实现了由量变到质变的飞跃。大数据的构成主要包括两部分：结构化信息和非结构化信息，其中，结构化信息更多的是指传统数据库中的数据形式，而非结构化信息则包括文本、视频等新兴的数据存储形式。

大数据是一种包含海量数据但又超越海量数据而存在的规模化数据库，大数据不仅体现在数据的量方面，还体现在数据的复杂性方面。大数据是一种囊括交易和交互数据集在内的所有数据集，其不仅突破了常用技术的数据处理上限，还体现出强大的信息捕捉、管理及处理能力。海量交易数据、海量交互数据及海量数据处理是大数据的三大主要数据分支。

第一，海量交易数据主要指内部的经营交易类数据，主要包括联机交易数据和联机分析数据。从形态结构上划分，海量交易数据是一种结构化的，借助关系数据库以实现管理和分析的静态历史数据，也就是说，海量交易数据是记录过去发生了什么。海量交易数据一般存储于在线交易处理与分析系统中，其是借助ERP应用程序及数据仓库应用程序来实现交易数据的正常运转，而且，随着互联网下的云模式启动，传统的关系数据信息仍在继续增长。

第二，作为一种新生力量的海量交互数据，其是由呼叫详细记录、设备和传感器信息、GPS和地理定位数据、科学信息及电子邮件等一些社交媒体数据构成，不同于海量交易数据，海量交互数据更多的是传达未来的信息。

第三，海量数据处理，通俗来讲，就是将收集到的客户端数据经过分布式数据库或分布式存储集群，以实现海量数据的查询、分类及汇总等，进而为用户提供数据分析服务，同时，还可深度挖掘海量数据，以满足用户更高级别的数据分析需求。

（三）大数据的分析挖掘技术

大数据分析挖掘技术就是在改进原有技术的基础上，开发新的数据挖掘技术，包括数据网络挖掘、图挖掘及特异群组挖掘等，同时特定的数据连接及相似性连接也是大数据分析挖掘技术的重要内容，其旨在通过大数据挖掘技术以实现用户兴趣分析、网络行为分析及情感语义分析等。

大数据的分析方法在大数据领域尤为重要，这是因为在面对海量的数据信息时，如何对其进行分类、汇总，以供用户查询是大数据所面临的关键问题。而且在大数据日益增长的情况下，如何获取更多智能的、深入的、有价值的信息就显得格外重要。基于此，大数据分析就成了大数据中最重要的环节。大数据在数量、速度及多样性等方面呈现出不断增长的复杂性，也对大数据分析技术提出了更高的要求。具体来说，作为判断数据信息是否有价值的决定性因素，大数据分析方法主要包括以下五种。

第一，可视化分析。因可视化分析能直接呈现出大数据的特点，所以其不仅是大数据分析专家用来分析数据的有效手段，还是普通用户进行基础分析的基本方式。可视化分析还可将大数据以简单明了的方式呈现出来，使读者在观看时如同看图说话一样方便快捷。

第二，数据挖掘算法。数据挖掘算法作为一种统计学家所公认的大数据分析方法，其不仅能深入数据内部，挖掘出具有价值信息的数据，还能提高数据处理及分析的速度和准确度，以在最短时间内得出结论，进而提高大数据的理论价值。数据挖掘算法作为大数据分析理论的核心，其基于数据类型及数据格式而展示出了不同数据所具备的特点，以更好、更科学地对数据进行分类、汇总，进而满足不同用户的不同需求。

第三，预测性分析。预测性分析是大数据分析中比较重要的领域之一，其是通过建模的形式，将大数据中隐藏的数据特点转化为一般的模型，进而通过新数据的输入以预测未来的数据。

第四，语义引擎。作为一套系统的分析、提炼数据的方式，语义引擎不仅能应对非结构化数据所带来的多元化挑战，还能依靠人工智能实现数据信息的主动提取功能。

第五，数据质量和数据管理。数据质量和数据管理是数据分析结果真实性和有效性的保证，因此大数据分析需要高质量的数据信息及有效的数据管理手段，以实现其在学术领域及商业应用领域的价值。

二、基于大数据技术的大学体育教学改革

（一）基于大数据的教学方法与策略

大数据技术的智慧应用不仅在于数据的收集和分析，更在于如何将数据转化为有效的教学方法和策略，优化体育教学过程，实现个性化教育和精准指导。

第一，个性化教学与训练方案。基于大数据分析的个性化教学平台可以根据学生的个体特征、能力水平和学习进度，制定量身定制的训练计划和技能提升方案。通过分析学生的运动数据和健康指标，系统可以自动生成针对性的训练建议，帮助学生实现个性化的运动目标。

第二，实时反馈与调整。大数据技术能够实现对学生运动表现的实时监控和评估。教练可以通过智能化的数据分析平台，实时查看学生的训练状态和表现数据，及时发现问题和优化训练方案。例如，可以根据学生的运动数据调整训练强度、改进技术动作，以提高训练效果和学习成效。

第三，教学决策与策略优化。大数据分析能够揭示出体育运动的规律和趋势，帮助教师和教练制定科学的教学决策和战略。通过分析历史数据和比赛记录，可以发现运动员的弱点和潜力，为训练和比赛策略的调整提供科学依据，从而提升团队的整体竞技水平。

（二）基于大数据的效果评估与优化

大数据技术在大学体育教学中的智慧应用需要进行效果评估和成果展示，以验证其教育价值和实际效果。

第一，教学效果的量化评估。通过比较使用大数据技术和传统教学方法的学生学习成绩和运动表现，可以客观评估大数据技术在提升学生体育技能、战术意识和团队协作能力方面的效果。例如，可以利用数据

分析平台对比学生在使用大数据技术前后的运动成绩和训练效果，分析其改善程度和优势所在。

第二，教学过程的改进与优化。通过学生和教师的反馈以及实际数据的分析，不断优化大数据技术的应用和教学策略。定期的评估报告和数据分析结果可以帮助学校和教育机构了解教学改革的进展和效果，为未来的教学改进提供参考和指导。

结束语

　　现代大学体育教学改革的多维探索与实践，为教育界带来了深远的启示和变革。通过对传统体育教学模式的扬弃与创新，我们不仅深化了体育教育的内涵，更加强了其与学生全面发展的紧密联系。从理论层面到实践应用，体育教学改革不断突破传统束缚，探索出更具包容性和多样性的教育路径。面对未来，我们仍需迎接新的挑战和机遇。技术的迅猛发展为体育教学注入了新的活力，但也需要我们审慎运用，确保技术与人文关怀的平衡。社会对学生综合素质的需求不断变化，体育教育应当与时俱进，结合社会实际需求，培养出更多具有创新精神和团队协作能力的人才。

　　未来，我们期待体育教学继续走在教育改革的前沿，以其独特的教育价值和影响力，为每一位学生的成长与发展提供坚实的支撑。通过持续的跨学科研究和实践探索，我们可以更好地应对复杂多变的教育环境，为建设更加和谐、健康和进步的社会做出积极贡献。

参考文献

[1] 崔克雄，葛耀. 课程思政视角下高校体育教学改革创新——评《体育课程论》[J]. 热带作物学报，2021，42（10）：3058.

[2] 崔丽丽，刘冬磊，张志勇. 高校体育课程思政教学改革的价值意蕴、践行方向与保障机制 [J]. 北京体育大学学报，2022，45（6）：25-35.

[3] 杜彦志. 提升高校体育教师教学技能和职业素养的策略研究 [J]. 当代教育实践与教学研究，2017（7）：138.

[4] 高菲菲，李士建. 体育教学方法分类体系的分析与思考 [J]. 榆林学院学报，2006，16（6）：57.

[5] 关彩霞. 瑜伽健身运动与中国传统文化的关联与契合 [J]. 科学咨询（科技·管理），2024（4）：236-239.

[6] 何克抗. 从"翻转课堂"的本质，看"翻转课堂"在我国的未来发展 [J]. 电化教育研究，2014（7）：5-16.

[7] 霍军. 体育教学方法实施及创新研究 [J]. 北京体育大学学报，2013，36（1）：84-90.

[8] 姜庆军. 新工科理念对体育器材更迭与体育教学改革的影响 [J]. 塑料工业，2023，51（5）：197-198.

[9] 雷宇生，况明亮. 体育课堂内外一体化教育教学路径探索 [J]. 食品研究与开发，2021，42（20）：241-242.

[10] 黎加厚. 微课的含义与发展 [J]. 中小学信息技术教育，2013（4）：10-12.

[11] 李凌. 试论高校体育教学与心理健康教育 [J]. 西安体育学院学报，2000（2）：82.

[12] 蔺麒，吴迪，袁春杰. "体育生活化"与高校体育课程改革 [J]. 广州体育学院学报，2021，41（4）：104-106.

[13] 刘超，董翠香，季浏.中国健康体育课程模式下体育课堂教学特征及影响因素分析[J].天津体育学院学报，2023，38（3）：289-295.

[14] 刘阳."健康中国"背景下高职院校体育教学改革路径探索[J].教育理论与实践，2023，43（24）：62-64.

[15] 刘义红.高中体育教学中终身体育意识的培养策略[J].田径，2022（6）：68.

[16] 卢青，张建萍.体育教学方法与内容的关系研究[J].中国成人教育，2015（5）：148.

[17] 祁晶.高校体育教学改革策略[J].山西财经大学学报，2023，45（S1）：190-192.

[18] 瞿昶.新时代体育教师专业化发展新路径的探析[J].江西电力职业技术学院学报，2022，35（2）：161.

[19] 尚力沛.学校体育教学改革"教会、勤练、常赛"一体化推进探析[J].体育文化导刊，2022（5）：96-103.

[20] 邵媛.新文科背景下高校瑜伽课程教学创新理念、现实困境与优化路径[J].哈尔滨体育学院学报，2024，42（1）：65-70.

[21] 王焕.高职院校美育教育与瑜伽教学融合探索[J].当代体育科技，2024，14（7）：171-174.

[22] 邬丹丹.高校健身瑜伽课程思政建设挑战与路径研究[J].运动精品，2024，43（3）：4-6.

[23] 吴鋆.课程思政视域下高职体育教学改革的路径研究[J].中国职业技术教育，2023（29）：90-95.

[24] 夏越.现代高校体育教学研究[M].北京：北京理工大学出版社，2019.

[25] 肖威，肖博文.体育类微课设计流程与制作方法[J].体育学刊，2017，24（2）：102.

[26] 邢炜，张瑛秋.高校体育教学改革的价值意蕴、目标导向与实践路径[J].教育理论与实践，2023，43（6）：58-61.

[27] 徐焕喆，赵勇军.新时代我国高校体育教学改革任务及措施[J].体育文化导刊，2022（2）：98-103.

[28] 徐建华. 构建高校创业型校园文化 [J]. 中国高等教育，2015（12）：45.

[29] 徐娜娜. 国内高校瑜伽课程现存问题及改进研究 [J]. 甘肃科技，2022，38（6）：74.

[30] 杨楠. 体育教学模式与主体教学浅论 [J]. 北京体育师范学院学报，2000（1）：1-11.

[31] 姚蕾，闻勇. 对我国体育教学评价的理论思考 [J]. 北京体育大学学报，2002（1）：92-94.

[32] 叶云飞. 融媒体技术在健美操教育中的应用研究 [J]. 科研管理，2022，43（10）：210.

[33] 尹淑桂. 高校瑜伽课程教学改革研究 [J]. 牡丹江大学学报，2020，29（11）：106.

[34] 张金磊，王颖，张宝辉. 翻转课堂教学模式研究 [J]. 远程教育杂志，2012，30（4）：46-51.

[35] 张京杭. 高校体育教学方法实践探索 [M]. 北京：现代出版社，2020.

[36] 张文鹏，宣江鑫，谌平，等. 体育与健康跨学科主题教学空间的革新、特征与推进策略 [J]. 武汉体育学院学报，2023，57（4）：85-92.

[37] 张以，赵晓丹，毛振明. 新一轮体育课程教学改革视域下的"大单元体育教学" [J]. 体育学刊，2022，29（6）：127-133.

[38] 张跃国，张渝江. 透视"翻转课堂" [J]. 中小学信息技术教育，2012（3）：9-10.

[39] 赵盼超，李煜，孙天莺. 健康中国视域下高校瑜伽教学存在的问题与应对策略 [J]. 当代体育科技，2024，14（11）：56-59.

[40] 朱梦雨，黄海燕. 5G技术在体育场馆智慧化建设中的应用研究 [J]. 体育科研，2020，41（5）：2.